中国科技成果转化年度报告 2024

[高等院校与科研院所篇]

中国科技评估与成果管理研究会
科技部科技评估中心 编著
中国科学技术信息研究所

中国科学技术出版社

·北京·

图书在版编目（CIP）数据

中国科技成果转化年度报告.2024：高等院校与科研院所篇/中国科技评估与成果管理研究会，科技部科技评估中心，中国科学技术信息研究所编著.-- 北京：中国科学技术出版社，2024.12.（2025.3重印）
ISBN 978-7-5236-1124-1
Ⅰ.F124.3
中国国家版本馆CIP数据核字第20241UZ600号

策划编辑	杜凡如　郝　静	责任编辑	任长玉
封面设计	东合社	版式设计	蚂蚁设计
责任校对	焦　宁	责任印制	李晓霖

出　　版	中国科学技术出版社
发　　行	中国科学技术出版社有限公司
地　　址	北京市海淀区中关村南大街16号
邮　　编	100081
发行电话	010-62173865
传　　真	010-62173081
网　　址	http://www.cspbooks.com.cn

开　　本	710mm×1000mm　1/16
字　　数	255千字
印　　张	18.25
版　　次	2024年12月第1版
印　　次	2025年3月第2次印刷
印　　刷	北京盛通印刷股份有限公司
书　　号	ISBN 978-7-5236-1124-1/F・1331
审 图 号	GS京（2024）2237号
定　　价	138.00元

（凡购买本社图书，如有缺页、倒页、脱页者，本社销售中心负责调换）

编委会

顾　问　贺德方　郭向远
主　任　聂　飙
编　委（按姓氏笔画排序）
　　　　王卓昊　田德录　邓小明　刘玉宏　杨　云　张　璋
　　　　张福奇　武思宏　赵志耘　徐耀玲　徐　轶　郭书贵
　　　　钱为强　桂　婕　霍　竹　潘教峰

编写组

组　长　武思宏　李思敏
成　员　余本朝　陶　鹏　王　雪　屈宝强　吕东函　张子阳
　　　　谭鑫悦　佘雨来　梁玲玲　张　丁　张静园　刘斯达
　　　　鲁　露　曾津国　解诗琪　吴佳颖　肖杰灵

前　言

当前，全球科技创新空前活跃，新一轮科技革命和产业变革正在重构全球创新版图、重塑全球经济结构，科技创新进入大融通时代。促进更多科技成果转化为新质生产力，是新时代实现高水平科技自立自强，赋能高质量发展，加快构建新发展格局和推进中国式现代化的重要任务。党的十八大以来，以习近平同志为核心的党中央高度重视科技创新和科技成果转化工作，明确要求加速科技成果向现实生产力转化，挖掘创新增长新动能。2024年7月，中国共产党第二十届中央委员会第三次全体会议审议通过了《中共中央关于进一步全面深化改革 推进中国式现代化的决定》，明确要求"完善高校科技创新机制，提高成果转化效能""优化重大科技创新组织机制，统筹强化关键核心技术攻关，推动科技创新力量、要素配置、人才队伍体系化、建制化、协同化"。

根据《中华人民共和国促进科技成果转化法》《实施〈中华人民共和国促进科技成果转化法〉若干规定》的要求，国家设立的研究开发机构、高等院校，有科技成果转化活动的，均要报送上一年度的科技成果转化年度报告。2017年以来，科学技术部（以下简称科技部）、财政部积极建立和完善科技成果转化年度报告制度，旨在切实掌握研究开发机构和高等院校的科技成果转化进展、取得的成效、主要经验和存在的问题等。2024年4月，《科技部办公厅 财政部办公厅关于开展2023年度科技成果转化年度报告工作的通知》（国科办成〔2024〕41号）发布，在填报截止时间内共有4028家单位报送了2023年度科技成果转化年报数据，比上一年的3808

家增加了220家。

在科技部和财政部的指导下，中国科技评估与成果管理研究会、科技部科技评估中心、中国科学技术信息研究所综合采用数据调查、案卷研究、专家咨询、电话访谈及实地调查等方法，对4028家高等院校和科研院所的科技成果转化情况进行分析研究，组织编写本报告。本报告的编写与发布，旨在使政府部门和社会公众了解国家设立的高校院所科技成果转移转化进展与成效，总结推广做法和经验，针对当前科技成果转移转化存在的主要问题和障碍，提出进一步完善科技成果转化政策的工作建议。希望本报告能为各部门、地方、高校院所和科研人员等提供参考，进一步释放全社会科技成果转化的热情与活力，推动科技成果转化真正落地生根。

本报告分为高校院所总体情况、高等院校、科研院所三篇，分别从以下方面介绍：一是通过转让、许可、作价投资方式转化科技成果情况；二是通过技术开发、咨询、服务方式转化科技成果情况；三是其他与科技成果转化相关的情况，包括新立项的科技计划项目、技术转移机构与人才建设等。本报告中的数据源于各填报单位提交的2019—2023年度科技成果转化年报数据。由于每年填报单位总数不同，且部分单位的填报不具有连续性，因此本报告中涉及"比上一年"变化率的统计口径为同时填报了2023年和2022年年度报告的3714家单位的相应数据。编委会在本次年度报告数据核对过程中发现部分单位数据有误，与填报单位进行了确认并更正，因此个别数据与往年已发布报告中的数据相比略有变化。

《中国科技成果转化年度报告（高等院校与科研院所篇）》已连续出版七年，在年度报告的填报和编写过程中，虽然不断进行完善和优化，但是由于近年来每年均有填报指标更新，且不同报送主体对填报指标的认识存在一定差异，个别数据的填报工作仍存在一定不足，研究分析方法仍有进一步优化空间。本报告以反映客观数据为主，有待社会各界一起进行深入研究。本报告存在的疏漏之处，欢迎各位读者批评指正！

　　本报告在编写过程中得到了吴寿仁、陈柏强等多位专家的大力支持，在此表示衷心感谢。

编者
2024 年 11 月

目 录

第一篇 总体情况

第一章
概况

一、科技成果转化总体进展……………………………………005
二、统计单位类型……………………………………………006
三、以转让、许可、作价投资方式转化科技成果…………007
四、以技术开发、咨询、服务方式转化科技成果…………008
五、科技成果转化政策概述…………………………………008

第二章
转让、许可、作价投资的进展成效

一、总体情况……………………………………………………018
二、转让方式……………………………………………………025
三、许可方式……………………………………………………027
四、作价投资方式………………………………………………027
五、科技成果转化定价…………………………………………028
六、科技成果转化流向…………………………………………030

第三章
财政资助项目的科技成果转化

一、总体情况 ··· 039
二、中央所属高校院所 ································· 040
三、地方所属高校院所 ································· 042
四、辖区内高校院所 ···································· 045

第四章
转让、许可、作价投资的收益分配

一、总体情况 ··· 047
二、中央所属高校院所 ································· 050
三、地方所属高校院所 ································· 053
四、辖区内高校院所 ···································· 057

第五章
技术开发、咨询、服务的进展成效

一、总体情况 ··· 059
二、中央所属高校院所 ································· 061
三、地方所属高校院所 ································· 062
四、辖区内高校院所 ···································· 063

第六章
新立项的科技计划项目

一、总体情况 ··· 065
二、中央所属高校院所 ································· 065
三、地方所属高校院所 ································· 066

目 录

　　四、辖区内高校院所 …………………………………………… 066

第七章
兼职及离岗创业和创设参股公司

　　一、在外兼职从事成果转化及离岗创业 ……………………… 067

　　二、创设公司及参股公司 ……………………………………… 068

第八章
技术转移机构与人才建设

　　一、技术转移机构 ……………………………………………… 069

　　二、技术转移人员 ……………………………………………… 071

　　三、与企业共建研发机构、转移机构、转化服务平台 ……072

第九章
工作案例

　　一、北京大学：构建知识产权全流程管理体系 ……………… 074

　　二、北京理工大学：持续创新完善科技成果转化体系 …… 076

　　三、西安交通大学：科技服务体系助力地方产业转型
　　　　升级 …………………………………………………………… 079

　　四、西南大学：构建科技成果转化与产业升级新平台 …… 083

　　五、华中科技大学：技术转移体系建设加速科技成果
　　　　产业价值实现 ………………………………………………… 085

　　六、燕山大学：推动知识产权评估和管理机制建设 ……… 088

　　七、浙江工业大学：健全转化人才激励与绩效评价体系 ……090

　　八、沈阳化工大学："协议确权"激活转化动能 ………… 092

九、中国农业科学院农业质量标准与检测技术研究所：
　　打造产研融合发展的转化模式……………………………094
十、江苏省产业技术研究院：科技金融助力成果转化……096
十一、广东省水利水电科学研究院：促进水利成果
　　　转化为生产力……………………………………………099
十二、中国工程物理研究院应用电子学研究所：机制
　　　创新推动重大成果落地…………………………………101
十三、中国科学院大连化学物理研究所：许可创新推动
　　　重大成果转化应用………………………………………103
十四、四川省中医药科学院：开创中医药"基础－
　　　临床－产业"转化新模式………………………………107
十五、广东省科学院："利益共享"提升转化成功率………109
十六、珠江水利委员会珠江水利科学研究院：优化科技
　　　成果转化体系……………………………………………112

第二篇
高等院校

第一章
概况

一、科技成果转化总体进展……………………………………118
二、统计单位类型………………………………………………120
三、以转让、许可、作价投资方式转化科技成果……………120
四、以技术开发、咨询、服务方式转化科技成果……………121

第二章
转让、许可、作价投资的进展成效

一、总体情况 ·· 122
二、转让方式 ·· 130
三、许可方式 ·· 130
四、作价投资方式 ·· 131
五、科技成果转化定价 ······································ 132
六、科技成果转化流向 ······································ 133

第三章
财政资助项目的科技成果转化

一、总体情况 ·· 142
二、中央所属高等院校 ······································ 143
三、地方所属高等院校 ······································ 145
四、辖区内高等院校 ··· 148

第四章
转让、许可、作价投资的收益分配

一、总体情况 ·· 150
二、中央所属高等院校 ······································ 153
三、地方所属高等院校 ······································ 155
四、辖区内高等院校 ··· 158

第五章
技术开发、咨询、服务的进展成效

一、总体情况 ·· 161

二、中央所属高等院校 ·················· 163

三、地方所属高等院校 ·················· 164

四、辖区内高等院校 ···················· 165

第六章
新立项的科技计划项目

一、总体情况 ·························· 167

二、中央所属高等院校 ·················· 167

三、地方所属高等院校 ·················· 167

四、辖区内高等院校 ···················· 168

第七章
兼职及离岗创业和创设参股公司

一、在外兼职从事成果转化和离岗创业 ······ 169

二、创设公司和参股公司 ················ 170

第八章
技术转移机构与人才建设

一、技术转移机构 ······················ 171

二、技术转移人员 ······················ 173

三、与企业共建研发机构、转移机构、转化服务平台 ····· 174

第三篇
科研院所

第一章
概况

一、科技成果转化总体进展 ·············· 180

二、统计单位类型 ·············· 182

三、以转让、许可、作价投资方式转化科技成果 ·········· 182

四、以技术开发、咨询、服务方式转化科技成果 ·········· 183

第二章
转让、许可、作价投资的进展成效

一、总体情况 ·············· 184

二、转让方式 ·············· 191

三、许可方式 ·············· 192

四、作价投资方式 ·············· 192

五、科技成果转化定价 ·············· 193

六、科技成果转化流向 ·············· 194

第三章
财政资助项目的科技成果转化

一、总体情况 ·············· 204

二、中央所属科研院所 ·············· 205

三、地方所属科研院所 ·············· 207

四、辖区内科研院所 ·············· 210

第四章
转让、许可、作价投资的收益分配

一、总体情况 ··212
二、中央所属科研院所 ································215
三、地方所属科研院所 ································218
四、辖区内科研院所 ···································222

第五章
技术开发、咨询、服务的进展成效

一、总体情况 ··223
二、中央所属科研院所 ································225
三、地方所属科研院所 ································226
四、辖区内科研院所 ···································227

第六章
新立项的科技计划项目

一、总体情况 ··229
二、中央所属科研院所 ································229
三、地方所属科研院所 ································229
四、辖区内科研院所 ···································230

第七章
兼职及离岗创业和创设参股公司

一、在外兼职从事成果转化和离岗创业 ·············231
二、创设公司和参股公司 ····································232

目 录

第八章
技术转移机构与人才建设

一、技术转移机构 …………………………………………233
二、技术转移人员 …………………………………………236
三、与企业共建研发机构、转移机构、转化服务平台 ……236

附录

附录1　2018—2023年涉及科技成果转化主要政策
　　　　法规………………………………………………241
附录2　2023年高等院校科技成果转化总合同金额
　　　　前30名……………………………………………255
附录3　2023年高等院校科技成果转让、许可和技术
　　　　开发、咨询、服务当年到账金额前30名 ………257
附录4　2023年科研院所科技成果转化总合同金额
　　　　前30名……………………………………………259
附录5　2023年科研院所科技成果转让、许可和技术
　　　　开发、咨询、服务当年到账金额前30名 ………261
附录6　2023年各地方辖区内高校院所科技成果转化
　　　　总合同金额排名…………………………………263
附录7　名词解释……………………………………… 265
附录8　科技成果转化年度报告指标体系 ……………… 267

第一篇
总体情况

第一章 概况
CHAPTER 1

本篇对 2023 年 4028 家研究开发机构（以下简称科研院所[1]）和高等院校的科技成果转化进展和成效[2]，以及 2024 年出台的政策等内容进行研究分析。2023 年，高校院所[3]科技成果转化主要数据如表 1-1-1 所示。

表 1-1-1 高校院所科技成果转化总体进展主要数据

	指标名称	2023 年
总体概况	总合同[4]项数 / 项	639 762
	总合同金额 / 万元	20 543 754.3
	当年到账金额[5] / 万元	13 527 314.0
高等院校概况	总合同项数 / 项	342 139
	总合同金额 / 万元	13 714 103.8
	当年到账金额 / 万元	9 165 788.7
科研院所概况	总合同项数 / 项	297 623
	总合同金额 / 万元	6 829 650.5
	当年到账金额 / 万元	4 361 525.3

---

[1] 科研院所：指《中华人民共和国促进科技成果转化法》中"研究开发机构"。
[2] 本篇图表中统计数据为 2023 年 4028 家、2022 年 3808 家、2021 年 3649 家、2020 年 3554 家、2019 年 3447 家对应的统计数据，所有的统计计算结果均由原始数据运算得出，结果保留一位小数。
[3] 本篇将科研院所和高等院校统称为"高校院所"。
[4] 科技成果转化总合同：如无特指，包含以转让、许可、作价投资和技术开发、咨询、服务 6 种方式转化科技成果的合同。
[5] 当年到账金额：当年新签订和往年签订的合同在当年实际到账的总金额。

续表

指标名称		2023 年
转让、许可、作价投资	合同项数 / 项	37 741
	合同金额 / 万元	2 412 947.2
	当年到账金额（转让、许可）/ 万元	891 355.1
	财政资助项目产生的科技成果转化合同金额 / 万元	848 412.0
	中央财政资助项目产生的科技成果转化合同金额 / 万元	749 973.3
	平均合同金额 / 万元	63.9
	金额超过 1 亿元（含）的合同项数 / 项	28
	个人获得的现金和股权奖励总金额 / 万元	661 896.2
	奖励人次 / 万人次	9.4
	人均奖励金额 / 万元	7.0
技术开发、咨询、服务	合同项数 / 项	602 021
	合同金额 / 万元	18 130 807.2
	当年到账金额 / 万元	12 635 959.0
获得财政资金资助科技项目❶	立项批复的科技项目（课题）总金额 / 万元	23 686 191.1
	立项批复的科技项目（课题）财政资助金额 / 万元	20 452 632.2
	立项批复的科技项目（课题）中央财政资助总金额 / 万元	13 351 565.4
其他❷	与企业共建研发机构、转移机构、转化服务平台数量 / 个	19 574
	自建技术转移机构数量 / 个	2353
	专职从事科技成果转化工作人数 / 人	17881
	与本单位合作开展科技成果转化的市场化转移机构数量 / 个	4288
	在外兼职从事成果转化人员和离岗创业人员数 / 人	15 614
	创设公司和参股公司数 / 个	6141

❶ 由于同一个科技项目可能涉及多家承担单位，项目数量可能涉及重复申报，因此不进行科技项目数累加统计。

❷ 其他指标为截至 2023 年年底的机构、平台、人员、公司的数量。

一、科技成果转化总体进展

2023年，本报告统计的高校院所以转让、许可、作价投资和技术开发、咨询、服务6种方式转化科技成果的总合同金额、总合同项数和当年到账金额（不含作价投资）均有所增长❶。4028家高校院所科技成果转化总合同金额为2054.4亿元，比上一年增长13.7%❷；总合同项数为639 762项，比上一年增长11.6%（图1-1-1）；当年到账金额（不含作价投资）为1352.7亿元，比上一年增长16.2%。

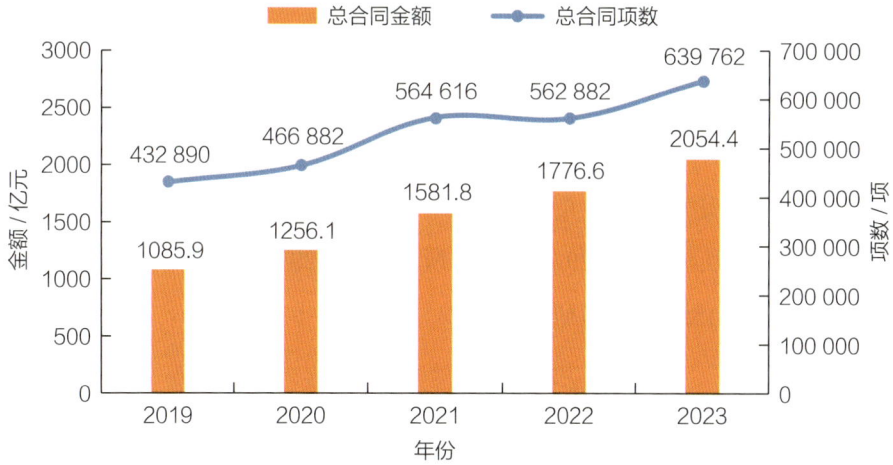

图1-1-1 高校院所转让、许可、作价投资和技术开发、咨询、服务的总合同金额和合同项数

2023年，科技成果转化均价略有增长，转让、许可、作价投资和技术开发、咨询、服务6种方式转化科技成果的平均合同金额为32.1万元，

---

❶ 增长率对应表述："0"为基本持平；"0（不含）~10%"为略有增长；"10%（含）~20%"为有所增长；"20%（含）~40%"为明显增长；"40%（含）~60%"为显著增长；"60%（含）~100%"为大幅增长；"100%（含）以上"为"增长××倍"。降低时同理。

❷ 本篇变化率（增长/下降/持平）根据同时填报了2023年和2022年年度报告的3714家高校院所对应的数据计算。

比上一年增长 1.9%。高价值科技成果转化项目中：单项合同金额 1 亿元及以上的合同 50 项，比上一年下降 19.4%；5000 万元及以上的合同 164 项，比上一年增长 11.6%；1000 万元及以上的合同 1660 项，比上一年增长 18.2%。同时，有 396 家高校院所 2023 年科技成果转化总合同金额超过 1 亿元，比上一年增长 7.4%。

此外，按高校院所所在地统计，2023 年总合同金额排名前 3 位的省级行政区分别为北京市（412.0 亿元）、江苏省（229.4 亿元）、上海市（173.4 亿元），总合同项数排名前 3 位的省级行政区分别为广东省（168 675 项）、北京市（61 574 项）、江苏省（52 749 项）。

二、统计单位类型

本报告统计国家设立的高校院所科技成果转化情况，按管理层级划分，包括中央所属单位 729 家，地方所属单位 3299 家；按单位性质划分，包括高等院校 1557 家，科研院所 2471 家（表 1-1-2）。

表 1-1-2　统计单位分布

类型	中央所属单位 数量/家	中央所属单位 占比	地方所属单位 数量/家	地方所属单位 占比	合计 数量/家	合计 占比
高等院校	105	2.6%	1452	36.0%	1557	38.7%
科研院所	624	15.5%	1847	45.9%	2471	61.3%
合计	729	18.1%	3299	81.9%	4028	—

其中，2023 年，**中央所属**高校院所科技成果转化总合同金额为 1218.4 亿元，比上一年增长 12.7%，占高校院所转化总金额的 59.3%；总合同项数为 174 753 项，比上一年增长 18.3%，占高校院所转化总项数的 27.3%。**地方所属**高校院所科技成果转化总合同金额为 836.0 亿元，比上一年增长

15.3%，占高校院所转化总金额的 40.7%；总合同项数为 465 009 项，比上一年增长 9.3%，占高校院所转化总项数的 72.7%。

此外，2023 年，**高等院校**科技成果转化总合同金额为 1371.4 亿元，比上一年增长 16.0%，占高校院所转化总金额的 66.8%；总合同项数为 342 139 项，比上一年增长 19.3%，占高校院所转化总项数的 53.5%。**科研院所**科技成果转化总合同金额为 683.0 亿元，比上一年增长 9.2%，占高校院所转化总金额的 33.2%；总合同项数为 297 623 项，比上一年增长 3.9%，占高校院所转化总项数的 46.5%。

三、以转让、许可、作价投资方式转化科技成果

（一）合同金额和合同项数

一是合同金额略有下降，合同项数明显增长。2023 年，高校院所以转让、许可、作价投资方式转化科技成果的总合同金额为 241.3 亿元，比上一年下降 0.5%；合同项数为 37 741 项，比上一年增长 26.3%。**二是财政资助项目成果的转化合同金额和合同项数均明显增长**。2023 年，高校院所以转让、许可、作价投资方式转化财政资助项目成果的合同金额为 84.8 亿元，比上一年增长 26.2%；合同项数为 5922 项，比上一年增长 21.0%。其中，转化中央财政资助项目成果的合同金额为 75.0 亿元，比上一年增长 32.2%；合同项数为 3432 项，比上一年增长 21.0%。

（二）转化流向

一是制造业成果转化合同金额最高，2023 年合同金额为 87.5 亿元，占转让、许可、作价投资总合同金额的 36.3%。**二是科技成果主要转化至中小微其他企业**，2023 年合同金额为 153.3 亿元，占转让、许可、作价投

资总合同金额的 63.5%。三是 2023 年产出科技成果合同金额排名前 3 位的省级行政区是上海市、北京市、广东省，承接科技成果合同金额排名前 3 位的省级行政区是广东省、江苏省、上海市。

四、以技术开发、咨询、服务方式转化科技成果

一是合同金额和合同项数均有所增长。 2023 年，以技术开发、咨询、服务方式转化科技成果的总合同金额为 1813.1 亿元，比上一年增长 15.9%，占成果转化总合同金额的 88.3%；合同项数为 602 021 项，比上一年增长 10.8%，占成果转化总合同项数的 94.1%。**二是合同金额超过亿元的单位数量略有增长。** 2023 年，以技术开发、咨询、服务方式转化科技成果累计合同金额 1 亿元及以上的高校院所共计 361 家，比上一年增长 9.9%。**三是平均合同金额略有增长。** 2023 年，以技术开发、咨询、服务方式转化科技成果的平均合同金额为 30.1 万元，比上一年增长 4.6%。

五、科技成果转化政策概述

2023 年，科技成果转化工作摆在越来越重要的位置，修订了法律法规，发布了多份涵盖科技成果转化的内容与要求的政策文件❶。2023 年发布的政策文件在促进知识产权转化运用、支持创新和转化人才培养、强化研发和转化政策激励、提升企业技术创新能力、推动重点领域技术发展、促进区域创新及合作等方面完善了科技成果转化体系化的政策保障。

---

❶ 以官网发布时间为准，整理出 2023 年 48 份与科技成果转化相关的政策文件列入附录 1，并筛选部分重要文件进行概述。

（一）促进知识产权转化运用

2023年7月,《国务院关于做好自由贸易试验区第七批改革试点经验复制推广工作的通知》（国函〔2023〕56号）提出"专利开放许可新模式",知识产权管理部门征集市场前景好、适合多个主体应用的专利,由高校院所等专利权人自愿明确许可使用费等条件并公开发布,中小微企业等技术需求方支付相应费用即可方便快速达成"一对多"许可,提升谈判效率、降低交易成本、促进技术供需对接。8月,《工业和信息化部办公厅、国家知识产权局办公室关于印发〈知识产权助力产业创新发展行动方案（2023—2027年）〉的通知》（工信厅联科〔2023〕48号）提出,到2027年,知识产权促进工业和信息化领域重点产业高质量发展的成效更加显著,知识产权强链护链能力进一步提升。工业和信息化领域重点产业高价值专利创造能力明显增强,规模以上制造业重点领域企业每亿元营业收入高价值专利数接近4件,专利密集型产业增加值占国内生产总值（GDP）的比重明显提高；知识产权运用机制更加健全,企业知识产权运用能力显著提升；知识产权保护水平稳步提高,保护规则更加完善；知识产权服务机构专业化、市场化、国际化程度不断加强,知识产权服务业高质量发展格局初步形成,知识产权公共服务供给显著增强。10月,《国务院办公厅关于印发〈专利转化运用专项行动方案（2023—2025年）〉的通知》（国办发〔2023〕37号）提出,到2025年,推动一批高价值专利实现产业化。高校和科研机构专利产业化率明显提高,全国涉及专利的技术合同成交额达到8000亿元。一批主攻硬科技、掌握好专利的企业成长壮大,重点产业领域知识产权竞争优势加速形成,备案认定的专利密集型产品产值超万亿元。12月,《国务院关于修改〈中华人民共和国专利法实施细则〉的决定》（国令第769号）细化促进专利转化运用的规定,包括：对开放许可声明的时机和要求、不予公告开放许可声明的情形、开放许可成立后的备案，加强专利公共服务、优化专利权评价报告相关规定；明确规定鼓励对职务发明创造的发明人或者设计人实行产权激励，完善专利纠纷处理和调解制度等。12月，《国务院办公厅关于印发〈知识产权领域中央与地方财政事权和支出责任划分改革方案〉的通知》（国办发〔2023〕48号）提出，适当加强中央在知识产权保护方面财政事权，减少并规范中央和地方共同财政事权，赋予地方更多自主权，优化政府间事权和财权划分，建立权责清晰、财力协调、区域均衡的中央和地方财政关系，形成稳定的各级政府事权、支出责任和财力相适应的制度，全面加强知识产权保护工作，健全新领域新业态知识产权保护制度，维护知识产权领域国家安全，加强知识产权法治保障，推动进一步提升知识产权创造、运用、保护、管理和服务水平。

（二）支持创新和转化人才培养

2023年3月，《关于印发〈高质量培养科技成果转移转化人才行动方案〉的通知》（国科火字〔2023〕70号）提出，重点面向技术转移（成果转化）机构、高校院所、医疗卫生机构、政府科技管理部门、科技园区、科技型企业、央企国企、投资机构等，着力挖掘和培养一大批"知政策、精技术、会管理、懂金融、明法律、通市场、擅转化"的高素质复合型人才，有效配置到科技成果转化和产业化的各个关键环节，以人才结构的优化和素质的提高带动科技成果转化和产业化水平的提升。到2025年，培养科技成果转移转化人才超过10万人。8月，《中共中央办公厅 国务院办公厅印发〈关于进一步加强青年科技人才培养和使用的若干措施〉》提出，要引导支持青年科技人才服务高质量发展。鼓励青年科技人才深入经济社会发展实践，结合实际需求凝练科学问题，开展原始创新、技术攻关、成果转化，把论文写在祖国大地上。落实事业单位科研人员创新创业等相关政策，支持和鼓励高等学校、科研机构等选派科研能力强、拥有创新成果的青年科技人才，通过兼职创新、长期派驻、短期合作等方式，到基层和企业开展科技咨询、产品开发、成果转化、科学普及等服务，服务成效作为职称评审、职务晋升等的重要参考。10月，《国务院办公厅关于印发〈专利转化运用专项行动方案（2023—2025年）〉的通知》（国办发〔2023〕37号）提出，完善专利转化运用服务链条。培育一批专业性强、信用良好的知识产权服务机构和专家型人才，参与服务各级各类科技计划项目，助力核心技术攻关和专利转化运用。12月，《科技部关于印发〈国家科学技术奖提名办法〉的通知》（国科发奖〔2023〕225号）提出，国家科学技术奖提名工作应当坚持面向世界科技前沿、面向经济主战场、面向国家重大需求、面向人民生命健康，与国家中长期科技发展规划紧密结合，加强对自然科学基础研究和应用基础研究的激励，鼓励前沿技术研究和社会公益性技术研究，强化对国家重大科技任务、重大科技基础设施和重大工程的支持。

（三）强化研发和转化政策激励

2023年3月，《关于进一步完善研发费用税前加计扣除政策的公告》（财政部 税务总局公告2023年第7号）提出，企业开展研发活动中实际发生的研发费用，未形成无形资产计入当期损益的，在按规定据实扣除的基础上，自2023年1月1日起，再按照实际发生额的100%在税前加计扣除；形成无形资产的，自2023年1月1日起，按照无形资产成本的200%在税前摊销。6月，《关于优化预缴申报享受研发费用加计扣除政策有关事项的公告》（国家税务总局 财政部公告2023年第11号）发布，允许企业在7月份预缴申报时就上半年发生的研发费用享受加计扣除政策，即在原有10月份预缴申报和年度汇算清缴两个享受时点的基础上，再新增一个享受时点，将企业享受优惠的时点再提前三个月。7月，国家税务总局所得税司联合科技部政策法规与创新体系建设司发布《研发费用加计扣除政策执行指引（2.0 版）》，对现行研发费用加计扣除相关政策进行全面梳理，从政策主要内容、研发费用核算要求、申报和后续管理等方面对政策进行了全面解读。8 月，《中共中央办公厅 国务院办公厅印发〈关于进一步加强青年科技人才培养和使用的若干措施〉》提出，要加大青年科技人才生活服务保障力度。高等学校、科研院所、国有企业结合自身实际，采取适当方式提高职业早期青年科技人才薪酬待遇，绩效工资和科技成果转化收益等向作出突出贡献的青年科技人才倾斜。8 月，《关于继续实施科技企业孵化器、大学科技园和众创空间有关税收政策的公告》（财政部 税务总局 科技部 教育部公告 2023 年第 42 号）提出，对国家级、省级科技企业孵化器、大学科技园和国家备案众创空间自用以及无偿或通过出租等方式提供给在孵对象使用的房产、土地，免征房产税和城镇土地使用税；对其向在孵对象提供孵化服务取得的收入，免征增值税。

（四）加强科技金融支撑力度

2023 年 8 月，《关于延续执行创业投资企业和天使投资个人投资初创科技型企业有关政策条件的公告》（财政部 税务总局公告 2023 年第 17 号）提出，对于初创科技型企业需符合的条件，从业人数继续按不超过 300 人、资产总额和年销售收入按均不超过 5000 万元执行，《财政部税务总局关于创业投资企业和天使投资个人有关税收政策的通知》（财税〔2018〕55 号）规定的其他条件不变。在此期间已投资满 2 年及新发生的投资，可按财税〔2018〕55 号文件和本公告规定适用有关税收政策。10 月，《国务院关于推进普惠金融高质量发展的实施意见》（国发〔2023〕15 号）提出，建立完善金融服务小微企业科技创新的专业化机制，加大对专精特新、战略性新兴产业小微企业的支持力度。优化制造业小微企业金融服务，加强对设备更新和技术改造的资金支持。健全资本市场功能，完善多层次资本市场差异化制度安排，适应各发展阶段、各类型小微企业特别是科技型企业融资需求，提高直接融资比重。优化小微企业和"三农"、科技创新等领域公司债发行和资金流向监测机制，切实降低融资成本。11月，《工业和信息化部办公厅 中国证监会办公厅关于组织开展专精特新中小企业"一月一链"投融资路演活动的通知》（工信厅联企业函〔2023〕328号）提出，聚焦制造业重点产业链上专精特新中小企业股权融资需求，每月围绕一条产业链举办投融资路演活动，构建中小企业融资促进良好生态，助力中小企业专精特新发展，推动中小企业在提升产业链供应链稳定性、推动经济社会发展中发挥更加重要的作用。12月，《中国证监会 国务院国资委关于支持中央企业发行绿色债券的通知》（证监发〔2023〕80号）提出，发挥中央企业绿色科技创新主体作用。鼓励中央企业发行投向绿色领域科技创新项目建设的债券，强化绿色科技创新，支持绿色低碳关键核心技术攻坚突破和推广应用，提升高质量绿色产品服务供给能力。

（五）提升企业技术创新能力

2023年1月，国务院促进中小企业发展工作领导小组办公室发布《关于印发助力中小微企业稳增长调结构强能力若干措施的通知》（工信部企业函〔2023〕4号）提出，支持中小企业设备更新和技术改造，参与国家科技创新项目建设，承担国家重大科技战略任务。实施科技成果赋智中小企业专项行动，搭建创新成果转化平台，解决中小企业技术创新需求，建立完善中小企业科技成果评价机制，促进科技成果转化，提升中小微企业核心竞争力。1月，《国务院办公厅转发商务部科技部关于进一步鼓励外商投资设立研发中心若干措施的通知》（国办函〔2023〕7号）提出，支持外资研发中心参与各地搭建的成果转化对接和创新创业平台。支持外商投资设立开放式创新平台类研发中心，……与内外资企业、高等院校、科研院所整合技术、人才、资金、产业链等资源，实现协同创新。5月，《工业和信息化部等十部门关于印发〈科技成果赋智中小企业专项行动（2023—

2025年)》的通知》(工信部联科〔2023〕64号)提出,到2025年,健全成果项目库和企业需求库,完善赋智对接平台体系,遴选一批优质的科技成果评价和转移转化机构,推动一批先进适用科技成果到中小企业落地转化;开展不少于30场赋智"深度行"活动,有效促进科技成果转化应用,实现产学研用深度合作;围绕培育更多专精特新中小企业,健全成果转化服务格局,促进中小企业产出更多高质量科技成果。8月,《国务院关于进一步优化外商投资环境加大吸引外商投资力度的意见》(国发〔2023〕11号)提出,支持外商投资在华设立研发中心,与国内企业联合开展技术研发和产业化应用,鼓励外商投资企业及其设立的研发中心承担重大科研攻关项目。

(六)推动行业领域科技进步

2023年2月,《国务院办公厅关于印发中医药振兴发展重大工程实施方案的通知》(国办发〔2023〕3号)提出,项目单位要落实知识产权与成果转化收益分配制度,完善激励机制,调动广大中医药科技人员参与关键技术装备研究开发的积极性。6月,《国务院办公厅关于进一步构建高质量充电基础设施体系的指导意见》(国办发〔2023〕19号)提出,到2030年,基本建成覆盖广泛、规模适度、结构合理、功能完善的高质量充电基础设施体系,有力支撑新能源汽车产业发展,有效满足人民群众出行充电需求。充电基础设施快慢互补、智能开放,充电服务安全可靠、经济便捷,标准规范和市场监管体系基本完善,行业监管和治理能力基本实现现代化,技术装备和科技创新达到世界先进水平。7月,《关于印发〈自然资源标准化工作三年行动计划(2023—2025年)〉的通知》(自然资办发〔2023〕29号)提出,健全科技成果转化为标准的机制。完善标准化技术文件制度,拓宽科技成果标准化渠道。加强标准制定过程中的知识产权保护,促进创新成果产业化应用。10月,《中央宣传部 文化和旅游部 国家文物局等十三部门关于印发〈关于加强文物科技创新的意见〉的通知》（文物科发〔2023〕32号）提出，到2025年，在重点领域突破一批文物保护和考古关键技术，形成若干系统解决方案，建立健全文物基础研究、应用研究和科技成果转化的有效衔接机制。到2035年，建立跨学科跨行业、有效分工合作的文物科技创新网络，建成文物科技基础条件平台体系和共享服务机制，形成具有中国特色的文物科技创新系统性理论、方法与技术，文物保护、研究、管理和利用科技创新能力显著增强。11月，《工业和信息化部办公厅关于印发通信行业绿色低碳标准体系建设指南（2023版）的通知》（工信厅科〔2023〕68号）提出，到2025年，完成制修订50项以上绿色低碳方面的国家标准、行业标准和团体标准，初步完善通信行业绿色低碳标准体系建设，进一步调整优化标准供给结构。12月，《商务部等12部门关于加快生活服务数字化赋能的指导意见》（商服贸发〔2023〕302号）提出，到2025年，初步建成"数字+生活服务"生态体系，形成一批成熟的数字化应用成果，新业态新模式蓬勃发展，生活服务数字化、网络化、智能化水平进一步提升。到2030年，生活服务数字化基础设施深度融入居民生活，数字化应用场景更加丰富，基本实现生活服务数字化，形成智能精准、公平普惠、成熟完备的生活服务体系。12月，《工业和信息化部关于印发〈促进数字技术适老化高质量发展工作方案〉的通知》（工信部信管〔2023〕251号）提出，到2025年年底，数字技术适老化标准规范体系更加健全，数字技术适老化改造规模有效扩大、层级不断深入，数字产品服务供给质量与用户体验显著提升，跨行业深度融合的产业生态更加成熟，多方协同、供需均衡、保障到位、服务可及的数字技术适老化高质量发展格局基本形成，老年人在信息化发展中的获得感、幸福感和安全感稳步提升。12月，《工业和信息化部等八部门关于加快传统制造业转型升级的指导意见》（工信部联规〔2023〕258号）提出，加快先进适用技术推广应用。鼓励以企业为主体，与高校、科研院所共建研发机构，加大研发投入，提高科技成果落地转化率。优化国家制造业创新中心、产业创新中心、国家工程研究中心等制造业领域国家级科技创新平台布局，鼓励面向传统制造业重点领域开展关键共性技术研究和产业化应用示范。完善科技成果信息发布和共享机制，制定先进技术转化应用目录，建设技术集成、熟化和工程化的中试和应用验证平台。

（七）促进重点区域创新发展

2023年3月，《科技部等印发〈关于进一步支持西部科学城加快建设的意见〉的通知》（国科发规〔2023〕31号）提出，到2025年，西部科学城建成若干国际领先的重大创新平台和研究基地，集聚一批具有国际影响力的高校、科研机构、创新型企业，在物质科学、核科学等基础学科领域实现原创引领，壮大战略性新兴产业集群。到2035年，西部科学城建成综合性科学中心，科技综合实力迈入全国前列，集聚世界顶尖科学家群体，重点领域实现全球领先原创成果突破，主导产业迈入全球价值链高端，营造全球一流创新生态，引领成渝地区建成具有全国影响力的科技创新中心。5月，《科技部等印发〈深入贯彻落实习近平总书记重要批示精神 加快推动北京国际科技创新中心建设的工作方案〉的通知》（国科发规〔2023〕41号）提出，围绕到2025年基本形成北京国际科技创新中心的战略目标，……推动北京率先建成世界主要科学中心和创新高地，有力支撑科技强国和中国式现代化建设。健全"三城一区"统筹联动和融合发展机制，以重大科技攻关为牵引，以科技资源优化配置为抓手，完善"基础设施—基础研究—应用研究—成果转化—产业发展"联动体系。8月，《国务院关于印发〈河套深港科技创新合作区深圳园区发展规划〉的通知》（国发〔2023〕12号）提出，到2025年，基本建立高效的深港科技创新协同机制，深港科技创新开放合作取得积极成效。建立与香港及国际全面对接的科研管理制度，集聚一批香港及国际优势学科重点实验室集群和卓越研究中心、顶尖企业研发中心，与香港科技合作取得一批重大成果。到 2035 年，与香港园区协同创新的格局全面形成，科技创新国际化程度居于全球领先地位，创新要素跨境自由有序流动，培育一批世界一流的创新载体和顶尖科技企业研发中心，成为世界级的科研枢纽，有力支撑粤港澳大湾区国际科技创新中心广深港科技创新走廊建设。12 月，《国务院关于印发〈全面对接国际高标准经贸规则推进中国（上海）自由贸易试验区高水平制度型开放总体方案〉的通知》（国发〔2023〕23 号）提出，支持可信、安全和负责任地使用人工智能技术。优化"人工智能 + 医疗器械"应用审评审批程序，对进入创新医疗器械特别审查程序的人工智能辅助诊断医疗器械加快审评审批。完善外资企业参与创新药物研发等领域人工智能创新合作的方式及要求。在保障安全前提下，探索开展高度自动驾驶车辆在高速公路和高架道路上测试及示范应用，加快推动智能网联汽车商业化应用。深入开展智能网联汽车高精度地图应用试点。

第二章 转让、许可、作价投资的进展成效

一、总体情况

转让、许可、作价投资合同金额略有下降，合同项数明显增长。2023年，高校院所以转让、许可、作价投资3种方式转化科技成果合同金额为241.3亿元，比上一年下降0.5%；合同项数为37 741项，比上一年增长26.3%（图1-2-1）。

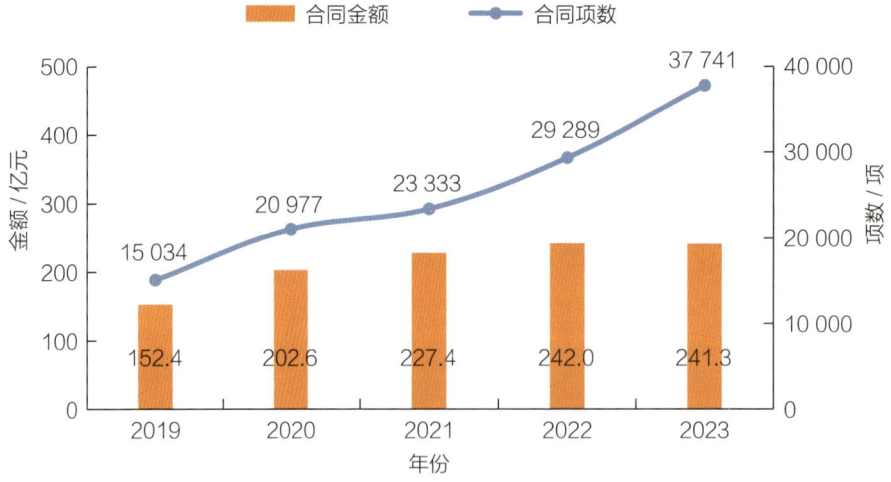

图1-2-1 高校院所转让、许可、作价投资的合同金额和合同项数

2023年，高校院所以转让、许可、作价投资方式转化科技成果的平均合同金额为63.9万元，合同金额和合同项数分布见表1-2-1、图1-2-2。

表 1-2-1 高校院所转让、许可、作价投资的合同金额和合同项数分布

合同金额区间	合同项数/项	合同项数占比	合同金额/万元	合同金额占比
1亿元及以上	28	0.1%	471 930.0	19.6%
1000万（含）~1亿元	440	1.2%	1 011 357.1	41.9%
100万（含）~1000万元	2403	6.4%	600 635.6	24.9%
10万（含）~100万元	9793	25.9%	276 472.6	11.5%
10万元以下	25 077	66.4%	52 551.9	2.2%
总计	37 741	—	2 412 947.2	—

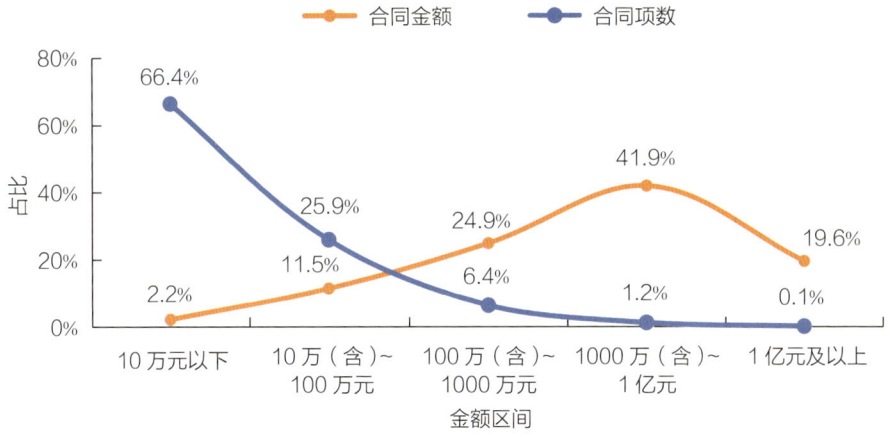

图 1-2-2 高校院所转让、许可、作价投资的合同金额和合同项数分布

2023年，以转让、许可、作价投资方式转化科技成果累计合同金额1亿元及以上的高校院所共计50家；超过1000万元的单位共计334家，这334家单位的转让、许可、作价投资合同金额占4028家高校院所转让、许可、作价投资总合同金额的90.9%。

转让、许可当年到账金额略有下降。2023年，高校院所转让、许可合同当年到账金额为89.1亿元，比上一年下降2.5%（图1-2-3）。其中，**中央所属**高校院所当年到账金额为55.4亿元，比上一年下降10.7%；**地方所属**高校院所当年到账金额为33.7亿元，比上一年增长14.4%。

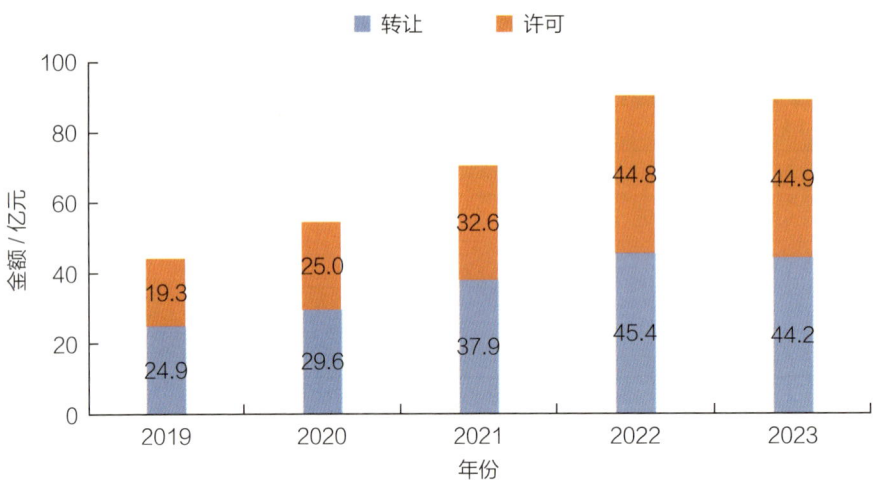

图 1-2-3 高校院所转让、许可合同的当年到账金额

2023 年，高校院所以转让、许可、作价投资 3 种方式转化科技成果**单项合同金额 1 亿元及以上**的合同共计 28 项（表 1-2-2），5000 万元及以上的合同共计 76 项，1000 万元及以上的合同共计 468 项。

表 1-2-2　高校院所单项合同金额 1 亿元及以上的转让、许可、作价投资合同分布

序号	单位名称	转化方式
1	上海交通大学	转让
2	中国科学院天津工业生物技术研究所	作价投资
3	北京交通大学	作价投资
4	中南大学	作价投资
5	华中科技大学	转让
6	中山大学	转让
7	上海科技大学	许可
8	中国科学院深圳先进技术研究院	作价投资
9	西安航天动力试验技术研究所	许可
10	中国科学院大连化学物理研究所	转让

续表

序号	单位名称	转化方式
11	中国药科大学	转让
12	上海科技大学	许可
13	沈阳药科大学	转让
14	上海中医药大学	转让
15	中国科学院大连化学物理研究所	许可
16	复旦大学	许可
17	上海交通大学	许可
18	山西中医药大学	许可
19	上海微小卫星工程中心	作价投资
20	中山大学	许可
21	天津医科大学	许可
22	中南大学	转让
23	中国科学院上海有机化学研究所	转让
24	上海科技大学	许可
25	中山大学	转让
26	中国科学院上海药物研究所	转让
27	中国医学科学院病原生物学研究所	转让
28	首都医科大学	转让

（一）转让、许可、作价投资合同对比

转让合同金额略有下降，许可合同金额有所增长，作价投资合同金额有所下降。2023年，高校院所以**转让**方式转化科技成果的合同金额为106.1亿元，比上一年下降4.5%；以**许可**方式转化科技成果的合同金额为90.6亿元，比上一年增长14.1%；以**作价投资**方式转化科技成果的合同金额为44.6亿元，比上一年下降14.3%（图1-2-4）。

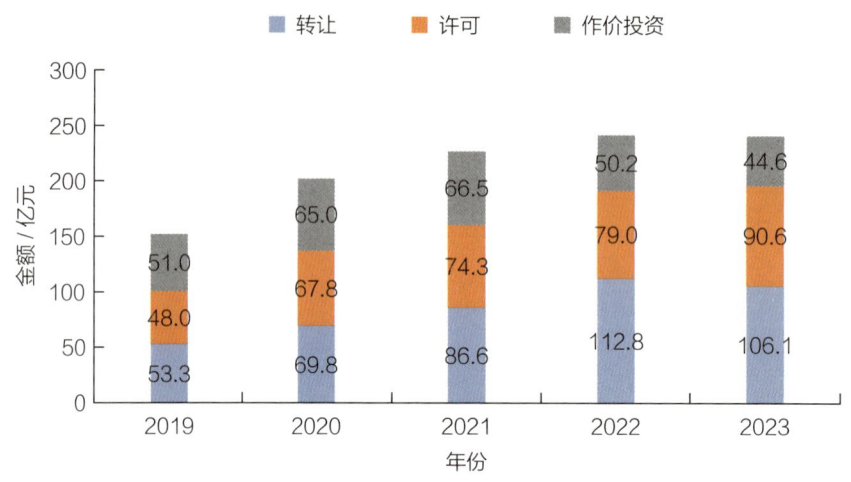

图 1-2-4 高校院所转让、许可、作价投资的合同金额

2023年,作价投资方式的平均合同金额最高,是转让平均合同金额的20.5倍,是许可平均合同金额的14.9倍。高校院所以**转让**方式转化科技成果的平均合同金额为46.1万元,比上一年下降21.7%;以**许可**方式转化科技成果的平均合同金额为63.5万元,比上一年下降16.6%;以**作价投资**方式转化科技成果的平均合同金额为946.0万元,比上一年增长6.7%(图1-2-5)。

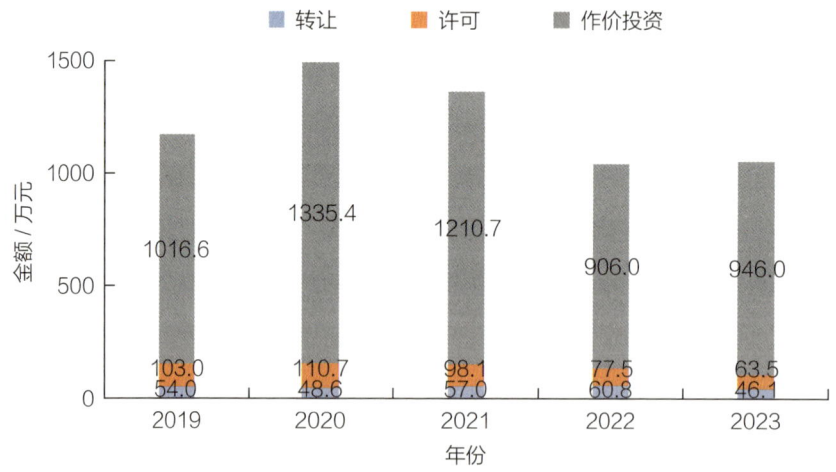

图 1-2-5 高校院所转让、许可、作价投资的平均合同金额

2023年，转让方式的合同项目数最多，占3种方式总合同项数（37 741项）的61.0%。高校院所以**转让**方式转化科技成果的合同项数为23 006项，比上一年增长21.9%；以**许可**方式转化科技成果的合同项数为14 263项，比上一年增长36.8%；以**作价投资**方式转化科技成果的合同项数为472项，比上一年下降19.7%（图1-2-6）。

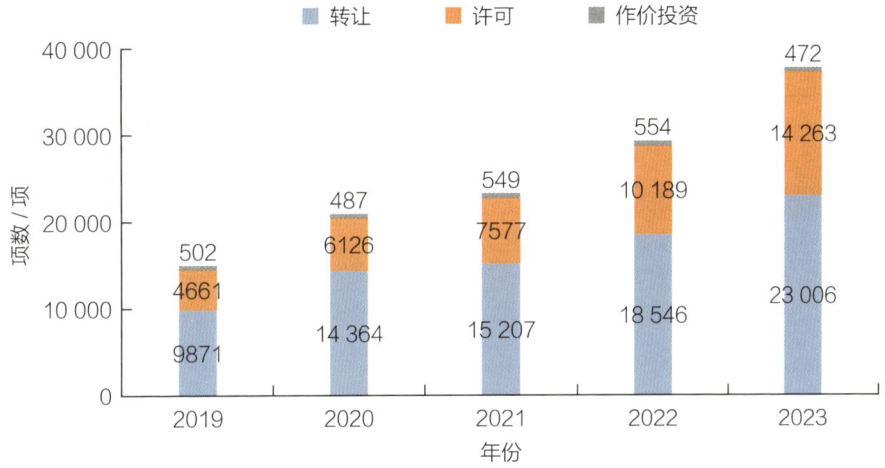

图1-2-6 高校院所转让、许可、作价投资的合同项数

（二）中央所属高校院所转让、许可、作价投资情况

中央所属高校院所合同金额有所下降，合同项数略有增长。2023年，中央所属高校院所以转让、许可、作价投资3种方式转化科技成果的合同金额为152.5亿元，比上一年下降10.6%；合同项数为7484项，比上一年增长7.0%（图1-2-7）。

（三）地方所属高校院所转让、许可、作价投资情况

地方所属高校院所合同金额和合同项数均明显增长。2023年，地方所属高校院所以转让、许可、作价投资3种方式转化科技成果的合同金额

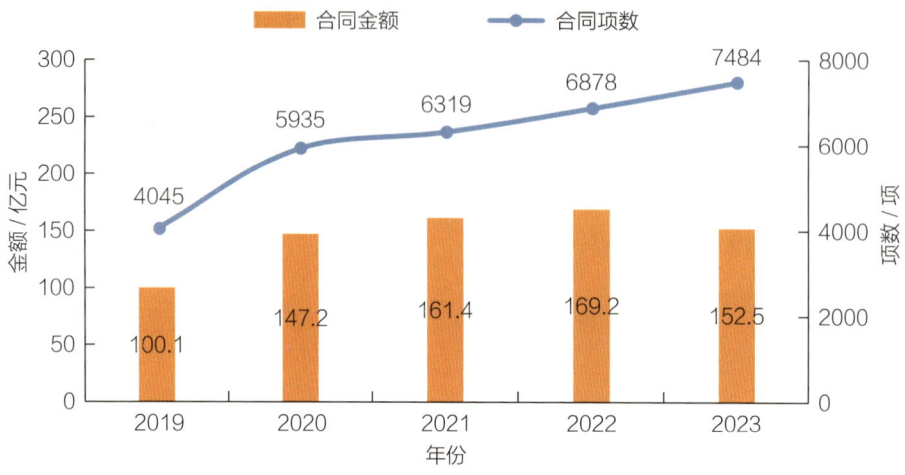

图 1-2-7　中央所属高校院所转让、许可、作价投资的合同金额和合同项数

为 88.8 亿元,比上一年增长 24.1%;合同项数为 30 257 项,比上一年增长 32.3%(图 1-2-8)。

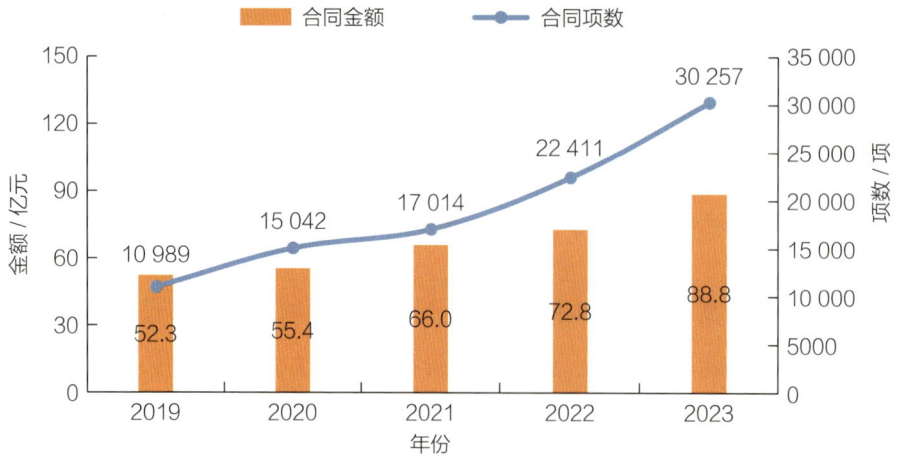

图 1-2-8　地方所属高校院所转让、许可、作价投资的合同金额和合同项数

2023 年,地方所属高校院所以转让、许可、作价投资方式转化科技成果的合同金额排名前 3 位的省级行政区是上海市(12.9 亿元)、广东省(8.2 亿元)、江苏省(6.6 亿元)(图 1-2-9)。

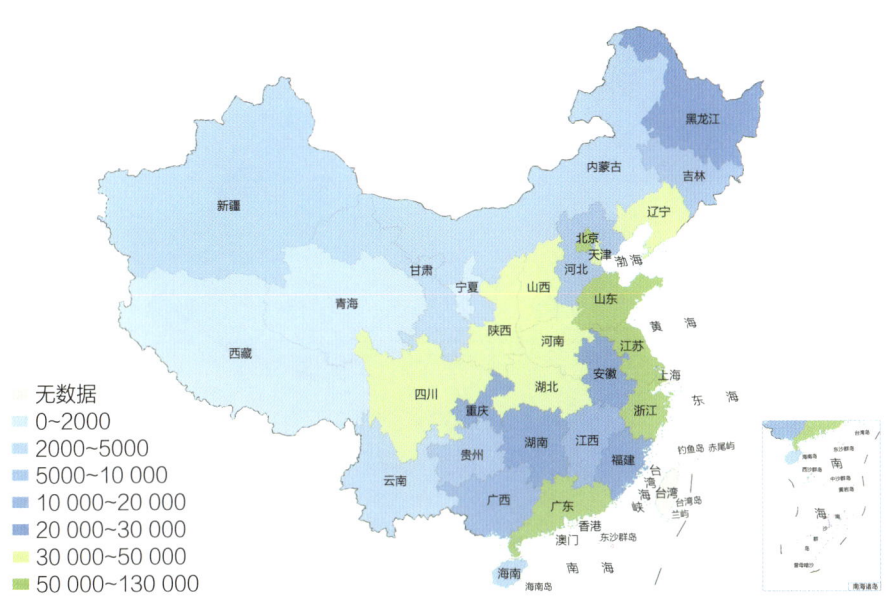

图 1-2-9 地方所属高校院所转让、许可、作价投资的合同金额（单位：万元）区间分布

（四）辖区内高校院所[1] 转让、许可、作价投资情况

按照高校院所所在地统计，2023 年辖区内高校院所以转让、许可、作价投资方式转化科技成果合同金额排名前 3 位的省级行政区是上海市（50.8 亿元）、北京市（43.0 亿元）、广东省（18.7 亿元）（图 1-2-10）。

二、转让方式

转让合同金额略有下降，合同项数明显增长。2023 年，高校院所以转让方式转化科技成果的合同金额为 106.1 亿元，比上一年下降 4.5%；合

---

[1] 辖区数据为按照单位所在地统计的数据，是各地方所属单位与该辖区内中央所属单位相应数据的加和。

同项数为 23 006 项，比上一年增长 21.9%（图 1-2-11）；平均合同金额为 46.1 万元，比上一年下降 21.7%。

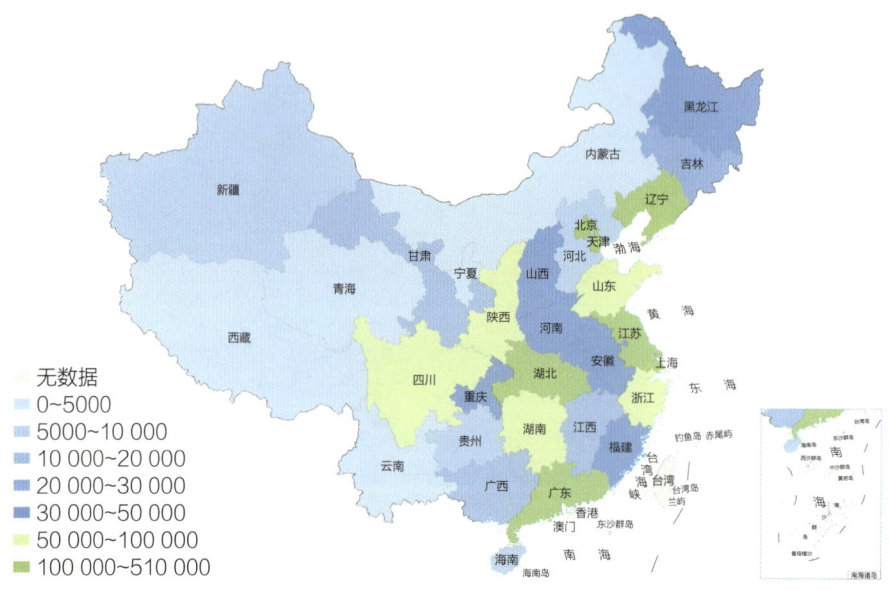

图 1-2-10 辖区内高校院所转让、许可、作价投资的合同金额（单位：万元）区间分布

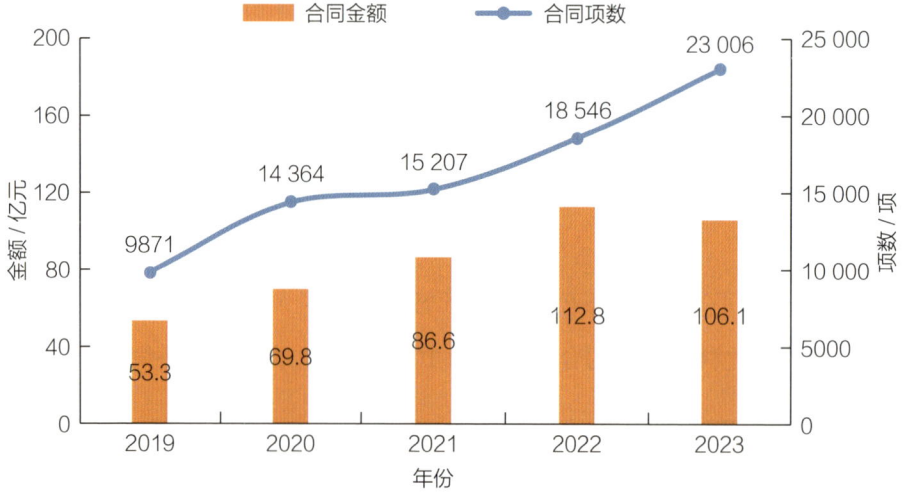

图 1-2-11 高校院所转让方式的合同金额和合同项数

三、许可方式

许可合同金额有所增长，合同项数明显增长。2023年，高校院所以许可方式转化科技成果的合同金额为90.6亿元，比上一年增长14.1%；合同项数为14 263项，比上一年增长36.8%（图1-2-12）；平均合同金额为63.5万元，比上一年下降16.6%。

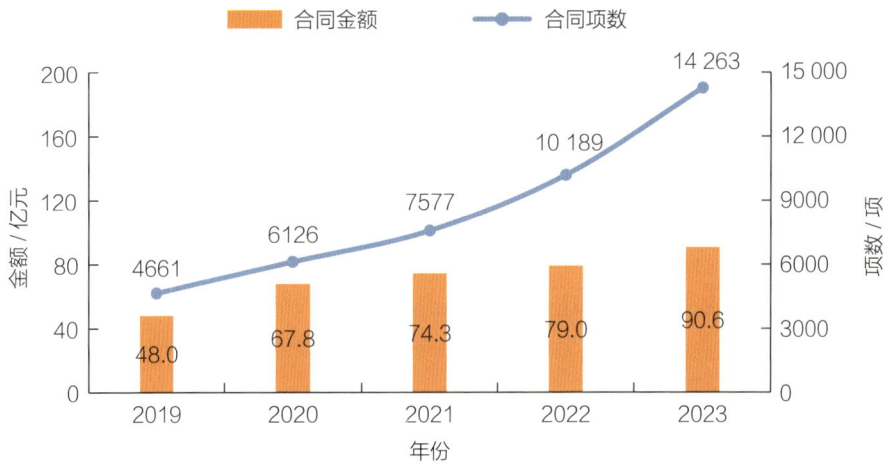

图1-2-12　高校院所许可方式的合同金额和合同项数

四、作价投资方式

作价投资合同金额有所下降，合同项数有所下降。2023年，高校院所以作价投资方式转化科技成果的合同金额为44.6亿元，比上一年下降14.3%；合同项数为472项，比上一年下降19.7%（图1-2-13）；平均合同金额为946.0万元，比上一年增长6.7%。

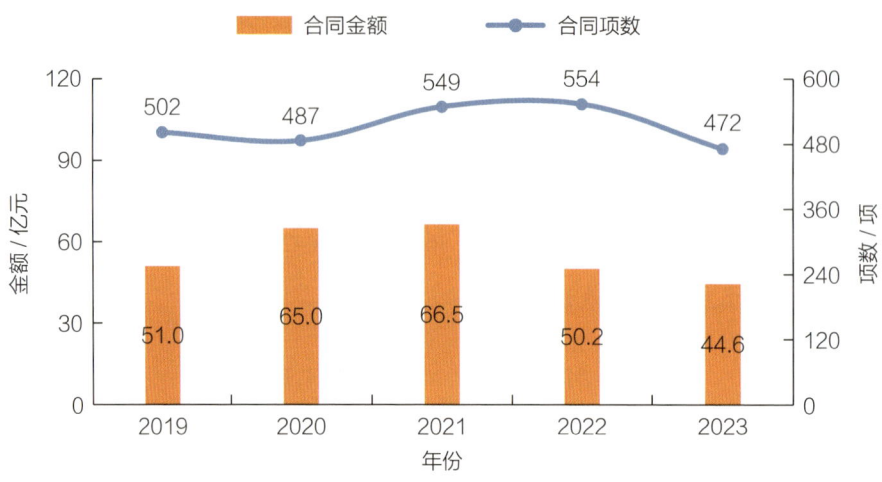

图 1-2-13 高校院所作价投资方式的合同金额和合同项数

五、科技成果转化定价

协议定价是科技成果转化的主要定价方式。2023年，高校院所以转让、许可、作价投资方式转化科技成果的 37 741 项合同中，采用协议定价方式的有 36 496 项，占总数的 96.7%，合同总金额为 222.5 亿元，平均合同金额为 61.0 万元；采用挂牌交易方式的有 1104 项，占总数的 2.9%，合同总金额为 17.3 亿元，平均合同金额为 156.3 万元；采用拍卖方式的有 141 项，占总数的 0.4%，合同总金额为 1.5 亿元，平均合同金额为 106.3 万元（图 1-2-14）。

科技成果转化定价过程中，2023年，经过评估的转化成果为 12 213 项，占总数的 32.4%，合同总金额为 131.9 亿元，平均合同金额为 108.0 万元；未经过评估的转化成果为 25 528 项，占总数的 67.6%，合同总金额为 109.4 亿元，平均合同金额为 42.8 万元（图 1-2-15）。

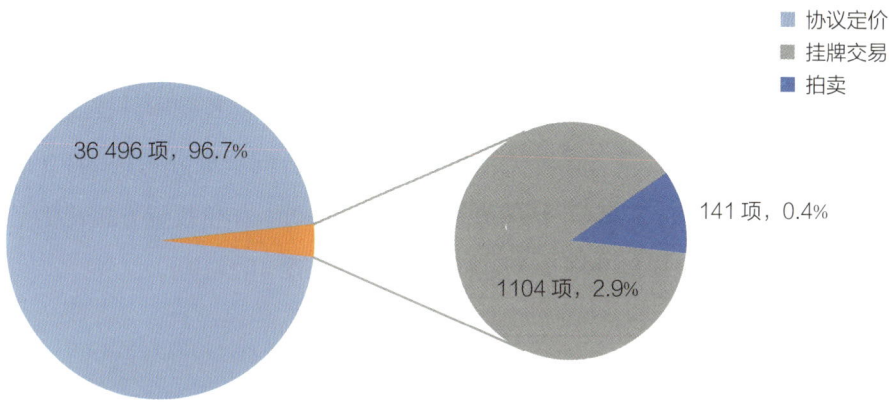

图 1-2-14 高校院所转让、许可、作价投资的定价方式分布

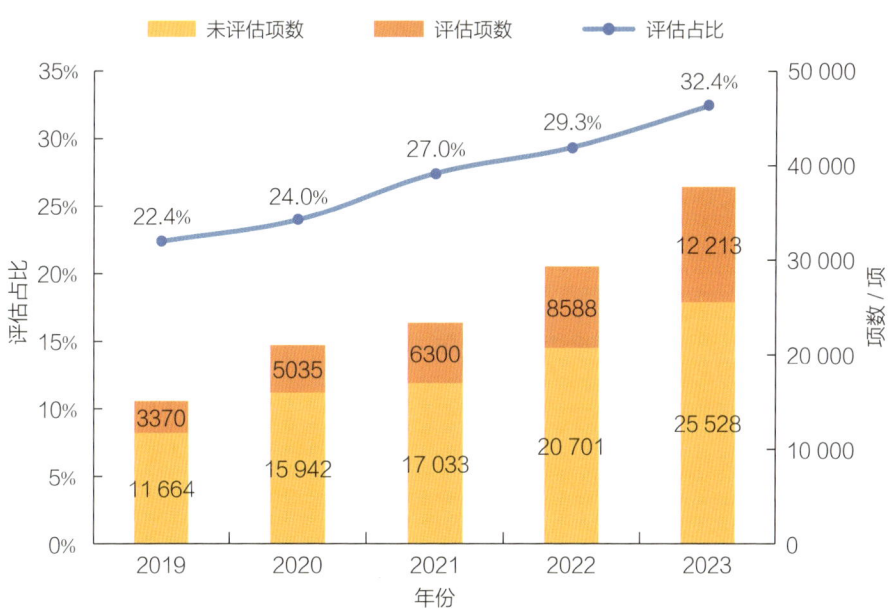

图 1-2-15 高校院所转让、许可、作价投资合同定价过程中的评估情况

六、科技成果转化流向

（一）科技成果承接单位类型 [1]

科技成果主要转化至境内中小微企业。2023 年，高校院所科技成果以转让、许可、作价投资方式转化至境内、境外的合同金额分别是 241.0 亿元、0.2 亿元（图 1-2-16），科技成果以转让、许可、作价投资方式转化至境内、境外的合同项数分别是 37 730 项、11 项（图 1-2-17）。

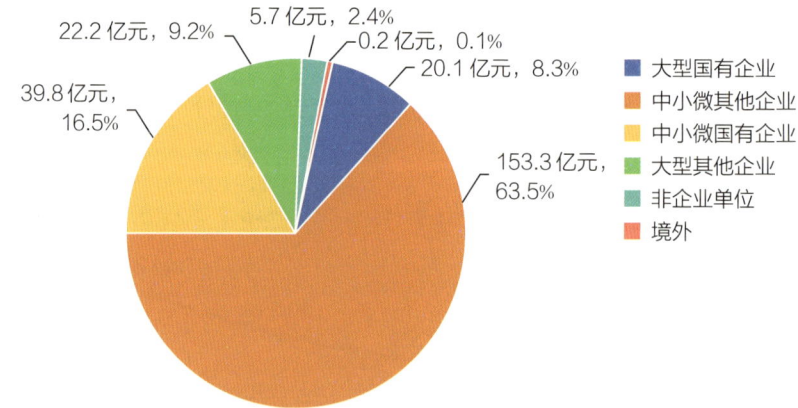

图 1-2-16 高校院所转让、许可、作价投资的承接单位合同金额分布

在境内转化的科技成果中，2023 年，转化至中小微企业、大型企业、非企业单位的科技成果合同金额分别为 193.1 亿元、42.2 亿元、5.7 亿元，占合同总金额的比重分别为 80.0%、17.5%、2.4%（图 1-2-18）；转化至中小微企业、大型企业、非企业单位的科技成果数量分别为 34 569 项、1600 项、1561 项，占科技成果转化合同总数的比例分别为 91.6%、4.2%、4.1%（图 1-2-19）。

---

[1] "中小微企业"和"大型企业"标准参考《国家统计局关于印发统计上大中小微型企业划分办法的通知》（国统字〔2011〕75 号），"国有企业"标准参考《关于划分企业登记注册类型的规定调整的通知》（国统字〔2011〕86 号），非国有企业归类为"其他企业"。

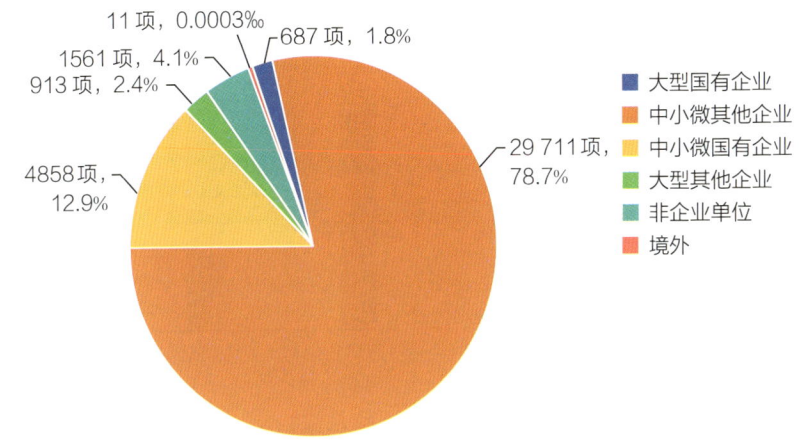

图 1-2-17 高校院所转让、许可、作价投资方式转化科技成果的承接单位合同项数分布

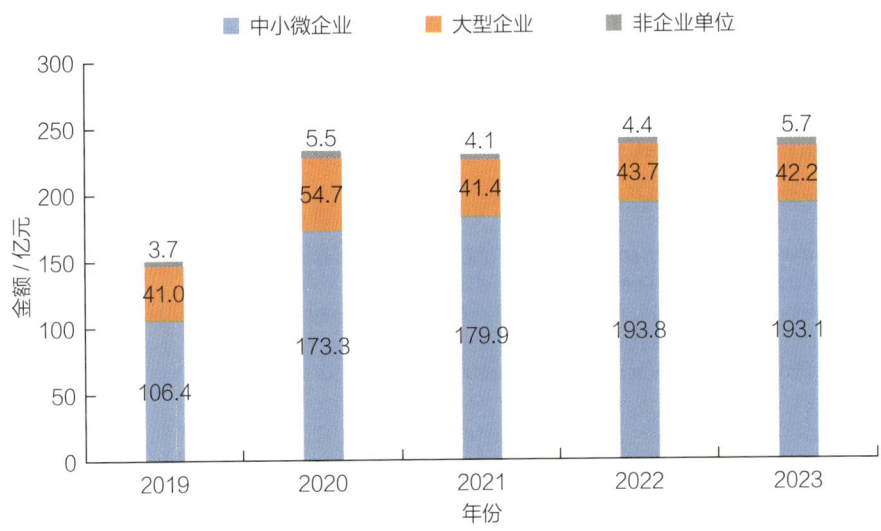

图 1-2-18 高校院所转让、许可、作价投资的境内合同金额

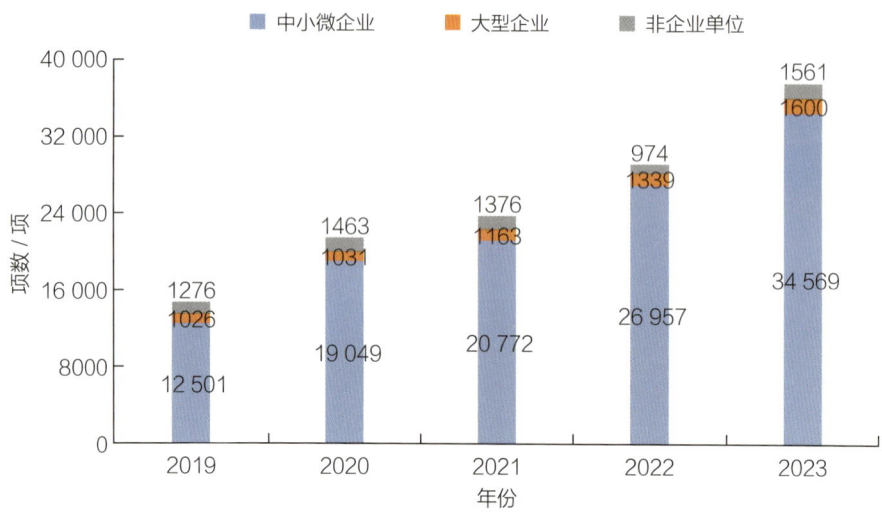

图 1-2-19 高校院所转让、许可、作价投资的境内合同项数

（二）科技成果承接单位所在地

科技成果转化至广东省的合同金额最高，转化至江苏省的合同项数最多。按照科技成果转化至单位所在地统计，2023年高校院所以转让、许可、作价投资方式转化科技成果地方合同金额排名前3位的分别是广东省、江苏省、上海市，科技成果转化合同总金额分别为30.7亿元、29.9亿元、27.1亿元，占以转让、许可、作价投资的方式转化合同总金额的比重为12.7%、12.4%、11.2%（图1-2-20）。转化至地方成果合同项数排名前3位的分别是江苏省、广东省、安徽省，合同项数分别为4788项、3891项、3109项。

在承接高校院所转让、许可、作价投资合同金额排名前10位的省级行政区中，2023年合同金额最高的行业领域有7个是制造业，2个是科学研究和技术服务业，1个是卫生和社会工作（表1-2-3）。

第一篇 第二章 转让、许可、作价投资的进展成效

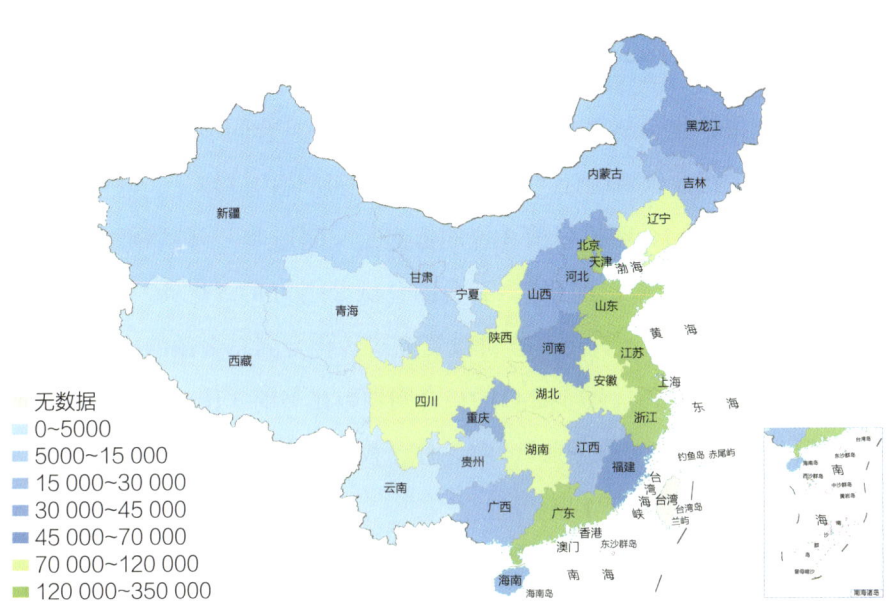

图 1-2-20 辖区内单位承接高校院所转让、许可、作价投资合同的金额（单位：万元）区间分布

表 1-2-3 承接高校院所转让、许可、作价投资合同金额排名前 10 位的省级行政区与合同金额最高的行业

排名	省级行政区	总合同金额/万元	合同金额最高的行业
1	广东省	307 139.9	制造业
2	江苏省	299 283.3	制造业
3	上海市	270 747.4	科学研究和技术服务业
4	北京市	258 426.8	科学研究和技术服务业
5	浙江省	133 808.2	制造业
6	天津市	123 242.6	制造业
7	山东省	122 173.8	制造业
8	湖北省	109 145.9	制造业
9	安徽省	89 927.3	制造业
10	四川省	83 736.2	卫生和社会工作

（三）科技成果行业领域

科技成果转化至制造业的合同金额最高，并且合同项数最多。按照科技成果应用的行业领域统计[1]，2023年高校院所境内以转让、许可、作价投资方式转化合同金额排名前3位的依次是"制造业""科学研究和技术服务业""农、林、牧、渔业"，其合同金额分别为87.5亿元、64.8亿元、25.4亿元，占以转让、许可、作价投资方式转化合同总金额的比重分别为36.3%、26.9%、10.5%（图1-2-21）；合同项数排名前3位的依次是"制造业""科学研究和技术服务业""农、林、牧、渔业"，其合同项数分别为13 046项、7504项、6094项。

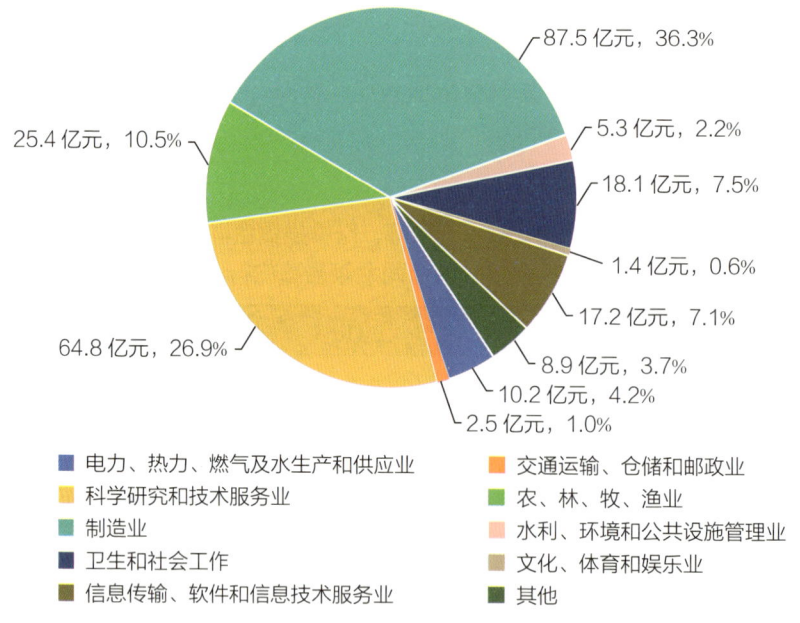

图1-2-21 高校院所转让、许可、作价投资成果的行业分布

---

[1] 按照国民经济行业门类，选取与科技相关性强的9个门类作为选项，剩余门类均归为"其他"，包括：①农、林、牧、渔业；②制造业；③电力、热力、燃气及水生产和供应业；④交通运输、仓储和邮政业；⑤信息传输、软件和信息技术服务业；⑥科学研究和技术服务业；⑦水利、环境和公共设施管理业；⑧卫生和社会工作；⑨文化、体育和娱乐业；⑩其他。

（四）本地转化和跨区域转化

2023年，58.6%的科技成果在本地实现转化，服务本地企业，促进本地经济发展。按照高校院所转让、许可、作价投资科技成果的产出区域和转化至区域统计，2023年，在本地实现转化合同金额排名前3位的省级行政区是上海市（22.5亿元）、北京市（19.8亿元）、广东省（13.1亿元）（表1-2-4）。

表1-2-4 高校院所转让、许可、作价投资本地转化合同金额排名前10位的省级行政区

排名	省级行政区	本地转化合同金额/亿元	占本地产出合同金额的比重	本地转化合同项数/项	占本地产出合同项数的比重
1	上海市	22.5	44.3%	694	50.7%
2	北京市	19.8	46.1%	993	44.2%
3	广东省	13.1	69.8%	1957	76.7%
4	江苏省	10.0	64.7%	3459	58.8%
5	天津市	7.9	70.8%	311	53.2%
6	湖北省	7.3	65.1%	2089	69.0%
7	山东省	6.7	81.4%	1406	56.2%
8	浙江省	6.6	74.1%	2098	72.5%
9	湖南省	6.5	71.7%	688	64.3%
10	四川省	6.3	68.8%	814	59.3%

2023年，本辖区内高校院所科技成果以转让、许可、作价投资方式转化至其他区域的合同金额为99.9亿元，占总合同金额的41.4%；合同项数为13 990项，占总合同项数的37.1%。

2023年，承接其他区域科技成果合同金额排名前3位的省级行政区是江苏省（20.0亿元）、广东省（17.7亿元）、浙江省（6.8亿元）（图1-2-22）；承接其他区域科技成果合同项数排名前3位的省级行政区是安徽省

（2488项）、广东省（1934项）、江苏省（1329项）（图1-2-23）。

2023年，本辖区科技成果输出至其他区域合同金额排名前3位的省级行政区是上海市（28.3亿元）、北京市（23.2亿元）、辽宁省（7.6亿元）（图1-2-22）；本辖区科技成果输出至其他区域合同项数排名前3位的省级行政区是江苏省（2424项）、北京市（1255项）、山东省（1097项）（图1-2-23）。

第二章 转让、许可、作价投资的进展成效

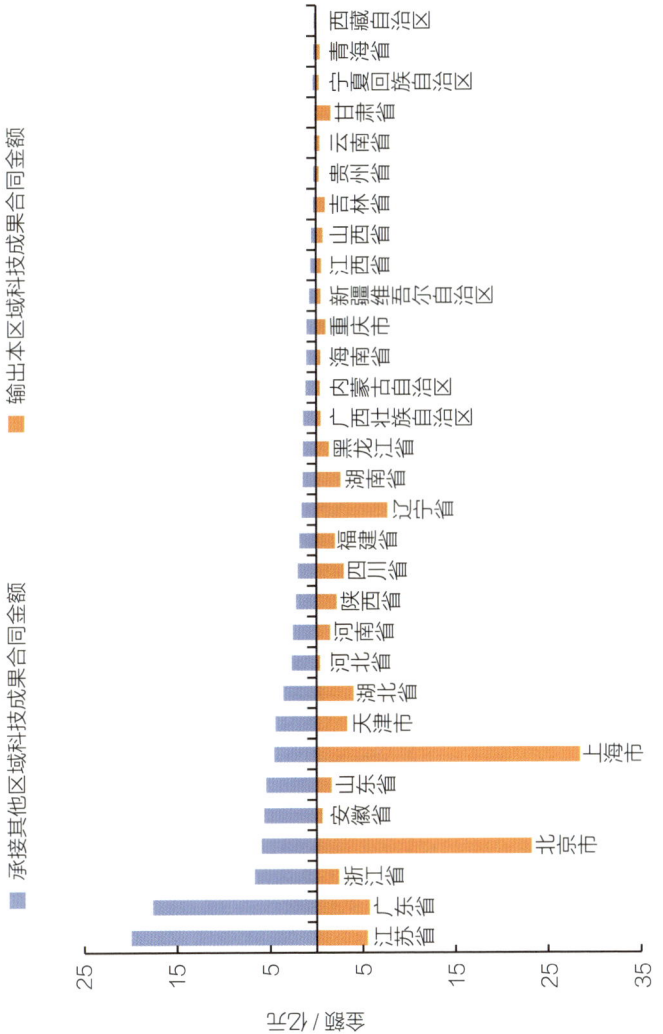

图1-2-22 高校院所转让、许可、作价投资合同金额的区域分布

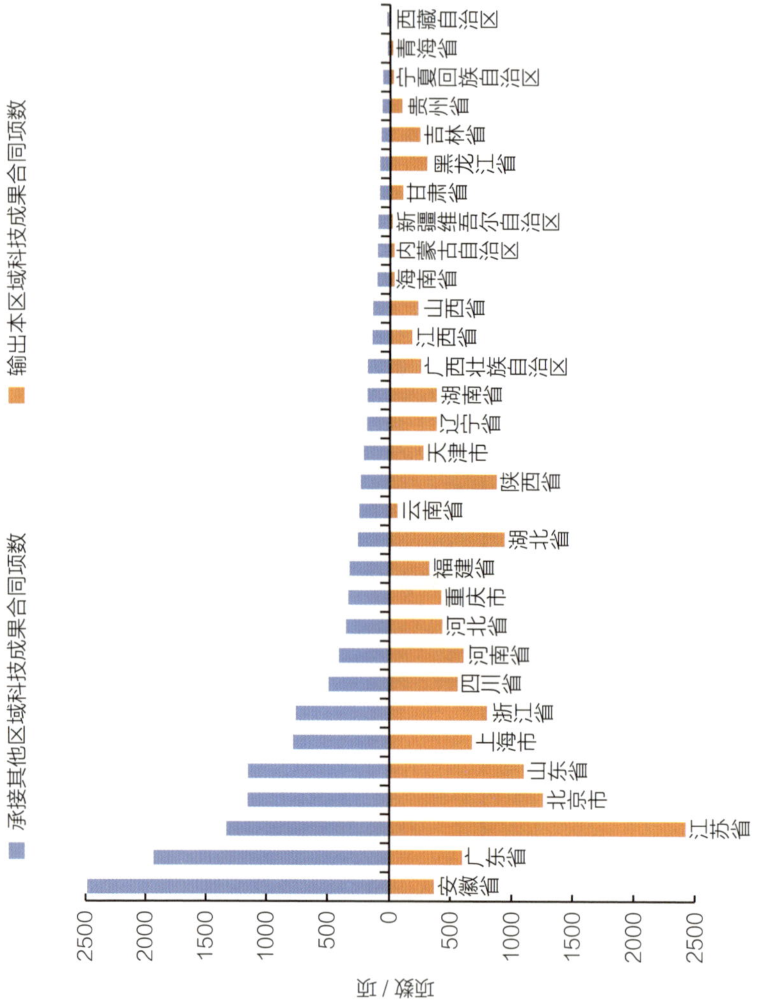

图 1-2-23 高校院所转让、许可、作价投资合同项数的区域分布

财政资助项目的科技成果转化

一、总体情况

(一) 全国财政资助项目❶成果

全国财政资助项目成果转化合同金额和合同项数均明显增长。2023年，高校院所以转让、许可、作价投资3种方式转化财政资助项目成果的合同金额为84.8亿元，比上一年增长26.2%，占高校院所转让、许可、作价投资3种转化方式总合同金额（241.3亿元）的35.1%；合同项数为5922项，比上一年增长21.0%，占高校院所转让、许可、作价投资3种转化方式总合同项数（37 741项）的15.7%（图1-3-1）。

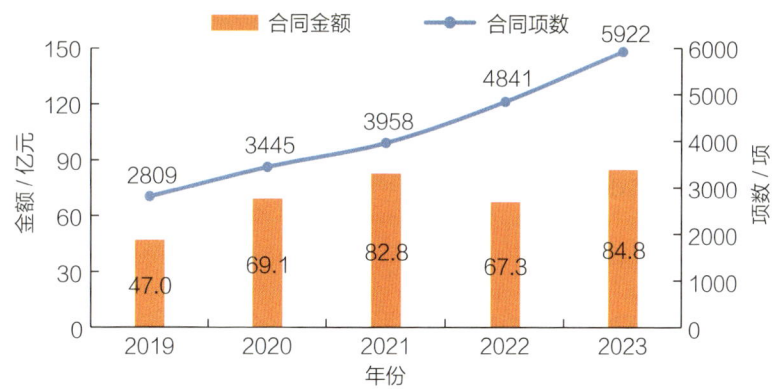

图1-3-1 高校院所财政资助项目成果转让、许可、作价投资的合同金额和合同项数

---

❶ 全国财政资助项目包括中央财政资助项目和地方财政资助项目。

（二）中央财政资助项目成果

中央财政资助项目成果合同金额和合同项数均明显增长。2023 年，高校院所以转让、许可、作价投资 3 种方式转化中央财政资助项目成果的合同金额为 75.0 亿元，比上一年增长 32.2%，占高校院所全国财政资助项目成果转让、许可、作价投资 3 种转化方式总合同金额（84.8 亿元）的 88.4%；合同项数为 3432 项，比上一年增长 21.0%，占高校院所全国财政资助项目成果转让、许可、作价投资 3 种转化方式总合同项数（5922 项）的 58.0%（图 1-3-2）。

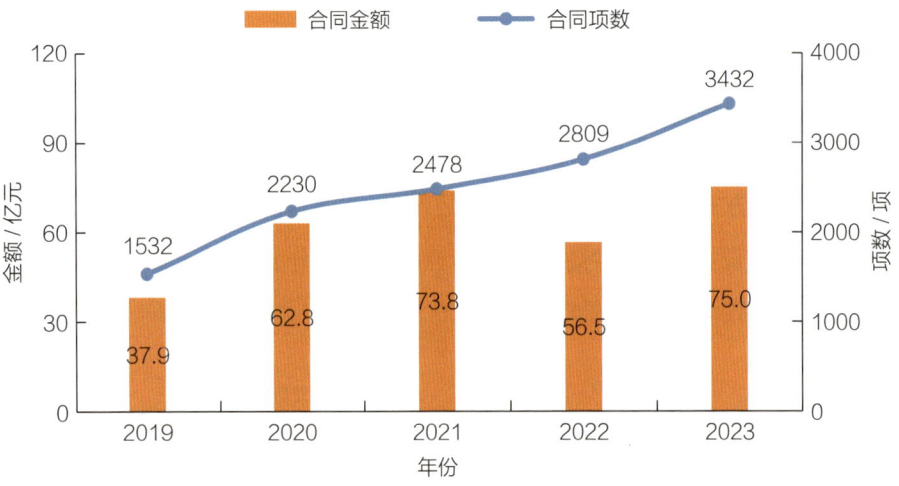

图 1-3-2　高校院所中央财政资助项目成果转让、许可、作价投资的合同金额和合同项数

二、中央所属高校院所

（一）全国财政资助项目成果

中央所属高校院所全国财政资助项目成果合同金额明显增长，合同项数略有增长。2023 年，中央所属高校院所以转让、许可、作价投资 3 种方式转

化财政资助项目成果的合同金额为 64.8 亿元，比上一年增长 31.9%，占中央所属高校院所转让、许可、作价投资 3 种转化方式总合同金额（152.5 亿元）的 42.5%；合同项数为 2409 项，比上一年增长 7.0%，占中央所属高校院所转让、许可、作价投资 3 种转化方式总合同项数（7484 项）的 32.2%（图 1-3-3）。

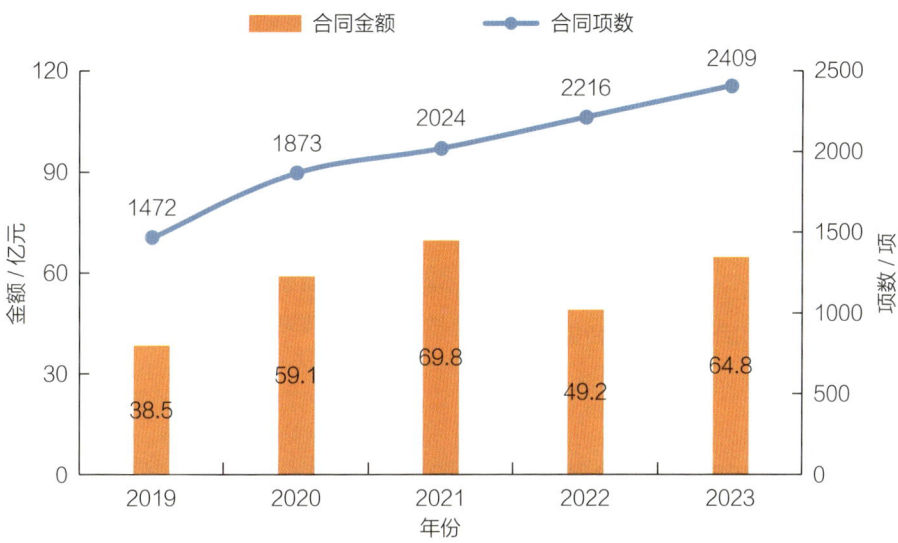

图 1-3-3　中央所属高校院所财政资助项目成果转让、许可、作价投资的合同金额和合同项数

（二）中央财政资助项目成果

中央所属高校院所中央财政资助项目成果合同金额明显增长，合同项数略有增长。2023 年，中央所属高校院所以转让、许可、作价投资 3 种方式转化中央财政资助项目成果的合同金额为 60.9 亿元，比上一年增长 37.2%，占中央所属高校院所全国财政资助项目成果转让、许可、作价投资 3 种转化方式总合同金额（64.8 亿元）的 94.0%；合同项数为 2009 项，比上一年增长 3.4%，占中央所属高校院所全国财政资助项目成果转让、许可、作价投资 3 种转化方式总合同项数（2409 项）的 83.4%（图 1-3-4）。

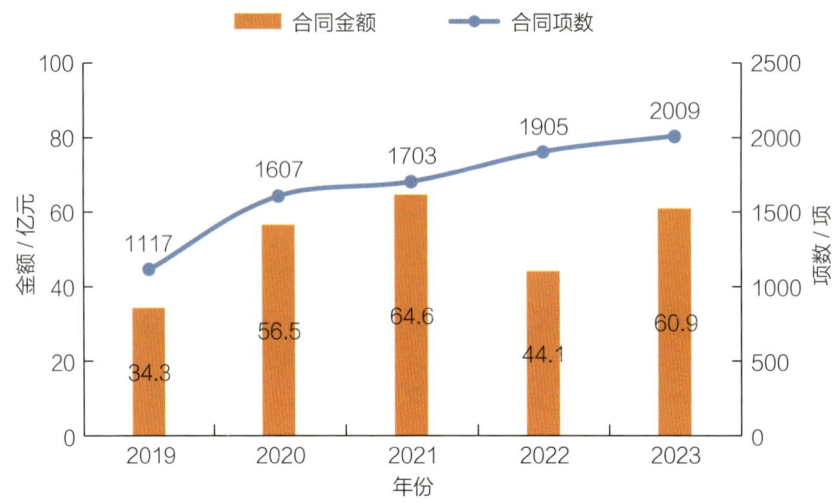

图 1-3-4 中央所属高校院所中央财政资助项目成果转让、许可、作价投资的合同金额和合同项数

三、地方所属高校院所

（一）全国财政资助项目成果

地方所属高校院所全国财政资助项目成果合同金额有所增长，合同项数明显增长。2023 年，地方所属高校院所以转让、许可、作价投资 3 种方式转化财政资助项目成果的合同金额为 20.0 亿元，比上一年增长 10.6%，占地方所属高校院所转让、许可、作价投资 3 种转化方式总合同金额（88.8 亿元）的 22.5%；合同项数为 3513 项，比上一年增长 32.9%，占地方高校院所转让、许可、作价投资 3 种转化方式总合同项数（30 257 项）的 11.6%（图 1-3-5）。

2023 年，地方所属高校院所全国财政资助项目成果以转让、许可、作价投资 3 种方式转化的合同金额排名前 3 位的省级行政区是北京市（3.4 亿元）、广东省（2.8 亿元）、江苏省（2.0 亿元）（图 1-3-6）。

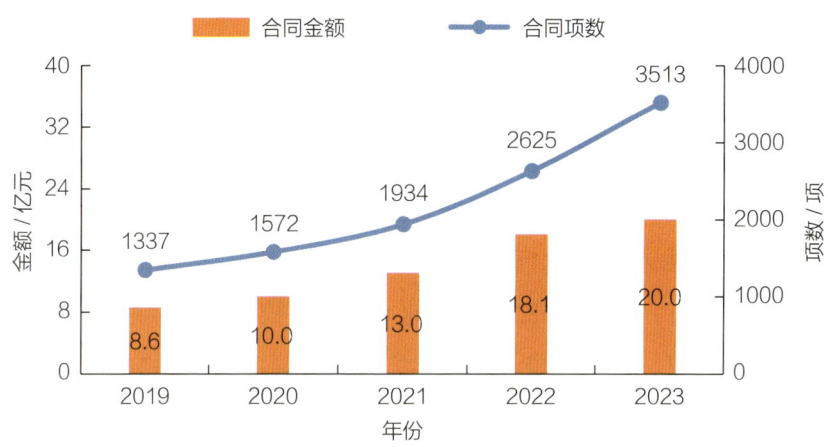

图 1-3-5 地方所属高校院所财政资助项目成果转让、许可、作价投资的合同金额和合同项数

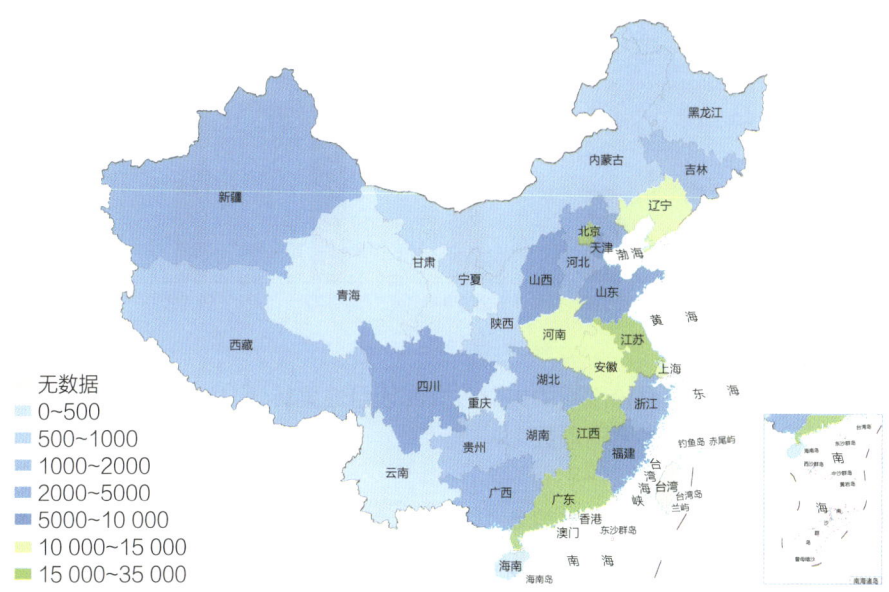

图 1-3-6 地方所属高校院所财政资助项目成果转让、许可、作价投资的合同金额（单位：万元）区间分布

（二）中央财政资助项目成果

地方所属高校院所中央财政资助项目成果合同金额有所增长，合同项数显著增长。2023 年，地方所属高校院所以转让、许可、作价投资 3 种方式转化中央财政资助项目成果的合同金额为 14.1 亿元，比上一年增长 14.2%，占地方所属高校院所全国财政资助项目成果转让、许可、作价投资 3 种转化方式总合同金额（20.0 亿元）的 70.3%；合同项数为 1423 项，比上一年增长 58.3%，占地方所属高校院所全国财政资助项目成果转让、许可、作价投资 3 种转化方式总合同项数（3513 项）的 40.5%（图 1-3-7）。

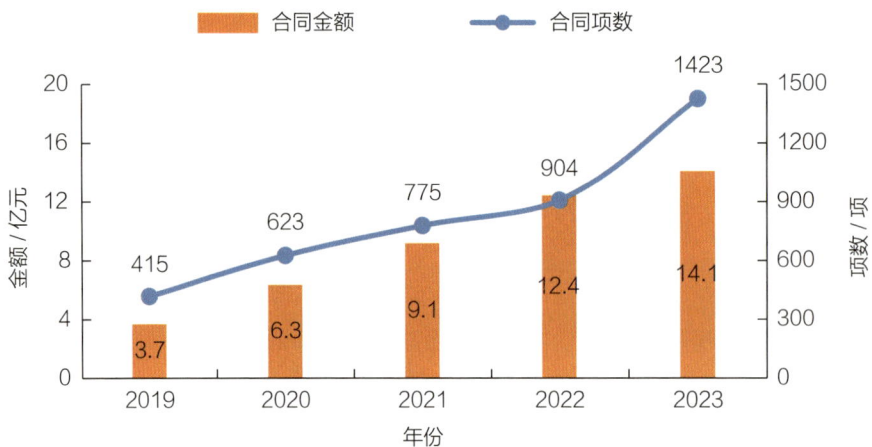

图 1-3-7 地方所属高校院所中央财政资助项目成果转让、许可、作价投资的合同金额和合同项数

2023 年，地方所属高校院所中央财政资助项目成果以转让、许可、作价投资 3 种方式转化的合同金额排名前 3 位的省级行政区是北京市（3.1 亿元）、江苏省（1.9 亿元）、广东省（1.6 亿元）（图 1-3-8）。

第三章 财政资助项目的科技成果转化

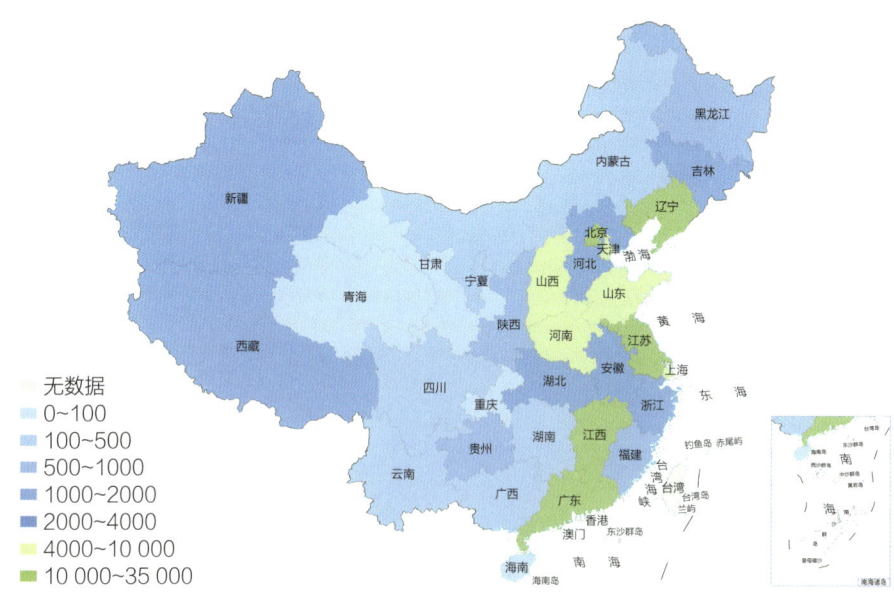

图 1-3-8 地方所属高校院所中央财政资助项目成果转让、许可、作价投资的合同金额（单位：万元）区间分布

四、辖区内高校院所

（一）全国财政资助项目成果

按照高校院所所在地统计，2023年辖区内高校院所全国财政资助项目成果以转让、许可、作价投资3种方式转化的合同金额排名前3位的省级行政区是上海市（21.5亿元）、北京市（16.1亿元）、广东省（8.6亿元）（图 1-3-9）。

（二）中央财政资助项目成果转化情况

2023年，辖区内高校院所中央财政资助项目成果以转让、许可、作价投资3种方式转化的合同金额排名前3位的省级行政区是上海市（20.8亿元）、北京市（15.5亿元）、天津市（7.1亿元）（图 1-3-10）。

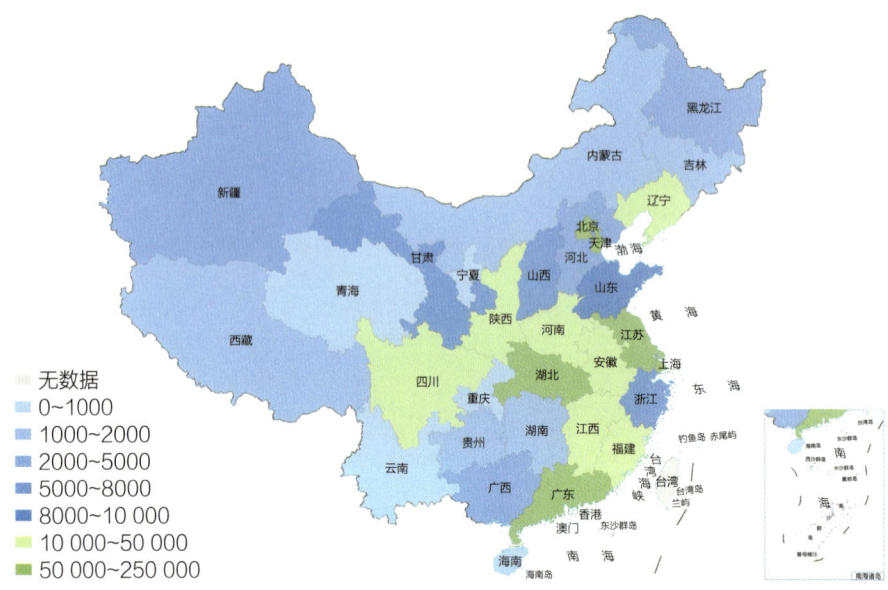

图 1-3-9 辖区内高校院所财政资助项目成果转让、许可、作价投资的合同金额（单位：万元）区间分布

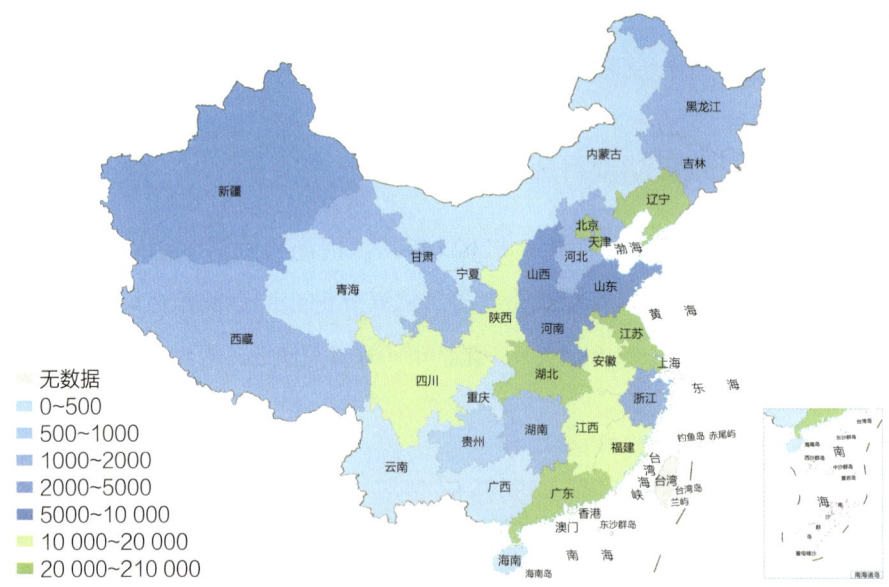

图 1-3-10 辖区内高校院所中央财政资助项目成果转让、许可、作价投资的合同金额（单位：万元）区间分布

第四章 转让、许可、作价投资的收益分配

《中华人民共和国促进科技成果转化法》将科技成果的使用权、处置权和收益权下放到研究开发机构、高等院校，科技成果转化后由科技成果完成单位对完成、转化该项科技成果做出重要贡献的人员给予奖励和报酬，并规定转让、许可给他人实施的职务科技成果现金奖励比例不低于成果转化净收入的 50%，作价投资的职务科技成果股权奖励不低于股份或出资比例的 50%。《实施〈中华人民共和国促进科技成果转化法〉若干规定》要求，在研究开发和科技成果转化中做出主要贡献的人员，获得奖励的份额不低于奖励总额的 50%。

一、总体情况

（一）现金和股权收益分配

2023 年，高校院所当年实际完成分配的现金和股权总额为 102.7 亿元，比上一年下降 16.3%；个人获得的现金和股权奖励金额为 66.2 亿元，比上一年下降 9.7%，奖励个人金额超过 1 亿元的高校院所共计 5 家；研发与转化主要贡献人员获得的现金和股权奖励金额为 61.7 亿元，比上一年下降 6.9%（图 1-4-1）。

2023 年，高校院所个人获得的现金和股权奖励占分配总额的 64.5%（图 1-4-2），研发与转化主要贡献人员获得的奖励占奖励个人金额的 93.2%，符合《中华人民共和国促进科技成果转化法》和《实施〈中华

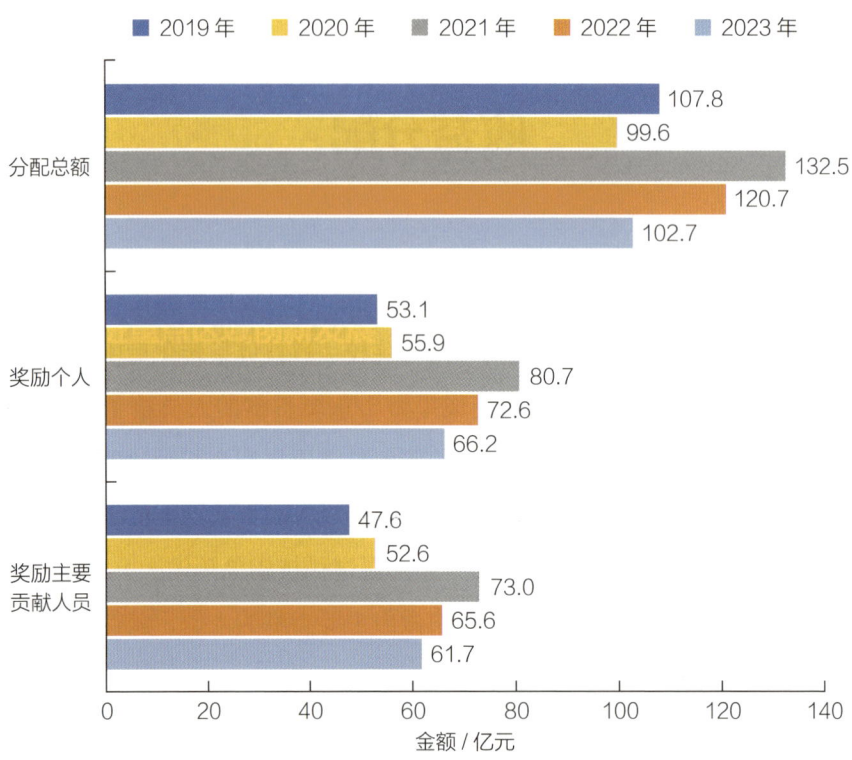

图 1-4-1 高校院所转让、许可、作价投资的收益分配金额

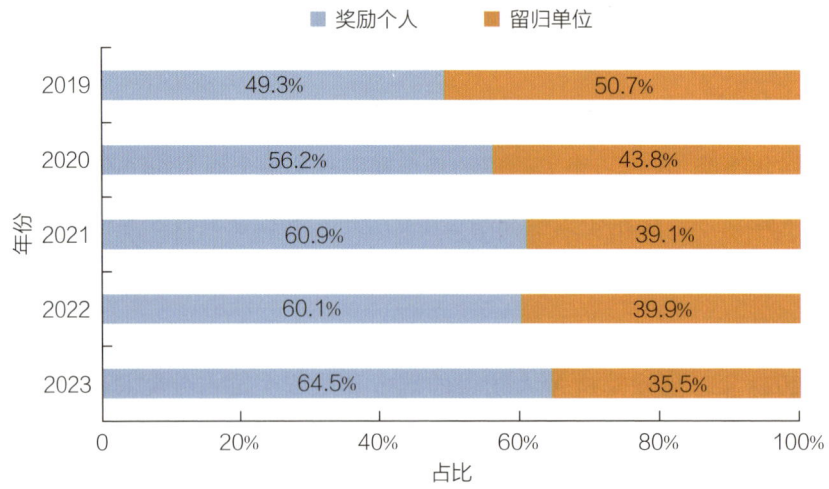

图 1-4-2 高校院所转让、许可、作价投资的收益分配比例

人民共和国促进科技成果转化法〉若干规定》的比重要求。奖励人次为 94 196 人次，比上一年增长 1.7%；人均奖励金额为 7.0 万元，比上一年下降 11.2%。

（二）现金

2023 年，高校院所当年实际完成分配的转让、许可现金总额为 70.5 亿元，比上一年下降 9.5%；个人获得的现金奖励金额为 47.3 亿元，比上一年下降 5.4%，奖励个人金额超过 1 亿元的高校院所共计 3 家；研发与转化主要贡献人员获得的现金奖励金额为 43.7 亿元，比上一年下降 2.3%（图 1-4-3）。

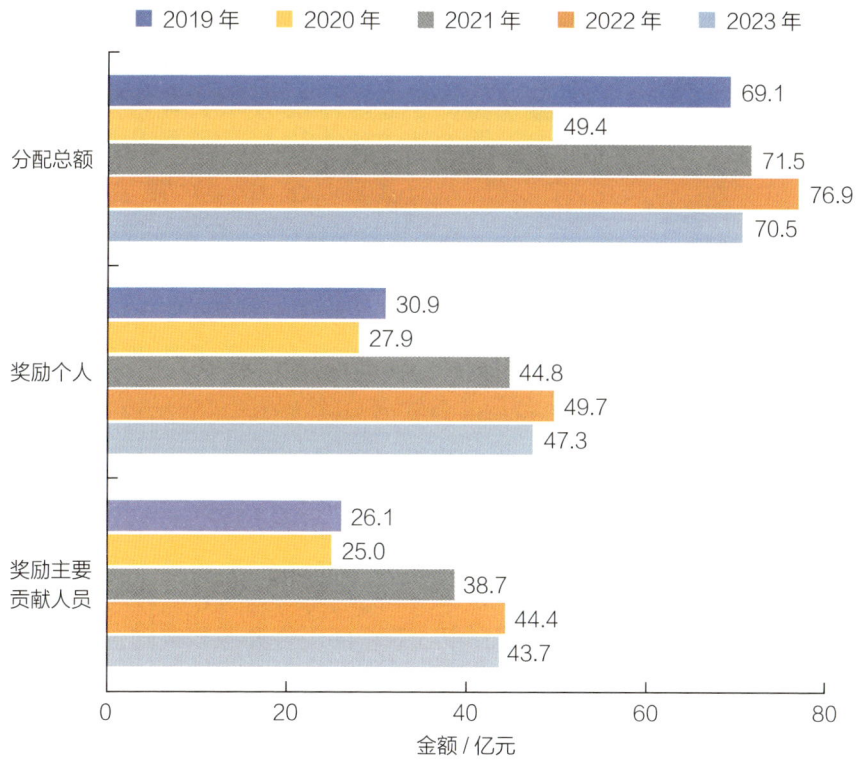

图 1-4-3　高校院所转让、许可的收益分配金额

2023年，高校院所个人获得的现金奖励占现金分配总额的67.1%（图1-4-4），研发与转化主要贡献人员获得的奖励占奖励个人金额的92.3%。奖励人次为92 532人次，比上一年增长9.1%；人均奖励金额5.1万元，比上一年下降13.3%。

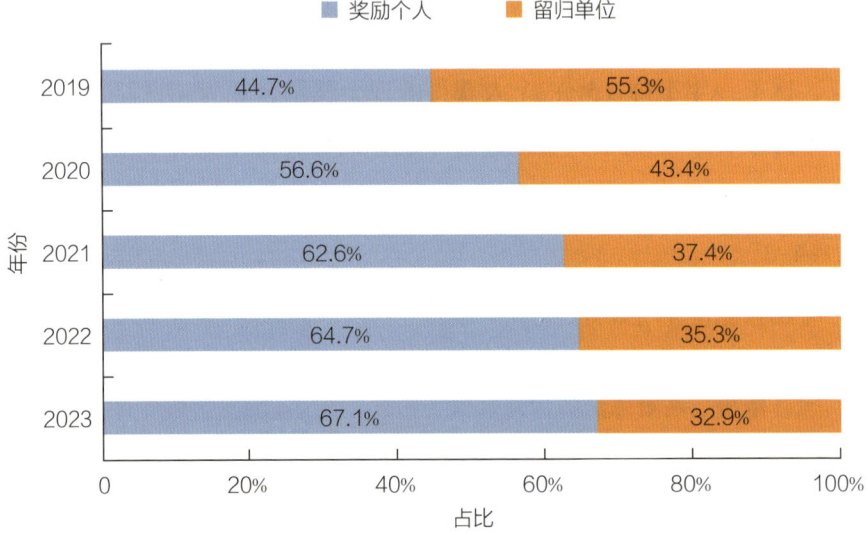

图1-4-4　高校院所转让、许可的收益分配比例

二、中央所属高校院所

（一）现金和股权

2023年，中央所属高校院所当年实际完成分配的现金和股权总额为66.3亿元，比上一年下降22.1%；个人获得的现金和股权奖励金额为39.2亿元，比上一年下降14.9%；研发与转化主要贡献人员获得的现金和股权奖励金额为36.9亿元，比上一年下降12.5%（图1-4-5）。

2023年，中央所属高校院所个人获得的现金和股权奖励占分配总额的

第四章 转让、许可、作价投资的收益分配

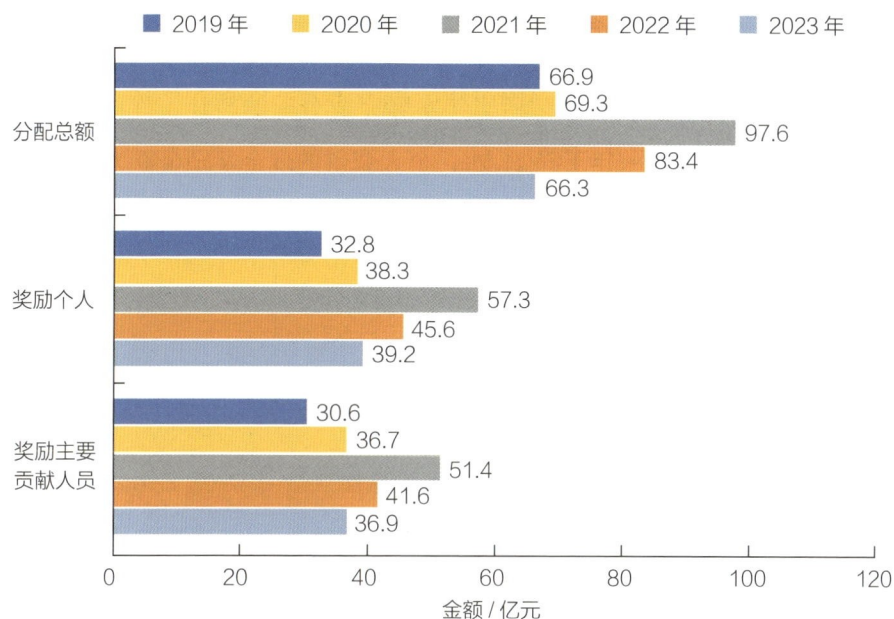

图 1-4-5 中央所属高校院所转让、许可、作价投资的收益分配金额

59.2%（图 1-4-6），研发与转化主要贡献人员获得的奖励占奖励个人金额的 94.0%。奖励人次为 27 704 人次，比上一年下降 22.0%；人均奖励金额 14.2 万元，比上一年增长 9.1%。

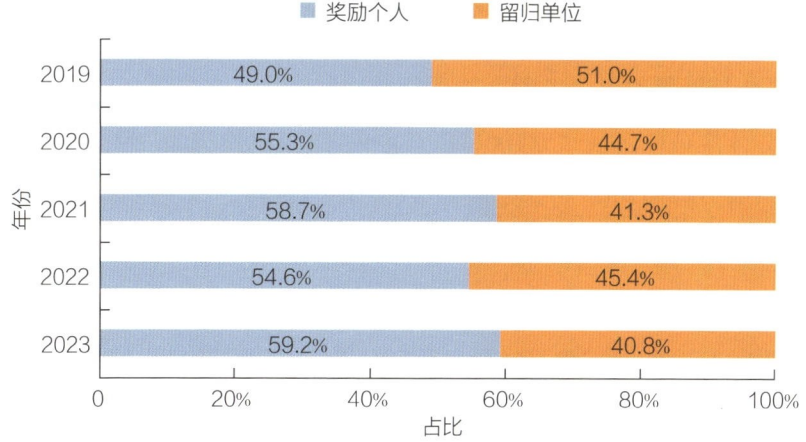

图 1-4-6 中央所属高校院所转让、许可、作价投资的收益分配比例

（二）现金

2023 年，中央所属高校院所当年实际完成分配的转让、许可现金总额为 42.3 亿元，比上一年下降 21.5%；个人获得的现金奖励金额为 26.1 亿元，比上一年下降 18.1%；研发与转化主要贡献人员获得的现金奖励金额为 24.4 亿元，比上一年下降 13.9%（图 1-4-7）。

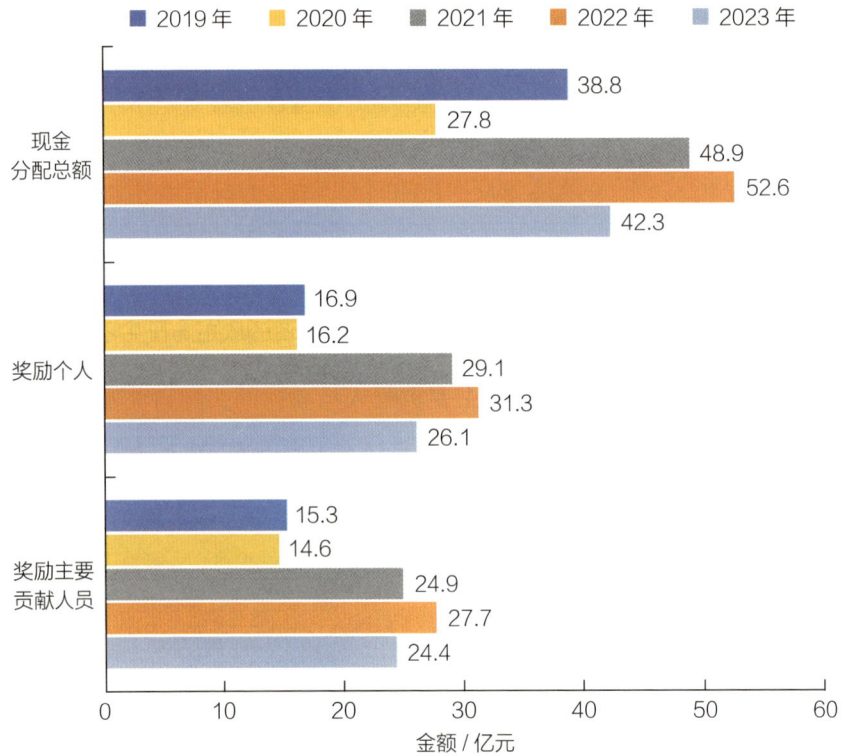

图 1-4-7　中央所属高校院所转让、许可的收益分配金额

2023 年，中央所属高校院所个人获得的现金奖励占现金分配总额的 61.7%（图 1-4-8），研发与转化主要贡献人员获得的奖励占奖励个人金额的 93.3%。奖励人次为 26 988 人次，比上一年下降 4.6%；人均奖励金额 9.7 万元，比上一年下降 14.2%。

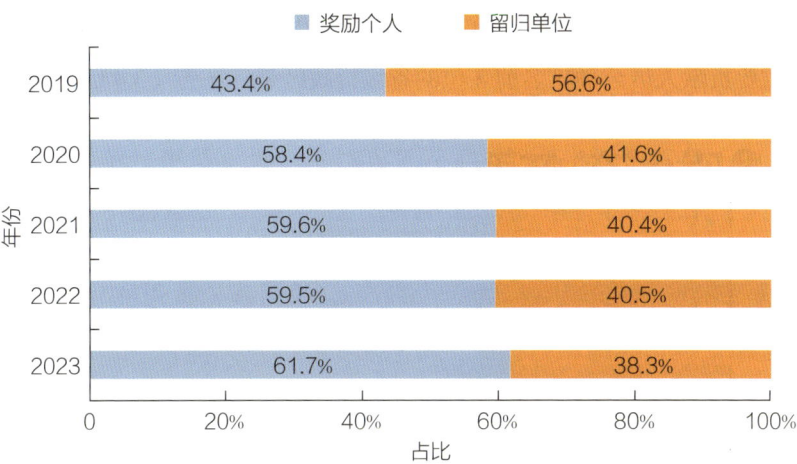

图 1-4-8 中央所属高校院所转让、许可的收益分配比例

三、地方所属高校院所

（一）现金和股权

2023 年，地方所属高校院所当年实际完成分配的现金和股权总额为 36.4 亿元，比上一年下降 3.1%；个人获得的现金和股权奖励金额为 26.9 亿元，比上一年下降 0.9%；研发与转化主要贡献人员获得的现金和股权奖励金额为 24.8 亿元，比上一年增长 2.9%（图 1-4-9）。

2023 年，地方所属高校院所个人获得的现金和股权奖励占分配总额的 74.0%（图 1-4-10），研发与转化主要贡献人员获得的奖励占奖励个人金额的 92.1%。奖励人次为 66 492 人次，比上一年增长 14.5%；人均奖励金额 4.1 万元，比上一年下降 13.4%。

2023 年，地方所属高校院所当年实际完成分配的现金和股权总额排名前 3 位的省级行政区是广东省（5.3 亿元）、江苏省（3.0 亿元）、山东省（2.9 亿元）（图 1-4-11）；奖励个人金额排名前 3 位的省级行政区是广东省（3.4

亿元)、江苏省（2.3 亿元)、浙江省（2.2 亿元）（图 1-4-12）；奖励研发与转化主要贡献人员金额排名前 3 位的省级行政区是广东省（3.4 亿元)、江苏

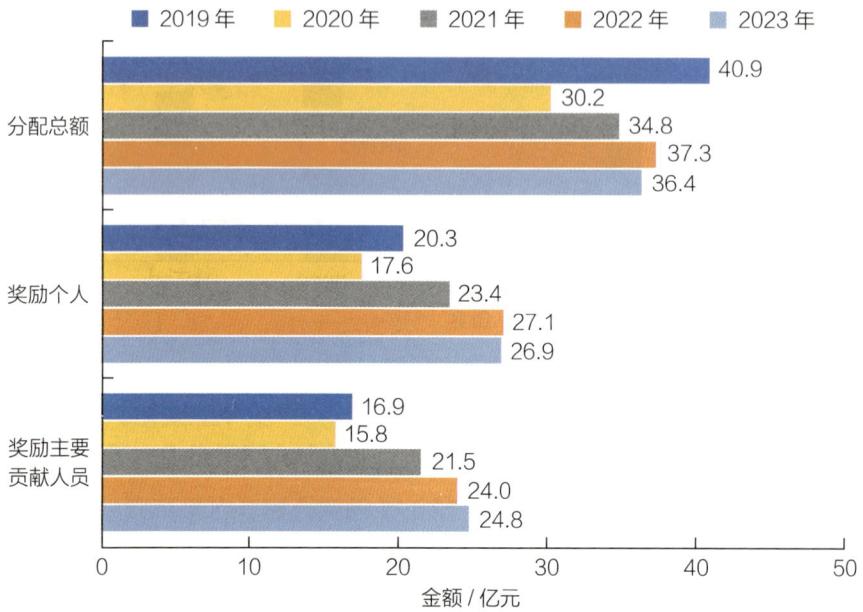

图 1-4-9　地方所属高校院所转让、许可、作价投资的收益分配金额

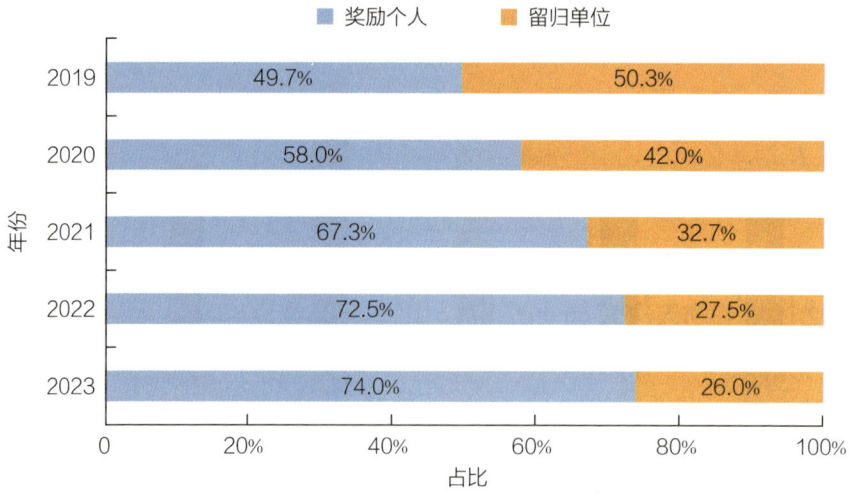

图 1-4-10　地方所属高校院所转让、许可、作价投资的收益分配比例

第四章 转让、许可、作价投资的收益分配

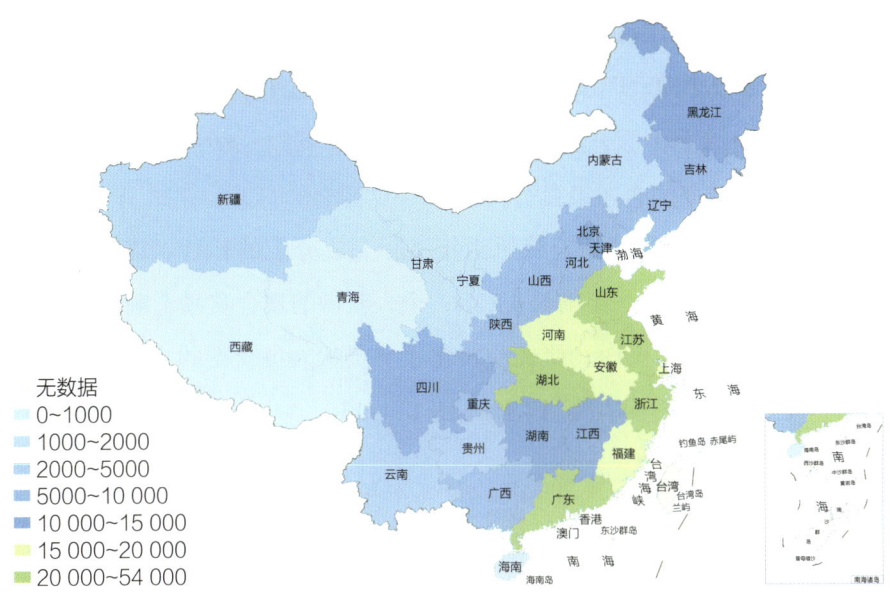

图 1-4-11 地方所属高校院所转让、许可、作价投资的收益分配总额（单位：万元）区间分布

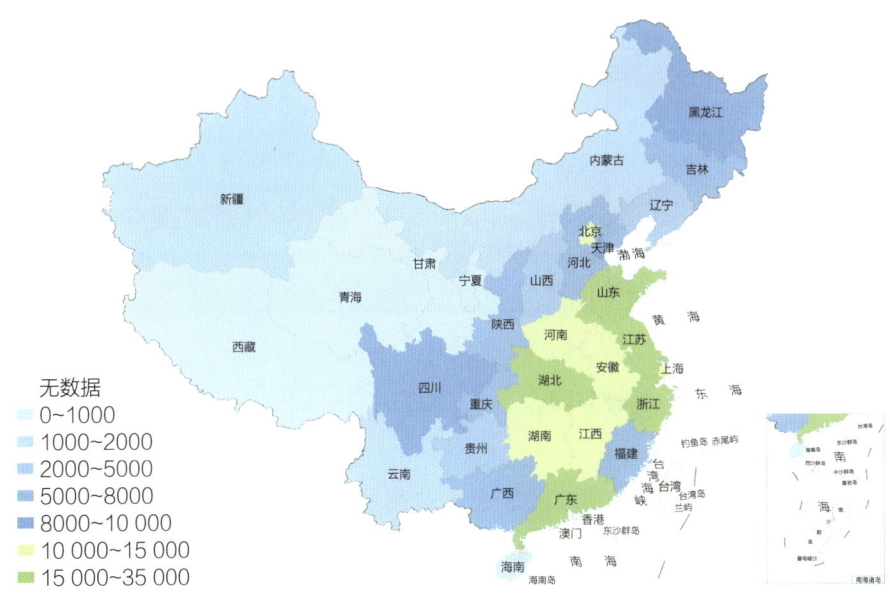

图 1-4-12 地方所属高校院所转让、许可、作价投资的奖励个人金额（单位：万元）区间分布

省（2.1亿元）、浙江省（1.9亿元）；奖励人次排名前3位的省级行政区是江苏省（8120人次）、广东省（7284人次）、河南省（5578人次）。

（二）现金

2023年，地方所属高校院所当年实际完成分配的转让、许可现金总额为28.2亿元，比上一年增长17.2%；个人获得的现金奖励金额为21.2亿元，比上一年增长16.5%；研发与转化主要贡献人员获得的现金奖励金额为19.3亿元，比上一年增长17.4%（图1-4-13）。

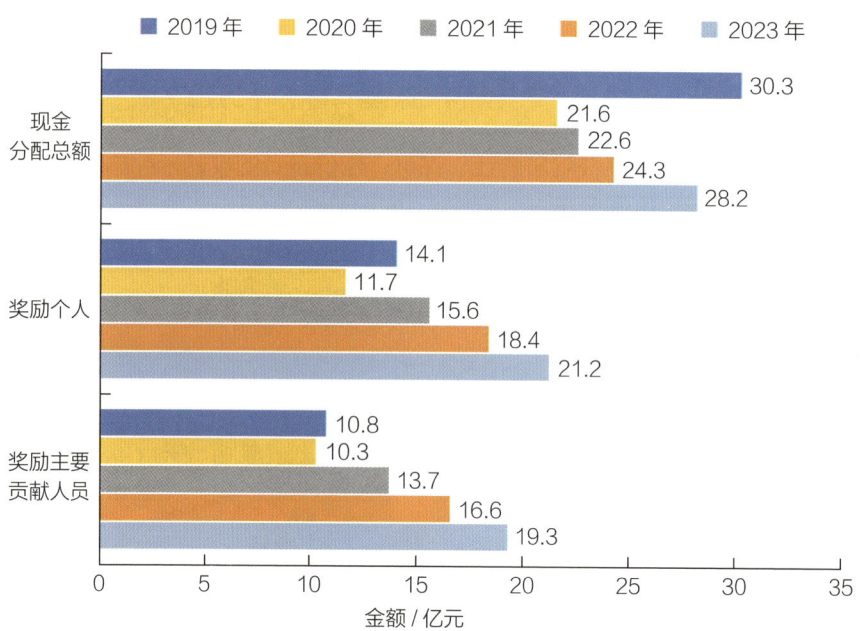

图1-4-13 地方所属高校院所转让、许可合同的收益分配金额

2023年，地方所属高校院所个人获得的现金奖励占现金分配总额的75.3%（图1-4-14），研发与转化主要贡献人员获得的奖励占奖励个人金额的91.0%。奖励人次为65 544人次，比上一年增长15.1%；人均奖励金额3.2万元，比上一年增长1.2%。

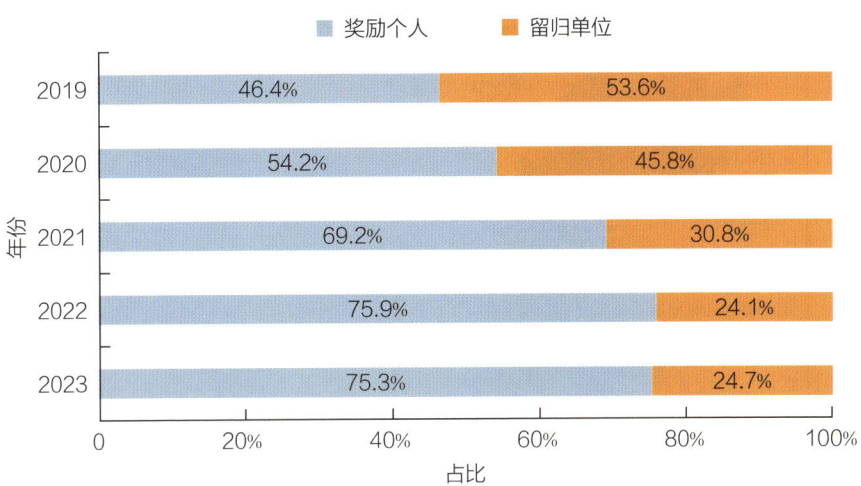

图 1-4-14 地方所属高校院所转让、许可的现金收益分配比例

四、辖区内高校院所

按照高校院所所在地统计，2023年，辖区内高校院所当年实际完成分配的现金和股权收入金额排名前3位的省级行政区是北京市（24.7亿元）、广东省（8.9亿元）、湖南省（8.3亿元）；奖励个人金额排名前3位的省级行政区是北京市（15.5亿元）、湖南省（6.2亿元）、江苏省（5.0亿元）（图1-4-15）；奖励研发与转化主要贡献人员金额排名前3位的省级行政区是北京市（14.4亿元）、湖南省（6.1亿元）、广东省（4.6亿元）；奖励人次排名前3位的省级行政区是江苏省（12 956人次）、北京市（9151人次）、广东省（7956人次）。

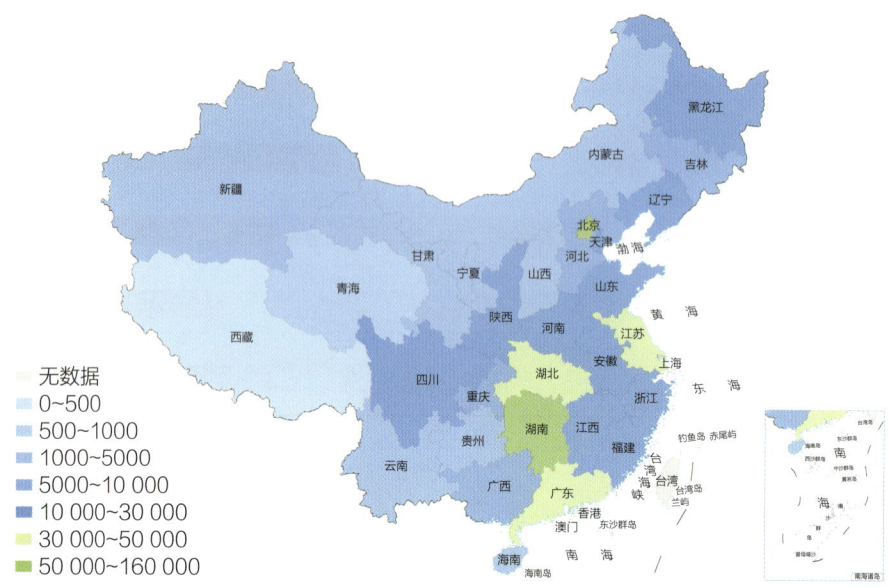

图 1-4-15 辖区内高校院所转让、许可、作价投资的奖励个人金额（万元）区间分布

技术开发、咨询、服务的进展成效

一、总体情况

技术开发、咨询、服务合同金额、项数和当年到账金额均有所增长。2023年，高校院所技术开发、咨询、服务合同金额为1813.1亿元，比上一年增长15.9%，占高校院所以转让、许可、作价投资和技术开发、咨询、服务6种方式转化科技成果的总合同金额的88.3%（2022年占比为86.4%）（图1-5-1）；合同项数为602 021项，比上一年增长10.8%，占高校院所转让、许可、作价投资和技术开发、咨询、服务6种方式转化科技成果的总合同项数的94.1%（2022年占比为94.8%）（图1-5-2）；合同当年到账金额为1263.6亿元，比上一年增长17.8%。此外，平均合同金额较上一年略有增长。2023年，高校院

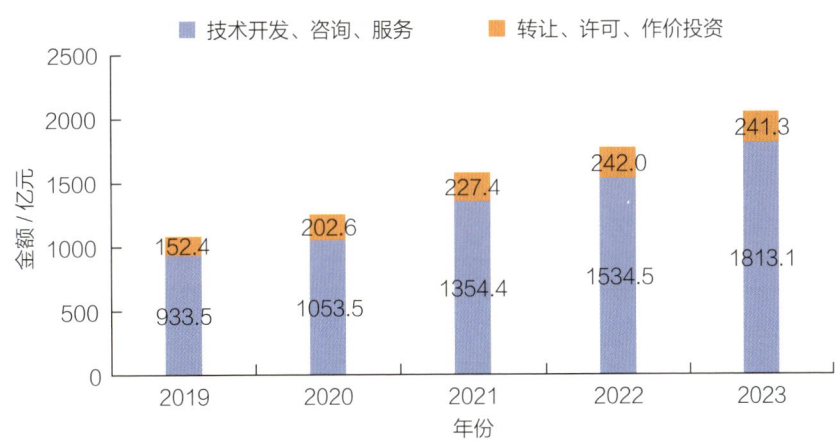

图1-5-1 高校院所转让、许可、作价投资和技术开发、咨询、服务6种方式转化科技成果的合同金额

所技术开发、咨询、服务平均合同金额为 30.1 万元，比上一年增长 4.6%。

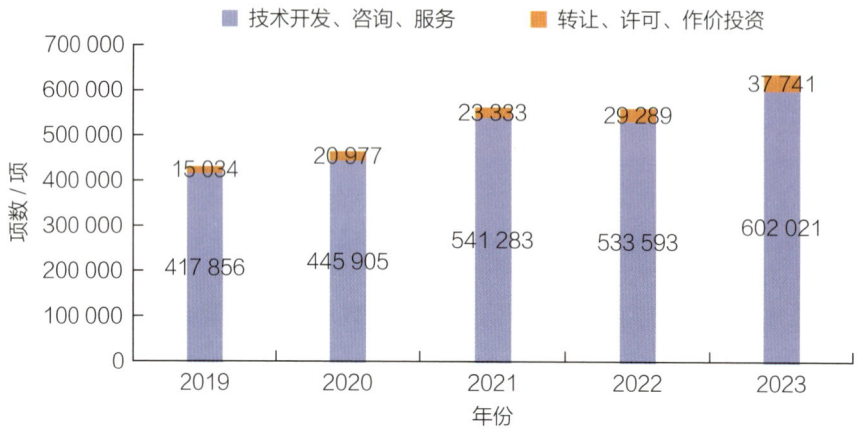

图 1-5-2 高校院所转让、许可、作价投资和技术开发、咨询、服务 6 种方式转化科技成果的合同项数

2023 年，高校院所技术开发、咨询、服务单项合同金额 1 亿元及以上的合同共计 22 项（表 1-5-1、表 1-5-2），5000 万元及以上的合同共计 88 项，1000 万元及以上的合同共计 1192 项。

表 1-5-1 高校院所技术开发、咨询、服务的合同金额和合同项数分布

合同金额区间	合同项数 / 项	合同项数占比	合同金额 / 万元	合同金额占比
1 亿元（含）以上	22	0.000 04‰	312 706.5	1.7%
1000 万元（含）~1 亿元	1 170	0.2%	2 252 697.5	12.4%
100 万元（含）~1000 万元	28 026	4.7%	6 122 466.4	33.8%
100 万元以下	572 803	95.1%	9 442 936.8	52.1%
总计	602 021	—	18 130 807.2	—

060

表 1-5-2　高校院所单项合同金额 1 亿元及以上的技术开发、咨询、服务合同分布

序号	单位名称	合同项数 / 项
1	河南理工大学	1
2	齐鲁工业大学	1
3	南京工业大学	1
4	江西中医药健康产业研究院	1
5	中国科学院空天信息创新研究院	3
6	上海大学	2
7	广东省水利水电科学研究院	1
8	清华大学	2
9	中国科学院光电技术研究所	1
10	中国科学院上海硅酸盐研究所	1
11	沈阳药科大学	1
12	中国地质调查局武汉地质调查中心（中南地质科技创新中心）	1
13	深圳华大生命科学研究院	1
14	上海交通大学	1
15	北京大学	1
16	华南理工大学	3

二、中央所属高校院所

中央所属高校院所技术开发、咨询、服务合同金额有所增长，合同项数有所增长，当年到账金额有所增长。2023 年，中央所属高校院所签订技术开发、咨询、服务合同金额为 1065.9 亿元，比上一年增长 17.1%；合同项数为 167 269 项，比上一年增长 18.8%（图 1-5-3）；当年到账金额为 736.2 亿元，比上一年增长 17.6%。

图 1-5-3 中央所属高校院所技术开发、咨询、服务的合同金额和合同项数

三、地方所属高校院所

地方所属高校院所技术开发、咨询、服务合同金额有所增长，合同项数略有增长，当年到账金额有所增长。2023 年，地方所属高校院所签订技术开发、咨询、服务合同金额共 747.2 亿元，比上一年增长 14.4%；合同项数为 434 752 项，比上一年增长 8.0%（图 1-5-4）；当年到账金额为 527.4 亿元，比上一年增长 18.1%。

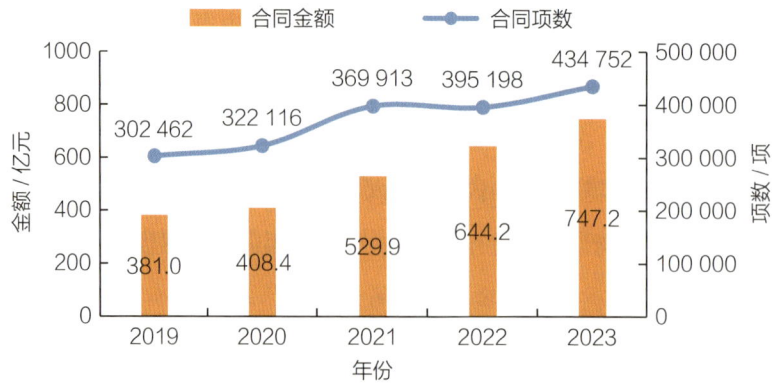

图 1-5-4 地方所属高校院所技术开发、咨询、服务的合同金额和合同项数

2023年，各地方所属高校院所签订的技术开发、咨询、服务总合同金额排名前3位的省级行政区是江苏省（96.7亿元）、广东省（83.0亿元）、浙江省（60.8亿元）（图1-5-5），总项数排名前3位的省级行政区是广东省（159 904项）、江苏省（29 715项）、浙江省（29 503项）。

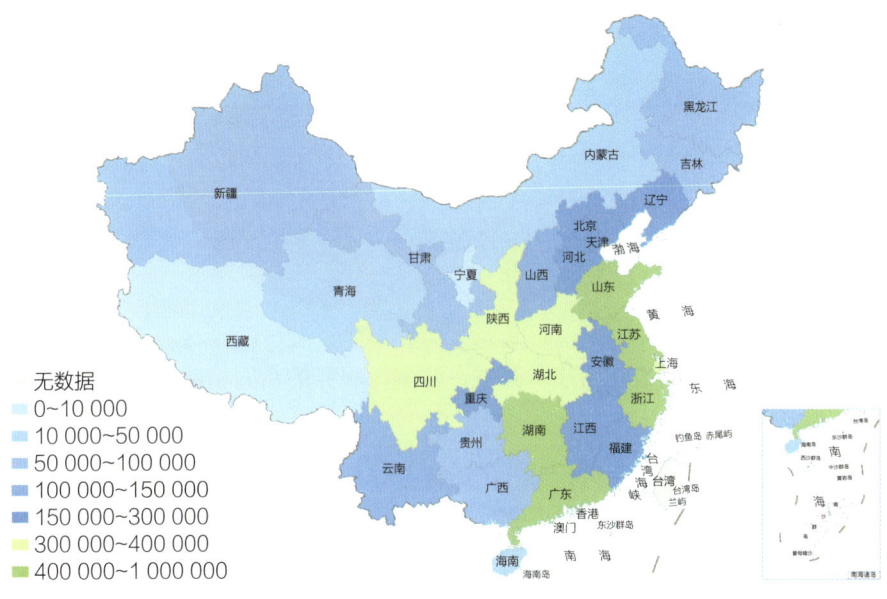

图1-5-5 地方所属高校院所技术开发、咨询、服务的合同金额（单位：万元）区间分布

四、辖区内高校院所

按照高校院所所在地统计，2023年辖区内高校院所以技术开发、咨询、服务方式转化科技成果合同金额排名前3位的省级行政区是北京市（369.0亿元）、江苏省（214.0亿元）、广东省（132.8亿元）（图1-5-6）；合同项数排名前3位的省级行政区是广东省（166 123项）、北京市（59 326项）、江苏省（46 866项）。

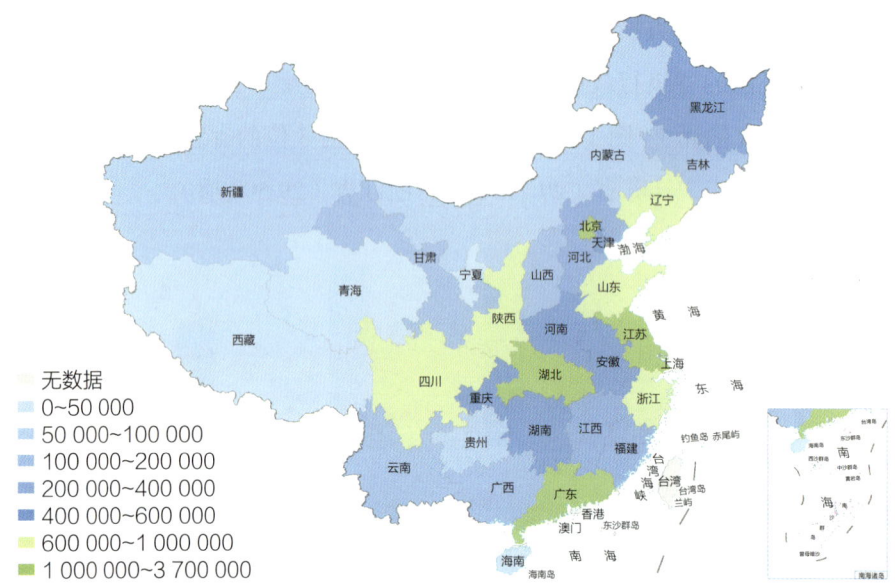

图 1-5-6 辖区内高校院所技术开发、咨询、服务的合同金额（单位：万元）区间分布

新立项的科技计划项目

科技计划项目是解决经济社会发展中出现的各类科学技术问题的重要手段，2023年新获立项批复的科技计划项目产生的技术是高校院所后续几年进行科技成果转化的重要成果来源。

一、总体情况

高校院所科技计划项目（课题）总金额略有增长。2023年，高校院所新获立项批复的科技计划项目（课题）总金额（包括财政资助金额和自筹金额）为2368.6亿元，比上一年增长8.1%。其中，财政资助金额为2045.3亿元，比上一年增长4.0%；中央财政资助金额为1335.2亿元，比上一年下降2.3%。

二、中央所属高校院所

中央所属高校院所科技计划项目（课题）总金额略有增长。2023年，中央所属高校院所新获立项批复的科技计划项目（课题）总金额为1678.5亿元，比上一年增长9.7%。其中，财政资助金额为1467.3亿元，比上一年增长6.1%；中央财政资助金额为1079.2亿元，比上一年下降2.0%。

三、地方所属高校院所

地方所属高校院所科技计划项目（课题）总金额略有增长。2023 年，地方所属高校院所新获立项批复的科技计划项目（课题）总金额为 690.2 亿元，比上一年增长 4.3%。其中，财政资助金额为 578.0 亿元，比上一年下降 1.0%；中央财政资助金额为 256.0 亿元，比上一年下降 3.5%。

四、辖区内高校院所

按照高校院所所在地统计，2023 年辖区内高校院所新获立项批复的科技计划项目（课题）总金额排名前 3 位的省级行政区是北京市（627.7 亿元）、上海市（230.1 亿元）、广东省（192.0 亿元）（图 1-6-1）。

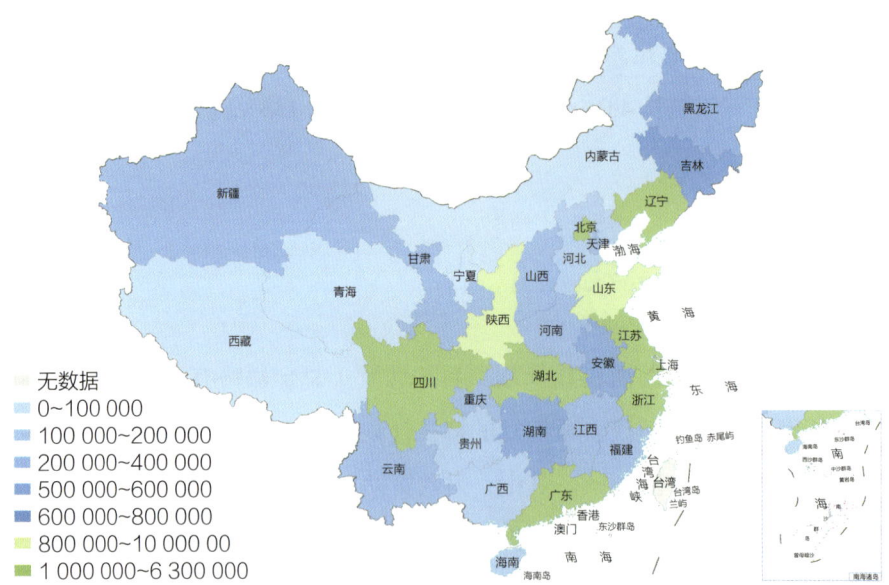

图 1-6-1 辖区内高校院所新获批的科技计划项目（课题）总金额（单位：万元）区间分布

兼职及离岗创业和创设参股公司

一、在外兼职从事成果转化及离岗创业

具有在外兼职从事成果转化及离岗创业人员的高校院所占比略有下降。截至2023年年底，755家高校院所具有在外兼职从事成果转化及离岗创业人员，占高校院所总数（4028家）的18.7%（图1-7-1）。高校院所在外兼职从事成果转化及离岗创业人员共计15 614人，平均每家高校院所在外兼职从事成果转化及离岗创业人员为3.9人。

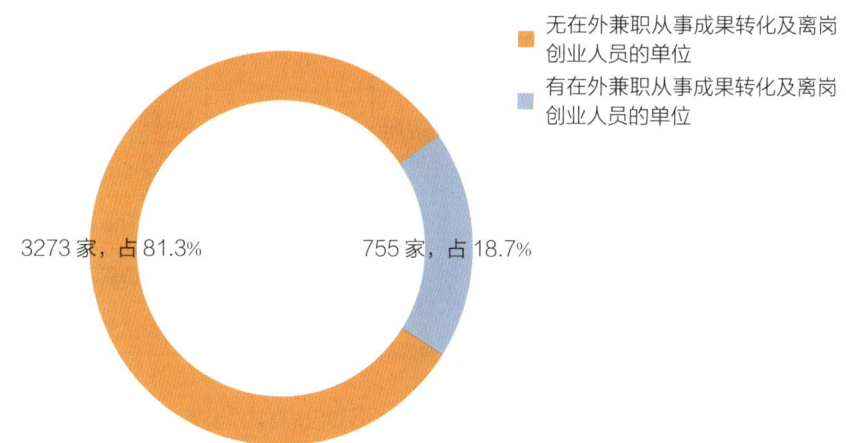

图1-7-1 在外兼职从事成果转化及离岗创业人员的高校院所占比

二、创设公司及参股公司

具有创设公司及参股公司的高校院所占比有所增长。截至 2023 年年底，681 家高校院所具有创设公司及参股公司，占高校院所总数（4028 家）的 16.9%（图 1-7-2）。高校院所创设公司及参股公司共计 6141 家，平均每家高校院所创设公司及参股公司 1.5 家。

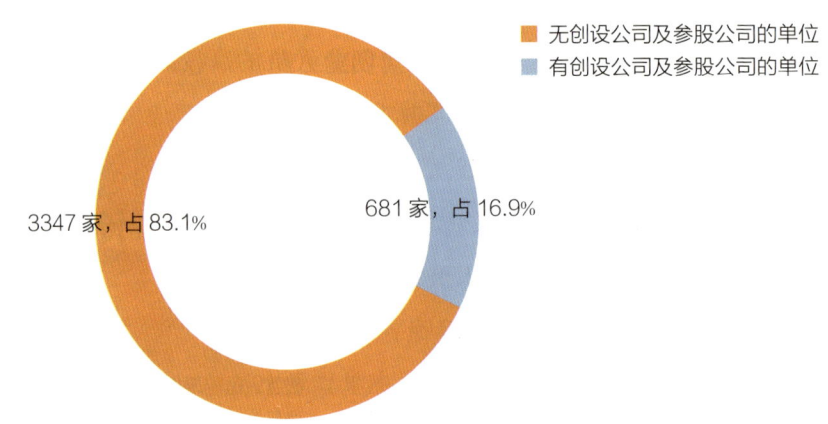

图 1-7-2　创设公司及参股公司的高校院所占比

第八章
CHAPTER 8

技术转移机构与人才建设

一、技术转移机构

（一）高校院所自建

自建技术转移机构的高校院所占比略有增长。截至 2023 年年底，1069 家高校院所自建了技术转移机构，占高校院所总数（4028 家）的 26.5%（图 1-8-1）。高校院所累计自建了 2353 家技术转移机构，比上一年底增长 9.6%。

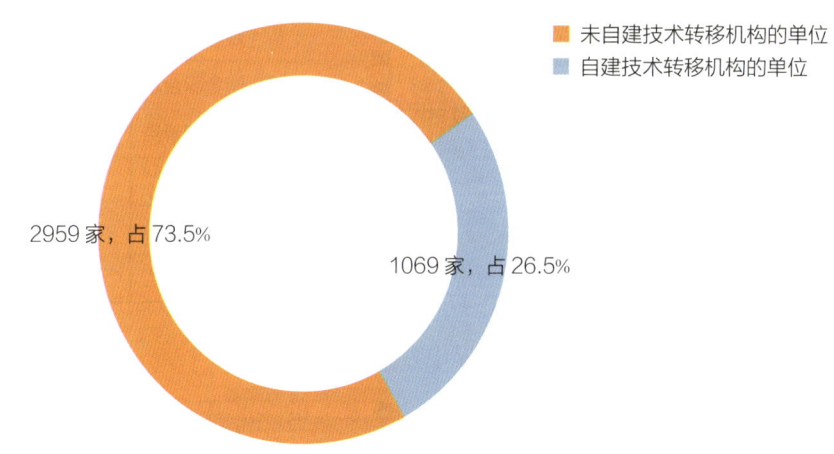

图 1-8-1 自建技术转移机构的高校院所占比

（二）与市场化技术转移机构合作

截至 2023 年年底，1038 家高校院所与市场化转移机构合作开展科技成果转化，占高校院所总数（4028 家）的 25.8%（图 1-8-2）。高校院所累计与 4288 家市场化技术转移机构合作开展科技成果转化活动，比上一年底增长 7.0%。

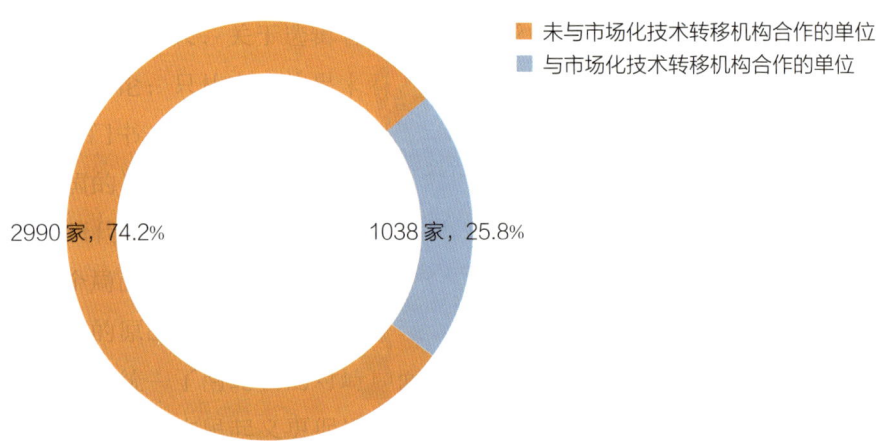

图 1-8-2 与市场化技术转移机构合作的高校院所占比

（三）机构作用认可

2023 年，4028 家高校院所中 47.7%（共 1923 家）的高校院所认为技术转移机构在科技成果转移转化过程中发挥了重要作用；17.5%（共 704 家）的高校院所认为作用一般；7.1%（共 285 家）的高校院所认为作用很小；27.7%（共 1116 家）的高校院所认为未发挥作用（图 1-8-3）。

1069 家有自建技术转移机构的高校院所中，78.0%（共 834 家）的高校院所认为技术转移机构在科技成果转移转化过程中发挥了重要作用；16.2%（共 173 家）的高校院所认为作用一般；3.8%（共 41 家）的高校院所认为作用很小；2.0%（共 21 家）的高校院所认为未发挥作用（图 1-8-4）。

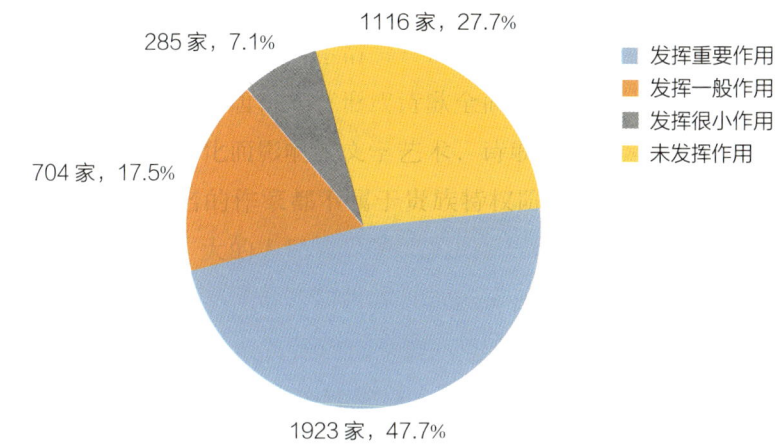

图 1-8-3 高校院所对技术转移机构的认可度

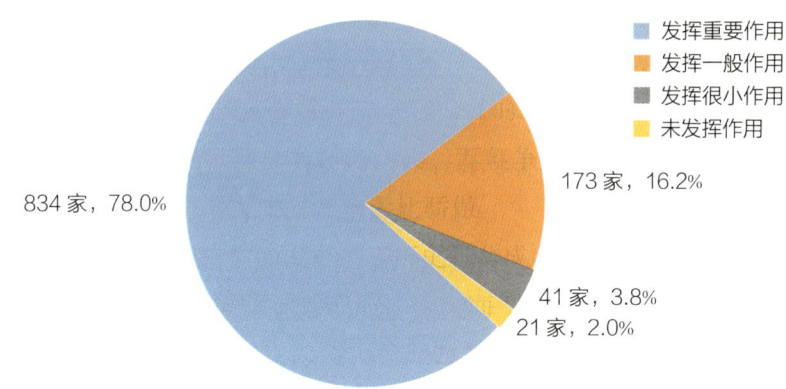

图 1-8-4 设立自建技术转移机构的高校院所对技术转移机构的认可度

二、技术转移人员

截至 2023 年年底，2096 家高校院所具有专职从事科技转化工作人员，比上一年底增长 3.1%，占高校院所总数（4028 家）的 52.0%。高校院所累计拥有 17 881 名专职从事科技转化工作人员，比上一年底增长 4.8%（图 1-8-5）。

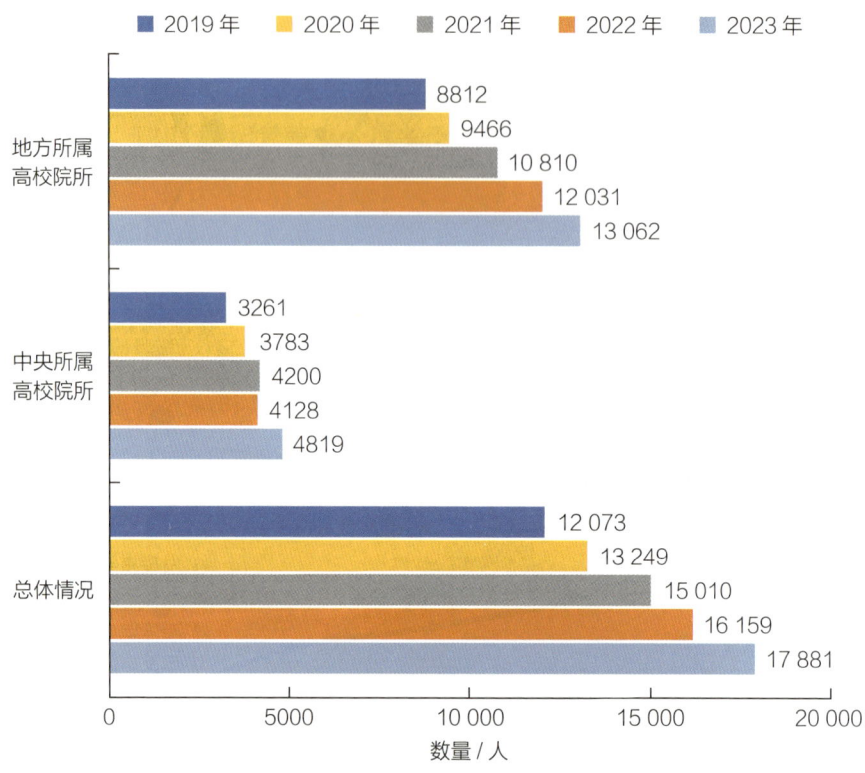

图 1-8-5 高校院所专职从事科技转化工作人员数量

三、与企业共建研发机构、转移机构、转化服务平台

高校院所与企业共建研发机构、转移机构、转化服务平台数量有所增长。截至 2023 年年底，高校院所（1373 家）与企业共建的研发机构、转移机构、转化服务平台总数为 19 574 家，比上一年底增长 17.3%。其中，中央所属高校院所与企业共建 4281 家，比上一年底增长 19.3%；地方所属高校院所与企业共建 15 293 家，比上一年底增长 16.7%（图 1-8-6）。

平均每家高校院所与企业共建研发机构、转移机构、转化服务平台 4.9 家，其中中央所属高校院所与企业平均共建 5.9 家，地方所属高校院所与企业平均共建4.6家。

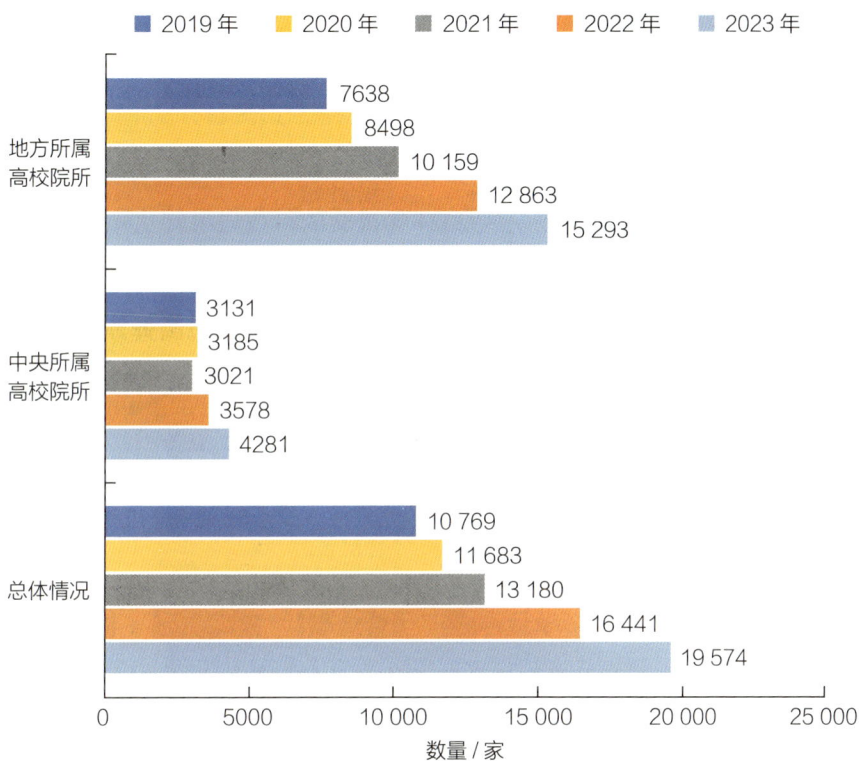

图 1-8-6 高校院所与企业共建研发机构、转移机构、转化服务平台数量

工作案例

本部分基于4028家高校院所2024年提交的科技成果转化年度报告中近三年取得的成效与经验，并结合历次科技成果转移转化调研，筛选出16家高校院所，采用电话调研、专家咨询、对比分析及实地调查等方法，总结经验和做法。

一、北京大学：构建知识产权全流程管理体系

（一）构建知识产权全流程管理体系

学校一直以来高度重视知识产权工作，学校围绕知识产权全流程管理进行重要部署，采取一系列举措。2020年年底，学校加强知识产权管理工作顶层设计，将知识产权工作纳入学校科技成果转化工作领导小组管理职责，完善机构工作职责，将知识产权管理归口至科技开发部，形成了知识产权创造、保护、管理、应用和服务全链条相互促进、相互融合的良好局面。2021年在对知识产权前期工作全面梳理基础上，学校历时3年多先后出台《北京大学职务科技成果披露管理办法》《北京大学专利工作管理办法》和《北京大学知识产权管理办法》，建立了更加完备的知识产权管理制度体系，并依据制度体系不断完善学校各项知识产权工作流程。学校在新的管理体系架构下，建设"北京大学知识产权管理系统"，该管理系统集职务科技成果披露、知识产权管理、OA审批、用印申请及专利代理机构协同于一体，支撑学校知识产权管理全流程有效运行。2021年起学校面

向社会公开遴选 22 家优质知识产权代理机构并加强其管理和合作，借助代理机构资源已持续为学校师生提供专业知识产权培训十六期，全面提升学校知识产权保护意识。多年来学校通过公开招聘、内部培养及国家知识产权局专业人才借调等形式提升知识产权管理人员专业能力，加强学校知识产权人才队伍建设。学校不仅建立知识产权管理运营专项资金，支持开展专利导航、布局及人才队伍建设等工作，且一直持续支持高价值专利的培育和运营，截至目前，累计培育运营 31 个高价值专利项目，涉及生物医药领域、化学化工等技术领域的重大原始创新。

近年来，学校成功举办北京大学知识产权论坛、北京大学知识产权工作座谈会等具有一定社会影响力的重要会议，持续扩大学校知识产权工作的影响力。下一步，学校将继续完善知识产权全流程管理体系建设，不断提升新形势下学校做好知识产权工作的能力，推动学校知识产权工作不断迈上新台阶。

（二）推动重点领域优质成果转化

学校充分发挥在医学学科的优势，重点推动生物医药领域技术转移机构建设和创新人才培养。一是学校本部和医学部分别成立了专门的技术转移机构，医学部技术转移办公室对医学部各附属临床医院的技术转移工作负有协同和指导的责任，统筹协调各学院、临床医院的相关工作。二是建设医学科技成果转化的专业化队伍，队伍人员涵盖医学部技术转移办公室主力部队、各学院和医院专业的科技成果转化队伍、北大医学部科创中心的市场化运作团队等。通过医学专业领域人才的培养与引进，满足科技成果转化所需的专业性人才需求，更好地服务于北大医学科技成果转化工作。三是与生物医药领域领军企业建立深度合作，学校与德国拜耳、哈药集团、中国生物等生物医药企业签署共建联合研发平台协议，合作领域包括健康医疗、人工智能、新材料等多个领域。通过推动与企业构建新型校企合作关系，为企业解决高端技术问题、行业关键技术问题，并帮助企业进行中长期技术储备。

（三）案例：专利许可助力脑科学前沿技术产业化

如何在自由活动动物上实现单个神经元和神经突触的动态信号的记录，在过去一段时间内是困扰科学家的关键技术问题。自 2014 年，学校程和平院士团队开启研发历程，历经数年研发，一款超高时空分辨微型化双光子显微镜问世。该技术在国际上首次实现自由活动动物大脑神经元和神经突触清晰、稳定的双光子成像。为使该成果早日落地，学校通过"专利实施许可＋销售额阶梯式提成"的形式与某公司合作，该公司支付 230 万元入门费。经过多年努力，该公司在产品开发销售方面取得了显著的成效，截至 2023 年年底，该技术被用于超高时空分辨微型化双光子显微成像系统使用，整机设备累计销售近百台，创造直接经济价值约 2 亿元，学校通过销售额阶梯式提成形式获得 155 万的收益。

该项技术成功实现产业化得益于学校整合知识产权管理和成果转化一体化运营，建立了科技成果创造、运用、保护、管理"一门式"全流程贯通的工作体系，架起创新成果从实验室走向市场的"立交桥"。目前，经过多轮融资，公司已经全面进行产品的标准化定型，由科研产品向医疗产品的应用进行推广。并且与学校签署了长期合作项目，将围绕双方感兴趣的研究方向开展面向未来的技术合作。

二、北京理工大学：持续创新完善科技成果转化体系

（一）"先赋权后行权"提升转化效率

学校作为全国首批"赋予科研人员职务科技成果所有权或长期使用

权"试点单位，把握赋权改革试点的重要机遇，结合学校实际，创新性地提出北理工特色的"先赋权后行权"的转化模式。学校保留职务科技成果所有权，将科技成果使用权赋予科研人员，在约定收益的前提下，支持科研人员先行创办企业实施科技成果转化。实际操作时，对于科研团队已经形成的可实现批量生产、具有较强技术先进性和成熟度，但市场前景和技术路径尚待一定周期验证的科技成果，经团队申请，由学校设立一定的"观察期"，在此期间，学校授权科研团队先使用职务科技成果组建初创公司，开展转化验证，并通过事先签署协议约定学校后续股权或现金回报等形式。

在该模式下，创业成功后，学校按照约定履行相应的许可、转让、作价入股等手续，取得股权或现金收益，回馈学科发展；对于创业失败的，公司及时关闭，不追究相关方面责任，学校亦不承担相应责任。该模式一方面在保障学校和团队权益前提下，提高了实施科技成果转化的效率和成功率，对于创业过程中难免的失败案例，还能避免学校所属企业清理关闭、国有资产保值增值等问题，降低试错成本；另一方面简化了所组建公司后续发展过程中的决策程序，有利于公司的快速发展。截至目前，学校按照"先赋权后行权"模式已组建企业9家，涉及科技成果近百项。

（二）优化国有资产管理

一是进行企业合规性梳理。从维护学校合法权益、保护科研人员、促进企业健康长远发展等多方面考虑，对未履行学校审批程序所设立的企业，在一定期限内集中开展合规性梳理，维护学校权益，规避科研人员法律风险。对于经营状态不良、发展空间小、风险隐患大的企业，责令及时关闭；对于经营状态良好、发展空间较大的企业，研究形成合规性梳理方案，通过变更为学科性公司或签订"先赋权后行权"协议等方式，纳入学校管理体系，并积极支持企业后续规范健康发展。二是加强学校内部的贯通管理。基于学校技术类股权分别由技术转移公司和资产公司持有，相关决策层人员在上述部门均有任职，梳理并明确技术转移公司和资产公司两级决策权限事项清单。对于不影响国有股权权益变动的相关决策，由技术转移公司审批并报备资产公司；对于必须由资产公司决策的事项，由技术转移公司对学科性公司股权管理等事宜进行前置研究，给出初步决策方案，报送资产公司总经理办公会或董事会审议。从机制上打通全流程决策体系，提升决策效率。

（三）创新科技成果转化收益分配机制

落实以增加知识价值为导向的分配政策，有效激发科研人员实施科技成果转化的积极性。一是创新转化收益分配机制。实施超额累进式奖励，分区间从转让或许可净收入中提取一定比例奖励科研团队。对于转让、许可现金收入，提取 75%～85% 作为对科技成果完成人及转化工作中做出重要贡献的人员的奖励，提取 6%～10% 作为技术转移中心工作费用及奖励，提取 1.5%～5% 作为对学院的奖励，其余 7.5%～10% 为学校收益；对于科技成果作价入股，采取分阶段渐进式奖励，第一阶段先奖励科技成果完成人 50% 股权；根据公司发展和贡献程度，分批适时追加奖励 10% 股权。

二是完善科技成果转化评价考核制度，将科技成果转化业绩作为科研人员岗位考核、职称评审的重要指标。在教师发展体系建设和岗位分类中，设置以技术应用、成果转化等为主要评价指标的研究型（成果转化类）岗位，并分别制定评价标准。此外，全方位对标"双一流"建设任务，将职务科技成果管理和转化业绩作为各学院的绩效考核重点内容，进一步加大职务科技成果管理能力在学院考核中的权重。

（四）案例：凝胶冰雪"先赋权后行权"，快速打造绿色新材料名片

针对现有冷链材料恒温性差、电量消耗大、可靠性低、功能性弱等痛点问题，学校宇航学院科研团队研发出高恒温性、高可靠性、高柔性、低

成本，同时具备抗菌、防腐、绿色环保特性的冷链用凝胶新材料。经过几年的技术积累和市场调研，该成果具备了产业化落地的条件。在与学校技术转移中心进行充分沟通后，该项目以"先赋权后行权"形式进行转化，即技术团队可以预先成立公司，学校与老师签订赋权协议，以普通许可形式授权团队使用相关成果进行商业活动，并约定 2 年后兑现不低于 1500 万元股权价值。2023 年 6 月，在北京市政府的大力支持下，团队以"先赋权后行权"模式在房山区成立科技公司作为该成果转化的平台，持续开展产品研发及推广工作。

目前，企业基于该技术推出的解暑纳凉神器"凝夏凉宝宝"产品，已在国内多个城市的旅游景区、夜市、音乐节推广应用。此外，在医疗健康领域，该技术可以用于凝胶超声垫领域，解决传统耦合剂成像模糊等问题。目前，该公司已经在文创、体育、冷链物流和医疗健康等领域发力，并于 2024 年 1 月完成千万级融资。

三、西安交通大学：科技服务体系助力地方产业转型升级

（一）打造"1+N+X"产业赋能体系，助力地方产业转型升级

一是搭建"概念验证—种子—天使"全链条转孵化体系。针对高校早期科技成果实行逐级转化，针对中国高校数以万计概念验证阶段待转化成果，创造性提出"科技淘宝"概念，并完成全球首个线上概念验证平台搭建，目前正在紧锣密鼓开展首批项目线上线下联合验证，实际效果有待进一步观察、迭代、总结；二是搭建"1+N+X"产业赋能体系。通过设立 1 个地市分中心、N 个区县工作站、提供 X 项专业服务，成功打造包含"市级技术转移中心 + 区县工作站 + 龙头企业工作站 + 领军企业创新联合体 +

飞地孵化器+成果转化基金"的立体联动地方产业赋能平台。

目前，中心已在全国布局38个科创基地，将技术转移科技服务和高校成果触角直接对接到市场需求第一线。2021年以来，中心累计在全国开展产学研对接活动4400余场，走访企业15 600余家次，促成产学研合作金额超3.7亿元；打造"概念验证+种子+天使"孵化体系助力科技成果就地转化，引入277家金融机构；梳理专利及非专利存量技术成果3万余项，建立了西安交通大学成果清单（图1-9-1）。同时，学校科技经纪人团队走访高校教授2500余人次，首批累计征集可转化科技成果1400余项。孵化注册科技企业211家，累计融资金额超过4.6亿元。

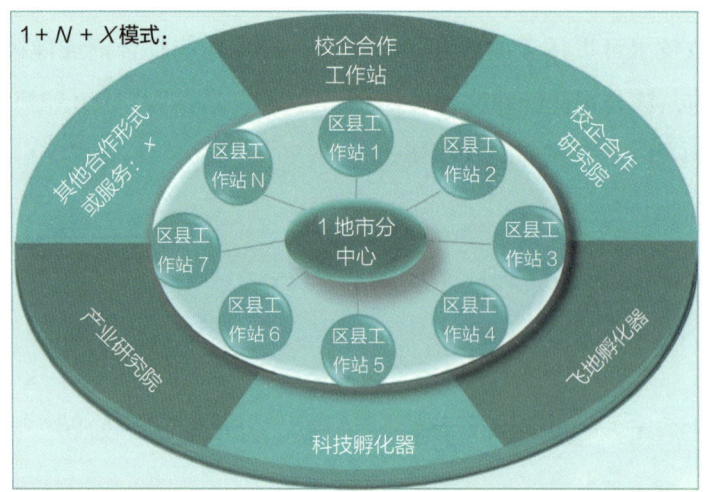

图1-9-1 西安交通大学"1+N+X"产业赋能体系

（二）打造概念验证线上线下平台，助力早期科技成果转化

学校技术转移中心在全国组建了首个高校概念验证中心，负责承接西安交通大学及全国各地概念验证相关业务，下设主任1名，主任助理（或项目经理）2~3人。自2018年至今，已深入挖掘并验证了209个早期科

技成果，组织专题项目论证会 40 次，覆盖电子信息、航空航天、新材料、高端装备等传统优势产业；组织专场路演和项目对接活动，有效促进科技成果与市场的对接。最终实现 48 个初创公司实现融资，18 个项目获得企业横向课题合作，共 66 个项目通过概念验证进入下一阶段；为概念验证项目提供知识产权、法律咨询、资产评估、技术评价、管理咨询等专业服务，积极组织概念验证各类培训、讲座活动 72 场，累计服务项目团队 422 个；积极组织和国内其他高校开展概念验证相关宣讲、培训等交流活动数十次。

学校技术转移中心充分学习调研了美国高校概念验证中心模式，围绕责权利、运行流程与机制、概念验证资金来源、队伍建设等方面开展了深入研究，经过前期不断地实践摸索，初步探索出符合我国国情的高校概念验证中心运行模式。此外，还调研学习了基于政府、各类联盟等发起的概念验证资助计划，以及"校企协同""校校协同""校研协同""产学用协同"等概念验证协同创新组织模式，于 2022 年创新性地提出"从线下跑通概念验证模型建立底层逻辑，进一步通过线上线下相结合的模式破解巨量早期成果的熟化难题"。针对项目遴选及验证提出"2+4"模型，从多维度开展商业化验证。打造国内首个硬科技概念验证线上平台，开展可复制的批量化和轻量化概念验证试点。目前平台 1.0 版本已建成并启动内测，40 余个项目正在开展验证工作（图 1-9-2）。

此外，学校牵头发起成立"硬科技概念验证联盟"，联合高校、政府、投资机构等构建聚焦于早期科创项目的生态体系；持续探索基于概念验证的技术交易、股权融资模式创新，彻底打通概念验证到企业 IPO 上市之间的现实梗阻。

（三）案例："高精度作动器件及多自由度机构"科技成果转化

"高精度作动器件及多自由度机构"是一类大行程高精度驱动器件及

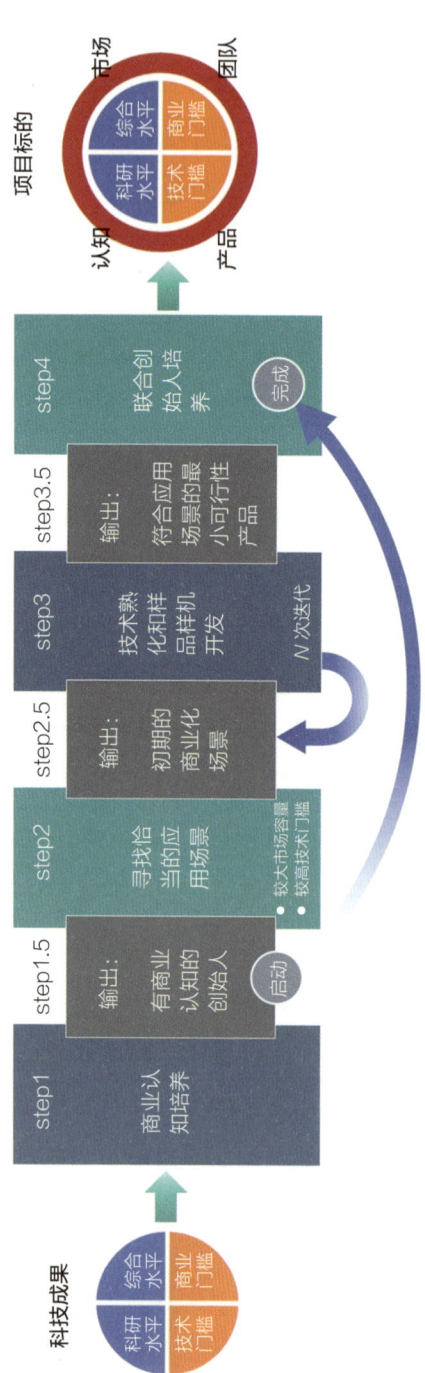

图1-9-2 西安交通大学概念验证模型

由该器件构成的多自由度调节机构。相比于传统驱动器件，它在输出精度、推重比、响应速度等方面具有显著优势，但该产品的主要供应商均来自国外，国内市场在渠道和定价上受制于人。自2005年起，学校航天航空学院研发团队致力于先进压电作动器、电磁作动器及多自由度调节机构研究，项目获得国拨经费支持4300余万元。2020年，研发团队与西安朗威科技有限公司探索进行初步合作，签订1000万元的成果转化合同。2023年，双方继续签订3000万元的成果转化，将32件专利权通过现金转让的方式进行转化，1件发明专利通过独占许可方式进行转化。合同现已经全部到账，其中20%收益归学校所有，剩余80%归研发团队。

目前，受让公司针对该技术计划总投资1.2亿元（一期投资4500万元），建设一条年产3000套航天级卫星激光通信高精度指向跟踪驱动控制器的生产线。项目全部建成后，预计可满足未来10年我国卫星互联网激光通信领域高精度指向跟踪系统市场的迫切需求。

四、西南大学：构建科技成果转化与产业升级新平台

（一）三大平台助力成果转化与产业升级

一是成立环西南大学创新生态圈知识产权运营平台。作为重庆首个市、区、高校共建的知识产权运营平台，平台主要瞄准新能源、新材料、生物医药等知识产权密集型产业，以促进知识产权等成果转移转化为主业，统筹知识产权政策咨询、知识产权人才培养、知识产权信息服务等业务板块。平台采取科学可行的运营模式，有效集聚产业资源、创新资源和服务资源，以知识产权为纽带推动产业协同创新，实现知识产权运营服务要素集中供给，通过建机制、建平台、促产业，推动区域经济社会高质量发展。二是成立科学中心，围绕学校科技创新战略规划，强化顶层设计，

布局建设长江上游种质创制设施等高水平创新基地，着力开展基础研究、应用研究及成果产业化集成研究，加强科技成果转化与产业化应用。三是学校推动知识产权信息服务中心建设，获批第三批"高校国家知识产权信息服务中心"。中心立足学校知识产权信息服务需求，发挥多方共建优势，对知识产权相关成果创造、管理和转化提供全流程服务。提供专利检索、机构竞争力专利信息分析、核心技术专利布局、专利申请及专利转化等服务。

（二）积极推动科技成果转化管理新举措

为了落实国家创新驱动发展战略，规范学校科技成果转移转化工作，鼓励师生成果转移转化，促进产学研协同发展，更好地为"双一流"大学建设和经济建设服务，学校推进实施《西南大学促进科技成果转移转化管理办法》。一是建立科技成果转移转化领导机构。学校科技工作领导小组领导、组织、协调学校科技成果转移转化工作，负责学校科技成果转移转化相关政策制定和相关事项决策，审批学校科技成果相关知识产权和无形资产的作价投资、转让许可、收益分配、股权激励，转移转化基金等事项。二是构建"综合管理＋转化运营＋N（服务平台）＋信息服务"多位一体的协同工作机制，明确各部门职责。科学技术处负责建立和完善学校科技成果转化体系，统筹组织校内相关部门实施科技成果转化工作。资产经营有限公司负责为成果转化提供专业化、市场化服务，持有学校科技成果作价投资形成的股权并行使股权管理。产业技术研究院主要负责科技成果熟化和中试，与大学科技园共同负责为科技成果转移转化提供平台和孵化企业；科学中心、宜宾研究院、涪陵研究院等校内或校内外共建研究机构/平台，开展有组织科技科研成果转化，加强科技成果转化与产业化应用；图书馆高校国家知识产权信息服务中心提供知识产权运营信息服务。三是优化了收益分配机制。在科技成果转让、许可类转化项目中，转化净收益中用于奖励科技人员的比例从原来的85%提高至90%。

（三）案例：柑橘育种技术创新与运用

柑橘是我国原产的果树作物，针对市场上品种竞争激烈，传统品种急需转型升级等问题，从2012年至今，学校研发团队着力开展杂交柑橘育种技术和新品种研发，陆续投入科研人员（包括教师、研究生、本科生、科研助理）40余人，各项研究经费投入总计300多万元，创建了第2代缩短杂交柑橘童期技术，该技术将杂交柑橘的童期从传统的8年左右缩短到2～3年以内，而且植株相对小型化，原种植密度达到380株每亩，为大规模商业化育种奠定了方法基础。2013—2023年，学校以该技术和四川陶然农业有限公司合作建立育种基地，聚力打造柑橘杂交育种"中国芯"，其间共同培育出10 000余份育种新材料。

2023年学校与四川陶然柑橘新品种研究有限公司签署柑橘育种新材料转让协议，转让品种保护申请权，转让总金额1500万元，转让费用五年内分期支付，首期转让费已到位300万元。学校科技处及资产经营有限公司参与成果转化相关工作，该项成果转化净收益的90%用于奖励科研团队。该技术解决了市场上国庆节前上市好剥皮又好吃的品种这一难题。西南大学与该企业共同选育的第6代杂交柑橘新品种——"川津1号"和"川津5号"目前已正式亮相，填补了国内外无特早熟杂交柑橘的空白，标志着我国杂交柑橘育种技术赶上了欧美、日本等柑橘发达国家水平，实现了从跟跑到并跑，尤其是在特早熟杂交柑橘领域领跑世界。

五、华中科技大学：技术转移体系建设加速科技成果产业价值实现

（一）构建成果转化全链条服务机制，培育技术转移转化服务能力

一是强化技术转移体系建设，塑造新动能新优势。依托校内外技

转移平台，充分整合学校科研和产业资源，围绕"成果端、需求端、平台端"，重点聚焦"光电子、医疗装备、智能制造"三个产业领域，通过构建市场导向的存量专利筛选评价、供需对接、推广应用、跟踪反馈机制，形成"专利质量提升—科技成果盘点—技术验证熟化—供需精准对接—转化孵化"的全链条运营体系，服务高质量专利的培育和转化，打通专利转化关键堵点，促进专利技术的转移转化，推动创新成果的产业化，赋能区域经济发展。二是重点企业合作通道搭建。学校在智能制造、光电信息、能源环保、新材料等新兴技术领域，全面开展"龙头企业对接计划"。通过积极接收企业咨询、调研企业科研实力、筛选真实需求、匹配校内技术团队等具体举措，形成企业需求库、人才库、成果库，2023年为100余家骨干科技型企业匹配技术需求近400余项，其中重点规模企业需求匹配200余项。三是知识产权与成果转化信息化平台建设。学校通过打造全生命周期知识产权运营与成果转化线上服务平台，包含成果库、专家库、需求库、产业库、创投库，将知识产权管理和成果转化运营融入平台，形成全链条的管理服务平台。

（二）多渠道盘活成果，加快科技成果产业价值实现

一是梳理盘活科技成果。2023年盘点学校成果100余项，梳理国家重点计划、科技奖励项目，构建重大科技项目的成果库。通过"华中大技术转移"微信公众号、应用技术研究院官网、校友会、技术交易会、项目路演、技术沙龙等多渠道推介，成果浏览量超5万人次，单个成果浏览量最高达4000次。二是主题技术创新实力洞察。利用产业链的技术分支信息对学校专利聚类，绘制知识产权创新图谱，洞察学校在产业赛道上的科研布局、产出活跃度、人才实力、知识产权、产学研合作、潜在合作对象等，有组织整合学校创新资源，主动对接重点企业。截至2023年年底已完成自动驾驶、新型显示、氢能、医疗康复机器人、智能传感器及氢能等

20 余个技术领域的知识产权全景洞察图谱。三是可转化项目验证培育。组织实施"医工装备概念验证计划"2023 年首期项目征集活动，通过对基础研究成果的概念验证，遴选发现可产业化的成果并进行培育，提升科技成果转化成功率。征集首批医工交叉概念验证项目 40 余项，立项 5 项，每个项目给予 30 万 ~50 万元项目支持，助力打通成果转化"最初一千米"。

（三）案例：无槽液体－电磁耦合悬浮微泵技术转化

目前，风冷翅片等传统散热方式已经无法满足与日俱增的散热需求，而液冷技术的散热能力远远高于风冷，是电子器件散热的发展趋势。

学校科研团队研究液冷散热领域长达 18 年，自 2006 年开始进行计算理论与方法研究，形成一套完整的热管理解决方案和经验。先后完成高可靠微泵技术研究、器件封装中流动与传热研究等关键技术和方法。该成果研发了一款无槽液体－电磁耦合悬浮微泵，其组成部件主要包括叶轮、蜗壳、端盖和直流无刷电机（转子、电机定子以及套筒），无额外的止推环结构，结构简单，易于装配。流体动压力和电磁力的耦合使转子与静止部件脱离接触，实现全自由度的悬浮运行，从根本上消除了固－固磨损。相对于传统接触式轴承泵，由于不存在轴承磨损问题，悬浮微泵的转速可以大幅提升，从而在更小体积下实现更高性能，实验表明其功率密度相比常规离心泵领先 6~8 倍，更易于封装集成。此外，悬浮微泵的可靠性和寿命也大幅提升，加速实验证明可持续工作时间达到 20 万小时。

2023 年 12 月，学校与北京中科创星科技有限公司协商签订成果转化合同，将通过转让的方式将团队研发的无槽液体－电磁耦合悬浮微泵技术进行产业化。合同金额 1000 万元，包含 2 项已授权美国发明专利、11 项已授权中国发明专利及 1 项已完成软件著作权，其中奖励研发及主要贡献人员约 700 万元。随着未来几年电子行业对液冷散热的需求提高，本成果能够广泛应用于电子器件散热领域，满足诸如高性能计算服务器、数据中心、5G 基站、新能源汽车、国防军工等场合的高性能散热需求。

学校科技成果转化办公室全链条服务推进科技成果转化，安排技术转移专员服务该转化项目，负责专利、软件著作权等科技成果转化的全过程管理。促成项目对接后，学校积极服务跟踪项目进展，服务项目签约落地。

六、燕山大学：推动知识产权评估和管理机制建设

（一）完善知识产权评估和管理机制

学校建立了清晰明了的知识产权评估和管理机制，贯通披露、转化和实施的全过程。一是专利申请前评估。学校对于受理的发明专利申请，组织专利代理机构、有关学科专家等开展评估工作，决定是否申请专利，明确产权归属与费用分担。推动发明人与学校共同承担风险，强化发明人提升专利质量，加强专利转化的责任意识和内生动力。二是市场调研和分级管理机制。进行充分的市场调研，了解待转化科技成果在市场中的需求、竞争状况和商业化前景，对各项科技成果进行分级分类管理，锚定重点领域和重点项目，确保高效完成成果转化。三是转化评估机制。保障科技成果的转化价值，避免国有资产流失，降低科技人员成果转化风险，对存在关联交易的科技成果转让和作价入股等均要求聘请有资质的第三方机构对成果进行评估。四是转化公示制度。科技成果以使用权许可、所有权转让（技术转让）、作价入股方式实施转化的，审核通过后办理公示手续，将成果名称和拟交易价格、参股比例等信息在学校网站公示 15 日。五是明确知识产权合同条款。科技成果转化时依据《燕山大学合同管理办法》签订合同，合同中必须包含知识产权保护条款，并对知识产权的归属以及利益的分配加以约定。

（二）完善科技成果转化合作及服务

一是以企业需求为导向开展研发。搭建校地合作桥梁纽带，成立"燕山大学校企科技合作发展中心"，促进校企、产学研用深度融合、协同发展；与企业新增共建"金山电池联合实验室""智谱AI大数据智能联合实验室"等11个校企合作创新平台，与中铁建工集团等60余家企事业单位签署合作协议，不断加强科技成果转化内外联动，为提升产业核心竞争力提供高质量源头技术供给。二是深化推动与地方政府合作。做好面向政府和行业的公益性支撑，先后与邢台、保定、石家庄3个市级政府签署全面合作协议；与鹿泉区政府共建了"燕山大学鹿泉新一代信息技术产业研究院"；与省外天津市、浙江省、江苏省、深圳市、齐齐哈尔市等7个省市对接，建立了友好合作关系。三是强化技术转移机构服务。持续优化合同审批流程，不断提升专业化服务水平和质量；优化横向科研经费信息化管理机制，推进科研系统与财务系统对接；持续做好横向合同审查与签订工作，主动宣贯国家税收相关政策，进一步增加科研人员获得感。

（三）案例：新能源运载装备低碳智能化控制技术

随着"碳达峰""碳中和"目标的推进，国家层面从减排目标、防治技术和支持政策等方面为发展新能源运载装备指明方向。学校电动车辆智能驱动与协同控制课题组密切围绕新能源运载装备的电动化和智能化发展需求，先后投入70余名科研人员以及500余万元研发经费，持续开展了10余年的基础理论和应用技术研究。

2023年，学校与乌海海通银隆新能源汽车有限公司合作开展新能源运载装备低碳智能化控制技术研发。该项目被列为重点校企合作项目，研发周期自2023年6月起至2025年12月结束，成果的转化方式包括：一是学校将已成熟的科技成果直接转移给公司使用，二是双方合作开发新技术并商议后续转化。学校共计与企业签订研发合同 1230 万元，到账金额 830 万元；企业另外为项目投入研发经费 6000 余万元。

目前，该项目已为企业开发电动工程车辆 5 款，实现产销纯电动装载机 200 余台，运营换电重卡 70 余辆，建设充电站 11 座、充电桩 90 余个，为企业创造产值 2.32 亿元，利润 3000 余万元。项目成果可以从根本上提升新能源运载装备的电动化和智能化程度，大幅降低能源消耗、碳排放以及驾驶员的工作强度。

七、浙江工业大学：健全转化人才激励与绩效评价体系

（一）优化人才激励与评价体系

学校倡导成果完成人先申请赋权，再转化科技成果。以"赋权试点"为契机，强化人才激励和评价机制改革，激发成果转化积极性。一是树立转化导向。将成果转化激励和科技项目执行绩效挂钩，强化转化收益及事后激励，改革科技项目执行绩效实施办法。将产出专利的依托科技项目按照项目级别赋予一定系数，将成果转化项目的按照到款金额给予一定的业绩点，给真正开展成果转化的教师以绩效激励。通过赋权试点改革，教师的净收益分配比例从原来的 80% 提高至 85%，再加上年底的绩效激励，教师实际可得到转化收益的近 90%。二是完善学院科技成果转化绩效评价体系。为树立专利等科技成果只有加快转化才能有效实现创新价值的理念，学校进一步完善二级学院科技成果转化绩效评价体系，根据不同学科特点设置考核指标，有针对性地提高科技成果转化在学院绩效考核、科研人员职称评审等的权重。例如，同等到款金额的成果转化项目与横向项目相比，在职称评审中的权重更高，即科研人员完成一个 100 万元的专利转化合同，在职称评审时等同于一个 200 万元的技术开发项目，2023 年，学校

机械学院、化工学院等多名教师通过这一政策评上了正高职称，这一举措极大地激发了科研人员从事专利转化运用的主动性。

（二）搭建平台，拓宽校地校企合作新天地

学校主动拓宽工作思路，积极探索成果转化新路径，努力搭建成果转化平台。一是通过"浙江拍"公开挂牌等方式依法强制推动库存成果转化。对于取得知识产权之日起满2年且无正当理由未实施转化的应用技术类科技成果，学校将纳入"先用后转"实施清单；对于取得知识产权之日起满3年且无正当理由未实施转化的应用技术类科技成果，学校可以许可有条件的企业无偿实施。鼓励教师将与企业需求相关的基础研究类科技成果纳入"先用后转"实施清单，支持需求方提早介入对接。二是学校建有多种形式的校地合作载体，将成果转化纳入载体平台的重要工作任务，助力地方产业转型升级。学校有一支157人的技术经纪人队伍，并依托浙江省国家大学科技园、27家地方实体研究院、近50家地方技术转移中心、产学研联盟、知识产权联盟等平台，将学校的专利技术等科技成果向地方和企业进行推广和转化，促成了学校超1/3的合作项目。三是通过浙江省政府上线的职务科技成果转化"安心屋"数字化场景应用，学校科研人员可在平台上完成从申请到交易的全流程，以"数据跑路"代替"线下跑腿"、以规范促免责，把职务科技成果从传统国有资产管理制度的束缚中解放出来，从而减轻科研人员和管理部门对"国资流失"风险的后顾之忧，释放创新活力。

（三）案例：先进无铅低压电解臭氧发生技术

学校化学工程学院研发团队在国家自然科学基金杰出青年基金项目、国家自然基金委重大研发计划集成项目、浙江省杰出青年等项目资助下，自2014年开始研发，通过多尺度模拟计算揭示臭氧与氧化铅之间存在强

相互作用，并且氧化铅与臭氧分子形成了动态的"五元环"结构，形成相对稳定的"动态活性位"，即氧化铅"晶格氧"和水分子中的"氧"发生交换。该团队将持续推进无铅低压电解臭氧发生技术应用基础研究与产品升级改造，加速推进无铅阳极电解水产臭氧发生器产业化，实现低压电解臭氧发生器批量化生产。该专利技术于 2021 年赋予发明人长期使用权后，在 2022 年实现所有权转让，转化合同金额共计 1008 万元且已全额到款，学校将该收益的 85% 分配给了成果完成人。根据《浙江工业大学提升科技项目执行绩效实施办法》，年底给予发明人额外超 8 万元的绩效奖励。

目前，该技术已应用在转化企业的杀菌消毒产品的研发内容中，并通过校企共建联合研发中心推进产品产业化。企业已实现代号为"2010"低压电解臭氧发生器的批量生产（第一条产线 15 万件 / 年），并积极推进非铅低压电解臭氧发生器在家电、医疗、养殖、工业等场景领域应用，已实现该产品初步销售。

八、沈阳化工大学："协议确权"激活转化动能

（一）建立"协议确权、转化变更"机制

学校针对赋权成果转化中权属变更流程烦琐等问题（如需要进行两次成果所有权的权属变更），创新性地提出"协议确权、转化变更"机制。通过协议约定权属比例，将科技成果的 90% 所有权赋予科研人员（团队），设置权属变更过渡期：如果该成果 3 年内进行转化的，双方按照赋权协议及知识产权转让、许可或作价入股协议，向国家相关部门申请权属变更；3 年内未进行转化的，只依据赋权协议约定赋权比例，暂不向国家相关部门申请权属变更。对于"3 年内未进行转化的"，若成果完成人（团队）选择继续履行赋权协议、持有相应比例的成果所有权，则双方进行权

属变更，成果所有权由学校单独所有变为双方共同所有；若成果完成人（团队）放弃持有成果所有权，则赋权协议废止，该成果继续由学校单独所有。

该制度有效调动科研人员科技成果转化积极性，可以保证成果完成人（团队）在权属变更前不因被赋权而承担相应费用；且在过渡期内进行成果转化的，只需进行一次权属变更手续，减少了从赋权到转化的权属变更次数。同时，3年过渡期的"优胜劣汰"起到了遴选被赋权成果是否可以转化的作用，避免了成果被赋权后依然闲置、不能转化。3年过渡期后，若科研人员依然转化意愿强烈且认为该成果应用前景明朗，则会选择继续履行协议、进行成果所有权变更；若科研人员经过3年尝试，未实现成果转化，且转化意愿不再强烈，则可以选择放弃该成果所有权。

（二）创建"三定向"科技创新和成果转化模式

学校创新性地提出"定向研发、定向转化、定向服务"订单式研发和成果转化机制即"三定向"科技成果转化新模式。一是瞄准企业需求开展定向研发，将科技开发资源（包括人员与条件）定向投放，进行专项技术攻关。二是瞄准市场需求开展定向转化，研发出的成果按既定需求由当地企业进行定向转化。三是瞄准企业需要开展定向服务，为企业提供后续技术支撑。通过实施"三定向"机制，学校实现了"以产定研、以需定研、以研促产"的"订单式"合作，有效解决了高校科技创新成果与企业实际技术需求不匹配的问题。该机制不仅提高了科技成果的转化效率，也强化了企业科技创新的主体地位，促进了产学研的深度融合。

在这种模式引导下，学校主动对辽宁省关键领域"卡脖子"问题开展定向研究。依托在化工、材料以及环保等方面的科技资源优势，在机制改革和政策创新驱动下，学校逐渐形成了在化工新材料、化工装备、化工与生物制药等领域能够支撑辽宁产业变革升级的定向研发技术创新链。

（三）案例：戊基蒽醌法双氧水清洁制备技术

戊基蒽醌主要用于生产绿色氧化剂双氧水。与传统工艺相比，戊基蒽醌法双氧水清洁制备技术产能高、能耗低、耗时短、设备负荷小且毒性低、不产生"三废"。然而，企业现有乙基蒽醌法存在氢效低、污染大、工作液消耗严重等问题，开发低成本、高产能的绿色生产技术是双氧水市场急需解决的关键问题。自 2014 年起，周明东教授团队接受中国石化委托，与中国石化大连石油化工研究院联合开发戊基蒽醌法双氧水清洁制备技术。截至 2023 年年底，中国石化先后投入科研经费约 1500 万元，项目获辽宁省资助 100 万元。研发团队现已产出阶段性成果，转化合同金额 602.9 万元。新技术彻底解决了传统工艺存在的环保问题，填补了国内戊基蒽醌产品空白，技术经科技成果评议，其综合性能达到了国际先进水平。该技术的成功实施可使双氧水装置产能提高 30% 以上，同时可以生产 50% 以上浓度的双氧水产品。

九、中国农业科学院农业质量标准与检测技术研究所：打造产研融合发展的转化模式

（一）加强成果转化服务，破解科技成果转化落地难题

自 2020 年 3 月起，质标所以破解重大科技成果转化中成果价值评估难、投融资难、产业化落地难为契机，建立重大科技成果挖掘与筛选、市场分析、项目对接、投融资洽谈等转化服务一条龙服务机制。其中，围绕标准物质研发和快速检测两项技术成果的转化落地，质标所量身定制产研融合发展与创业孵化自主转化模式。一是开展广泛市场调研。与基层一线和经销用户走访座谈，摸清市场需求，避免坐而论道。二是构建需求导向的创新体系。在前期调研走访和科企合作的基础上，开展需求导向的科学

研究，注重产出成果的创新性和实用性。三是拓宽成果宣传推广渠道。积极举办和参加相关技术论坛和路演，加大成果推介力度；广泛邀请对接交流和投融资洽谈，增强合作企业和投资人信心，完善和提升科技成果的经济价值属性；借用国内外媒体资源，使用通俗易懂的推广宣传成果价值。四是创新成果转化模式。不拘于现有经验，一切以服务重大成果转化为目标，量身定制产研融合发展与创业孵化自主转化等模式。五是营造良好创新创业氛围。落实国家相关法律法规和政策规定，支持和鼓励科研人员创新创业；依据国家有关规定以及上级部门和本单位相关政策，及时兑现成果转化奖励。

截至 2023 年年底，质标所标准物质研发和快速检测两项技术中多个重大成果成功转化落地。其中，标准物质研发技术以产研融合发展合作模式实现成果转化收益 2300 万元；"基于免疫层析试纸条和移动终端的食品安全及体外诊断智能识别技术和系统"的成果孵化所办二级企业一家，单笔成果转化现金 2000 万元 +500 万元股权。

（二）与企业从技术到资本深度合作，推动农业标准物质产业化

依托标准物质科技创新团队的技术储备和科技创新优势，质标所与某上市公司签署战略合作协议，打造农业标准物质科技成果转化的平台，加快农业标准物质研制，加速推进农业标准物质国产化的步伐。合作总体设计分为科研技术合作、合资合作两个阶段。一是科研与技术合作阶段，甲乙双方通过科研合作、科技成果转化（技术许可）等方式，强化技术领先优势，拓展培育标准物质市场，为后期深化合作奠定基础。二是合资合作阶段，在前期合作基础上，由甲方、乙方、员工持股平台（用于后续科研及管理骨干人才引进激励）共同出资在北京市设立合资公司，作为科研成果转化和市场化运作平台，通过设立合资公司，形成利益共同体。

与企业在技术和资本等方面开展深度合作，不仅为团队的发展提供巨大的市场空间和应用示范空间；还为企业的科技创新提供了人才和强有力

的技术支撑，助力企业成为创新主体；更有效检验了科技成果的市场适应能力，为推动农业标准物质产业化作出显著贡献。

（三）案例：基于免疫层析试纸条和移动终端的快速检测技术和系统

质标所研发团队基于免疫层析试纸条和人工智能图像识别算法的食品安全和医疗诊断的多目标物同时检测开发出创新技术和系统，集成了抗体制备、免疫层析、图像识别、云计算、物联网和大数据技术，通过微信小程序，5~15分钟可完成多种目标物的同时检测。该成果分为两部分进行转化：一部分评估约500万进行作价投资，一部分评估约2000万进行技术转让。转化过程分为如下步骤：一是，成立质标所和研发团队合资公司（以下简称"新公司"），质标所通过该成果技术入股500万元（占50%股权），团队成员现金认缴500万元（占50%股权），团队成果主要完成人任公司法法定代表人。其中，质标所技术入股部分的70%股权奖励给研发团队，剩余15%股权划转到质标所全资公司，全资公司将新公司作为二级公司进行管理。二是新公司进行融资和股权变更后，与质标所签订2000万元技术转让合同，现已全部到账，现金收益中奖励研发团队1400万元，留归单位600万元。

2023年11月，新公司通过"国家高新技术企业"认证。依托质标所，新公司开发了适用于农产品质量监督管理的数据平台，提供了代表行业先进水平的快检技术，为食品日常监管中的实时现场检测提供重要技术支撑。

十、江苏省产业技术研究院：科技金融助力成果转化

（一）设立江苏产研院公司，构建科技创新金融生态

产研院自2016年设立全资子公司——江苏省产业技术研究院有限公

司（简称"江苏产研院公司"），省财政给予 1 期 3 亿元注册资金，主要用于专业研究所投资、产业技术创新项目公司投资、海外平台投资、科创基金引导资金等。成立以来，围绕产研院"建设研发载体、引进创新资源"的核心使命，产研院公司主要开展四个方面的股权投资业务。一是参股江苏产研院建设的重大集成创新平台和研究所运营公司，共计 69 家。二是参股江苏产研院孵化的具有行业颠覆性、前瞻性或解决卡脖子问题的创业企业，并作为财政资金"拨投结合"权益转化的主体，共计 83 家。三是参股江苏产研院体系内研发机构联合专业化私募基金管理公司发起的早期创投基金，构建集公共研发平台、专业孵化器、天使投资基金"三位一体"的创新微生态，共计 15 支，拉动社会资本首期投入 20 亿元，累计获得资本市场融资超过 50 亿元。四是通过海外全资子公司参股北美、欧洲、以色列等海外孵化器平台，以资本为纽带引进各类创新资源，共计 3 家。产研院成立十年来，省级财政专项投入 51 亿元，累计组织引导和带动各类创新资金投入超过 600 亿元，其中带动地方政府和园区投入超过 200 亿元，获得纵向科研项目经费超过 120 亿元，引导企业投入超过 150 亿元，省级财政投资拉动比达 1∶11，有效破解创新种子期初创期投入不足难题，形成财政为引领、园区为支撑、企业为主体、社会基金为保障、"多元一体、融通增值"的创新金融生态。

（二）建设专业研究所，搭建新型研发载体

产研院下设专业研究所，实行加盟与新建相结合的建设模式。自 2013 年，产研院面向全省遴选研发机构加盟成为专业研究所，遴选条件为具备创新能力、地方政府接受、具有技术转移部、成立理事会等。加盟研究所预备期一年，其间培育支持经费约 500 万元，考核转正后，可享受省级研发机构待遇、经费支持与平台服务等。产研院对加盟研究所实行"一所两制"改制，要求研究所同时建立高校研究中心运行机制和独立法人公司

制，促进高校院所研究人员创新成果向市场转移转化。截至 2023 年年底，共计 22 家研发机构加盟。

产研院针对专业研究所特色进行管理。一是，专业研究所实行"一绑定一分离"的轻资产运营新模式。研究所组建运营公司，研发团队以现金入股并控股，将自身利益与运营公司利益绑定；场所和设备所有权属于公共技术服务平台，与运营公司分离，避免国家资产流失。二是，专业研究所实行"一所一基金"的创投模式。除研发与孵化之外，赋予专业研究所基金功能。目前已有 8 家研究所设立了汽车基金、半导体基金等研发基金，投资规模近 14 亿元，其中社会资本不低于 50%，基金投资江苏产研院内项目须达到投资总额的 50% 以上。

（三）案例：超精密多轴纳米级气浮运动台成果转化

产研院极限精测与系统控制研究所（江苏集萃苏科思科技有限公司）于 2020 年立项超精密气浮运动平台项目，该项目的技术主要来源于其自主研发团队。持续投入约 3000 万元，建立了一支机械、电子、系统控制等多领域的高层次人才队伍。该研发团队专注于围绕半导体设备产业"卡脖子"的技术，研发了包括运动台的系列产品。其中，超精密气浮运动平台系统选用了光栅尺、驱动器等高性能元器件，是高动态性能结构与气浮轴承组件设计，定位精度、重复性误差、动态稳定性可以满足 28nm 先进制程的系统需求。产研院及研究所为团队提供了研发资源、平台和资金支持，助力其快速成果转化为系列产品。团队通过持续的研究与创新，解决了半导体精密模组的关键技术难题，不断推动产品性能的提升。

该项目已申请专利 18 项，其中发明专利 13 项；已授权专利 12 项，其中发明专利 7 项。2023 年，极限精测与系统控制研究所（江苏集萃苏科思科技有限公司）通过"高度定制化解决方案 + 组装 + 集成"的成果转化模式，签订该技术相关技术开发、咨询、服务合同及产品订单近亿元，当年签订合同4000万元。目前，企业运动台产品已经成功在多家头部晶圆检测设备厂完成了验证，部分客户已经进入了小批量量产的阶段。弥补国内纳米量级高端运动平台产品的市场空白，产品性价比高于国外同类产品，打破了国外高端设备精密运动控制技术领域的垄断。

十一、广东省水利水电科学研究院：促进水利成果转化为生产力

（一）强化科技支撑，服务水利高质量发展

研究院立足南粤，研究范围涵盖水利、交通、建筑、能源、海洋等多个领域，参与了三峡水利枢纽工程、东深供水工程、珠江三角洲水资源配置工程、环北部湾水资源配置工程、潮州供水枢纽工程、韩江高陂水利枢纽工程、北江大堤加固达标工程、大亚湾核电、岭澳核电、山东海阳核电、港珠澳大桥等众多国家重大工程的关键技术研究。在大流量低水头枢纽水力学及泥沙研究、火（核）电厂水资源保障与水力学研究、珠江三角洲河口及河网复杂水动力模拟、咸潮与风暴潮预警预报、软土地基处理等研究领域打造了特色品牌，有力支撑了广东水利高质量发展。为深入贯彻落实国家和广东省关于促进科技成果转化的决策部署，先后制定《科技成果转化项目管理办法》《科研生产运营与科技成果转化能力提升专用基金管理办法》《聘用制科研生产运营与科技成果转化岗职工管理办法》，鼓励和支持院属各部门开展科技成果转化工作。依托院科研生产部，组建省水利技术标准推广中心，配备专职人员强化统筹协调，通过强化资源融合与配置，不断加强新产品、新技术的推广应用。2020年以来，以技术开发、咨询、服务等方式转化科技成果，共签订技术合同3000余项，在水利科技成果转化为现实生产力的过程中发挥了重要作用。

（二）开展科技攻关，破解重大水利工程技术难题

积极开展重大水利工程关键技术问题攻关，承担国家重大水利工程——珠江三角洲水资源配置工程首批科研攻关项目，联合上下游单位开展协同创新，取得良好的技术推广效果。例如：研究开发新型竖井式高位水池复杂流态控制技术，发明减小掺气浓度的新型结构，降低了鲤鱼洲-高新沙水库段有压输水隧洞的运行风险；研究开发大流量变幅、多供水节点复杂条件下的泵站及闸、阀门的启闭安全控制技术，实现多目标调度运行的最佳模式，解决了长距离输水管线水力过渡过程安全控制的技术难题；针对常规方法中环向刚度取定值会导致地连墙内力偏大的缺点，发现了圆形地连墙的自锁效应和环向刚度非线性的重要特性，并提出相应的计算理论及方法；针对现行规范中地连墙采用弹性地基梁法计算无法获得环向受力的缺点，提出了一种考虑地连墙正交各向异性的圆形竖井空间弹性地基板法，针对超深竖井地连墙嵌岩深度过大的问题，创新性地提出了长短墙结合的吊脚墙及锁脚锚索的计算方法，并在工程中得到成功应用，节省了工期和投资；提出了高内压输水隧洞复合衬砌共同作用模型和理论，为珠三角水资源配置工程复合衬砌结构优化设计提供了技术支撑，减少了工程投资并有效缩短了施工工期，可推广应用于类似输水隧洞复合衬砌结构计算。

（三）案例：火核电站温排水泡沫污染治理关键技术与应用

我国拥有漫长的海岸线，海岸生态环境保护对于沿海经济社会高质量发展起着至关重要的作用。然而滨海火核电站普遍存在温排水泡沫污染问题，一方面影响海洋生态系统健康，另一方面造成视觉污染，引发公众担忧，不利于海洋生态文明建设。常规的化学消泡法效果不稳定，费用成本高，存在二次污染风险。如何绿色环保地解决温排水泡沫污染已成为火核电站建设中亟待解决的世界性难题。

自 20 世纪 90 年代开始，研究院以财政资助 + 自主投入相结合的方式筹措资金约 2000 万元，在火核电站温排水泡沫污染治理领域持续探索、潜心研究，成功破解了泡沫污染治理技术研发中机理认识不足、模拟精度不高、消泡措施稳定性和有效性不足等诸多难题。采用理论分析、系统的物理模型试验和数值模拟等方法，揭示了滨海火核电站温排水泡沫形成机理与条件、创建了滨海火核电站温排水泡沫精细化模拟方法及模型、发明了基于物理消泡的全新生态治理成套技术，在国际上率先通过物理方式解决了滨海火核电站温排水泡沫污染的难题，在该领域做出了开创性贡献。经由 2 名院士组成的评价委员会评价认定为"成果总体达到国际领先水平"。成果获授权发明专利 10 件，入选 2023 年度水利先进实用技术重点推广指导目录和 2023 年粤港澳大湾区高价值专利培育布局大赛 50 强、2024 年发电行业水处理技术创新成果五星奖。

截至 2023 年年底，近三年与此技术相关的合同额累计为 2123.8 万元。目前，该技术成果已成功应用于广东台山电厂、广西防城港核电站等多个大型火核电站，每年可节约化学消泡剂费用 1500 万元以上，经济及生态环境效益十分显著。若推广应用至全国滨海火核电站及其他具有类似泡沫污染问题的工程，仅从经济角度计算，每年预计可节约化学消泡药剂费用达数亿元，推广应用前景十分广阔。

十二、中国工程物理研究院应用电子学研究所：机制创新推动重大成果落地

（一）积极推动科技成果转化体制机制创新

应用电子学研究所（下文简称十所）是中国工程物理研究院下属二级独立法人单位，长期以来以国防军工行业为基础开展高新技术研究，产出过

一大批原创性、颠覆性科技成果，例如：中国第一款高能工业 CT、世界首台 X 射线 FLASH 放疗装置射线源、中国首个高功率微波人员拒止装备等。

这些成果要进入市场，实现科技成果转化，还需要市场主体的介入、体制机制的改革与地方政府的大力支持。近年来，十所完成了科技成果转化体制机制创新，实现了包括知识产权作价入股、知识产权授权、知识产权转让等多种科技成果转化形式，并规定转化收益的 50% 以上归团队所有。此外，为推动科技成果转化，十所实施了多项创新推进政策，例如：在知识产权作价入股中，团队成员必须以一定比例现金跟投股权，构建了团队与成果转化企业后期利益的一致性；"带土移植"及"扶上马、送一程"模式，团队成员需要帮助成果转化企业构建相应研发、生产和调试能力，以帮助原创性、颠覆性技术推动成熟度提升。

（二）建立政产研紧密合作新模式

新技术尤其是颠覆性技术，往往代表未来产业，如何成为真正的新质生产力，还必须发挥市场在资源配置中的决定性作用。近年来，十所在军民融合战略要求下，充分响应"四个面向"总要求，从市场出发，从需求出发，积极与市场主体开展讨论、调研、合作与交流。同时，充分与政府沟通对接，做到政产研紧密配合，并在政府的支持下与企业充分沟通交流。例如：在十所与长虹集团探索进行 X 射线 FLASH 放疗技术转化合作时，绵阳市委立即成立专班支持，在政府和企业的积极配合下成果转化公司迅速组建，建设国际领先的高能 X 射线 FLASH 放疗高端医疗装备。

（三）案例：X 射线 FLASH 放疗技术转化

癌症是严重威胁人类生命健康的疾病，放疗是肿瘤治疗的重要治疗手段之一，但目前临床放疗技术存在装置设备贵、治疗周期长、周边费用高和副作用较大等问题。FLASH 放疗是新兴的颠覆性学科前沿，具有超短疗程（最短可能到亚秒量级）和基础生物学层面的低毒副作用的潜在革命性优势，有望将放疗周期和成本减小近一个数量级。在科技部"重大仪器设备开发专项"的支持下，十所建成了我国首台超导加速器驱动的自由电子激光 CTFEL 装置，并利用该装置强流电子束实现"沿途下蛋"，完成了全球首个 X 射线 FLASH 放疗验证实验。在此基础上，十所联合国内 30 余家单位在该平台上合作开展了系列 FLASH 临床前实验和机理探究实验。

2022 年，十所依托于其加速器长期技术优势与长虹集团携手组建了中玖闪光医疗科技有限公司，其中十所相关科技成果作价 1.2 亿元。十所将 50% 以上股权分给了项目团队，团队每位成员均跟投一定比例现金，保障了团队长期利益与企业利益的一致性。同时，在样机完成型检前，十所帮助企业完成了射线源装置调试和基础研发能力建设，保障了技术从十所转移到企业的过程中的连贯性。企业成立后，仅用 8 个月时间，就完成了 X 射线 FLASH 放疗源一代样机的研发，相比于 CTFEL 上的原理装置，剂量率提高了 4 倍，国际首次达到了 X 射线 FLASH 放疗临床所需剂量率阈值。

十三、中国科学院大连化学物理研究所：许可创新推动重大成果转化应用

（一）探索和强化许可方式转化，持续推动产业发展

一是加强许可转化合同管理，保障单位国有资产权益。大化所出台了技术合同和合作协议等规定，制定了符合单位管理要求的许可合同模板，建立了分级分类审批和集体决策制度，加强对被许可方合法性、专利或技术的质量要求、知识产权权属、许可价格等关键合同条款审核。例如，签订的钙钛矿太阳能电池及生产线研发合同（合同金额 6900 万元），约定了背景知识产权使用需另行付费、前景知识产权共享及未来改进知识产权的

权属和利益共享比例等，保障了后续的背景专利和技术包的许可协议签订实施（许可费1.16亿元）。二是探索附条件许可新模式，设定退出机制以降低风险。通过比较分析，大化所确定了以普通许可为主的许可模式，让专利技术惠及更多的企业。同时，综合考虑技术迭代升级和企业发展前景等，经与法律专家沟通，提出了在许可合同中约定被许可方实施期限、技术生产规模、许可降级条件和退出机制等附加条件，建立了附条件许可新模式。例如，2023年签订的钙钛矿太阳能许可协议中规定，协议签署5年内，未能达到既定目标时自动转化为普通许可，大化所有权另行许可他人使用，必要时通过双方评估认可中止合作。三是建立许可纠纷应对机制，加强单位知识产权保护。专业的法律支撑与服务是降低风险和处理纠纷的重要手段：大化所建立了外部法律团队库，根据需要聘请专业律师协助科技成果转化业务谈判；成立了法务办公室，专项负责大额合同的法律审核等；修订管理办法，引导知识产权专员从专利无效视角审视专利权利要求的保护范围和布局。例如，甲醇制烯烃（DMTO）系列技术在全球布局了近500余件高价值专利，其中海外专利340余件，许可转让36件，在向竞争对手提出专利无效时起到了很好的保护作用。

（二）聚焦定位，瞄准国家、区域和企业需求开展创新

一是围绕国家战略需求，开展原始创新，突破关键技术。大化所老一辈科学家前瞻性布局，选准方向，坚持开展原始科技创新的基础研究。通过几代科学家的积累，在纳米限域催化、甲醇制低碳烯烃、单原子催化、分子反应动力学等领域取得了一系列原创性成果，为转化应用提供了保障。例如，自20世纪90年代中期开始，大化所历经几十年，不断突破甲醇制烯烃、单原子催化等核心关键技术，培育了高质量的知识产权组合，抢占了催化领域制高点。二是围绕重点区域需求，开展政产学研用全方位合作。大化所聚焦陕西榆林、辽宁大连等区域传统能源产业转型升级、新

能源产业培育的发展需求，开展政产学研用全方位合作，促进重大科技成果转化落地。例如，立足榆林煤、气、油、盐等自然资源优势，先后将甲醇制低碳烯烃技术、甲醇制乙醇技术等产业化成果落地转化，拉动投资超过 1600 亿元；围绕大连新能源产业发展需求，布局全钒液流电池储能技术、氢燃料电池技术等，近五年在大连转化科技成果 20 余项。三是加强与行业领军企业合作，实行需求导向的研发管理。大化所与中国石油、国家能源集团、延长石油等大型企业建立长期战略合作，围绕产业需求开展联合研发，推进需求导向的技术创新；通过技术迭代保持先进性，与企业建立了紧密的合作互信关系，畅通了以许可方式开展科技成果转化的渠道。例如，大化所与延长石油通过多年合作，形成了人才培养、小试研究、中试放大、工业示范和商业推广等全链条的战略合作模式，合作项目 90 余项，完成"合成气直接制低碳烯烃技术"全球首套千吨级中试试验。

（三）加强知识产权管理体系建设，推进关键核心知识产权布局和全过程管理

一是扎实推进知识产权管理工作基础。大化所在中国科学院全院率先推行知识产权管理体系建设，2019 年取得科研组织体系认证证书，2023 年完成了装备承制单位知识产权管理体系的导入与验证。同时，坚持培养技术和知识产权管理相结合的复合型人才，现已培养院级专员 34 名，所级专员近百名。二是加强知识产权全过程管理。大化所围绕先导专项等重点项目，从知识产权策略制定和调整、专利导航分析、风险评估、技术秘密保护、转化运用等方面，完善知识产权全过程管理工作机制，开展知识产权质量评估，提高科研创新活动效率。现已将 52 个重点项目纳入全过程管理，通过对知识产权分析、跟踪、指导监督和支撑服务，不断提升知识产权管理水平。三是注重领域高价值专利布局。大化所依托能源领域创新实力和知识产权工作优势，通过对领域的整体现状和发展趋势、各关键

技术专利分布、法律状态等开展系统分析，完成了氢能、储能等领域多项关键技术的全球专利导航分析。此外，组织知识产权专员开展能源领域关键技术的专利导航、布局和高价值专利培育，形成了高价值专利组合，出版了《洁净能源领域专利导航》和《洁净能源领域专利布局》等专著。

（四）案例：洁净能源领域的许可转化新模式

近三年，大化所通过专利和技术许可方式转化的合同额度超 5 亿元，涉及 100 多件专利和 10 多项专有技术，包括甲醇制低碳烯烃、全钒液流电池、氢燃料电池等系列重大成果技术，为洁净能源产业做大做强发挥了积极作用。

一是第三代甲醇制烯烃（DMTO-III）技术。DMTO-III 技术通过催化剂性能提升和工艺方法改进，大幅提高了煤经甲醇制烯烃工业装置的生产效率和技术经济性，降低物耗能耗。该技术使得烯烃收率较之 DMTO-I 代技术提高 10%，单套装置甲醇处理能力较之 DMTO-I 提升至 300 万吨 / 年。近三年，与三家行业领军企业签署 6 套 DMTO-III 技术许可合同，技术许可和转让费共计 4.2 亿元，烯烃合计年产能 635 万吨。二是全钒液流电池储能技术。通过系统专利布局，在该领域共申请专利 300 余件，授权 100 余件，覆盖了关键材料、电堆、系统集成控制等方面。通过技术许可方式与开封时代新能源科技有限公司等企业合作，支撑了全球规模最大的全钒液流电池储能调峰电站国家示范项目建设，目前一期工程已实现并网发电。该技术在国内外已应用于 40 余项示范项目，电解液全球市场占有率超 60%。该技术共签订约 8000 万元的技术许可合同。三是氢能技术。大化所在氢能燃料电池领域申请专利 700 余件，获得授权 300 余件。将 PEM(质子交换膜）电解水制氢专利技术许可给阳光电源等多家企业，签订许可合同 4500 万元。阳光电源发布了国内目前功率最大的"SPE50（250kW）质子交换膜制氢电解槽"产品，标志着我国自主知识产权的电解水制氢和氢燃料电池技术规模化应用。

十四、四川省中医药科学院：开创中医药"基础－临床－产业"转化新模式

（一）探索中医药多向性转化新模式

科学院自 2015 年开始筹建专门从事中医药转化研究的医学中心，致力于构建面向中医药全产业链的中医药基础与临床转化公共服务平台。医学中心作为我国首个独立建制运营的中医药转化医学研究机构和新型融通创新组织，开创了中医药"基础－临床－产业"多向性转化新模式。一是构建面向中医药全产业链的"点－线－面一体"结合的中医药基础与临床转化公共服务平台。医学中心基于国家中医药领域重大战略需求和四川省"中医之乡、中药之库"人文、资源、产业优势，基于生物信息学、物联网、人工智能等前沿科学技术，助推新技术、新产品、新装备等重大科技成果临床应用转化。二是医学中心围绕"转化中医学""广义中药学""分子未病学"等新观点新假说展开研究。在国家自然科学基金、重大新药创制等基金项目支持下，推动具有中医药特色的中药药理研究及新药创制；主编出版了多部专著。三是医学中心积极搭建实验室、研究中心以及技术平台等机构。医学中心牵头组建了国家中医药管理局中药质量生物评价重点实验室、四川省道地药材形成原理与品质评价工程研究中心，构建了川产道地药材系统研究与开发技术平台。同时，将道地药材的传统知识、资源保护、质量标准、产品开发、临床应用等要素整合为一，建立了完善的药材技术标准，深度开发中药材、饮片、中药提取物、中成药及其他相关健康产品，创新道地药材特色资源高值化开发与转化新模式。

（二）完善成果转化奖励机制

科学院积极完善成果转化奖励机制，激发科研人员的转化热情。一是科技成果一次性向院外转让的，转让到账净收益（扣除国家税费、社会第三方注入资金或其收益、自筹资金投入，下同）的80%用于奖励科技成果完成人，10%用于院内绩效奖励，10%用于科学院事业发展。二是科技成果非一次性向院外转让或有偿许可使用的，每笔到账净收益的80%用于奖励科技成果完成人，10%用于院内绩效奖励，10%用于科学院事业发展。三是科技成果以对外作价投资入股形式进行转化的，科学院将所获股权（份）比例中75%的所有权奖励给科技成果完成人，25%的所有权归单位所有。单位所持股份净收益的40%用于院内绩效奖励，60%用于科学院事业发展。四是科技成果转化净收益中奖励科技成果完成人的部分，可作为成果转化绩效发放给成果完成人员，也可作为后续项目研发经费，或者上述两种方式兼用。成果转化绩效，由团队负责人根据参与人员贡献大小和绩效评估进行分配。五是，鼓励院内外服务机构、中介个人或中介团队参与科技成果的转化工作。对科技成果转化做出重要贡献的服务机构、中介个人或中介团队，可从成果转化净收益中提取不超过10%的成果转化服务费，实施奖励分配前先予支付制度。

（三）案例：创新中药"丹葛酚酮胶囊"专利技术及临床批件转让

糖尿病周围神经病变是糖尿病患者常见的难治性并发症，严重影响患者生活质量，目前临床可用、疗效确切的药物较少，存在未被满足的重大临床需求。临床上单纯控制血糖不能完全减少DPN的发生发展，西药尚无特效药和标准疗法。科学院研究团队于2010年启动相关研究，于2018年获药物临床试验批件，并于2020年启动Ⅱa期临床试验，2023年Ⅱa期临床试验结果表明临床疗效确切。

2023年，科学院与安徽雷允上药业有限公司签订成果转化合同，一次性转让创新中药"丹葛酚酮胶囊"4项专利技术、临床批件及相关研究技术资料。合同金额共计4000万元，现已全部到款。该新药预计于2027年上市，将为糖尿病周围神经病变治疗提供确有疗效的创新中药，为更多患者带来福祉。该项成果的转化对中药新药的推广起到积极作用，为推动中医药传承创新发挥示范效应。

十五、广东省科学院："利益共享"提升转化成功率

（一）"股权＋跟投"激励，共筑成果转化快车道

科学院遵循"利益捆绑、利益共享"理念，推行"科研团队控股＋技术经理人持股、跟投"等股权激励模式，通过股权结构设计确保科学家利益不被稀释，通过跟投模式让技术经理人等共享公司成长收益，最大限度激发成果转化不同阶段不同专业人员的积极性。形成以市场为导向，企业为主体，技术经理人运营，利益共享的技术育成孵化体系，力争实现科技成果"有得转、转得了、转得快、转得好"。一是探索建立科研团队"技术股＋现金股"激励模式。科学院鼓励科研人员以现金出资入股，形成"技术股＋现金股"组合形式持有股权激励模式，将成果完成人与转化项目发展进行捆绑。建立起权、责、利相统一的利益捆绑和共享机制，推动科研人员积极履职尽责，有效防范研发团队只负责项目上马不负责效益提升和风险控制的潜在问题。二是建立技术经理人跟投机制。技术经理人是推动"四链"融合、搭建技术育成孵化体系的重要桥梁，在成果转化过程中提供着组织、评估、沟通、协调等重要作用。科学院引入技术经理人全程参与成果转化，以跟投机制实现深度捆绑，形成工作合力。

（二）分类赋权，引领成果转化新趋势

科学院充分考虑到不同研发及转化阶段的科技成果潜在风险与市场需求差异巨大，而是否赋权应以"科技成果有明确或潜在的承接对象和市场需求，以及科研人员具有强烈的转化意愿"为基本前提，不能搞"一刀切"。因此，科学院以重大成果产出为导向的人才评价体系，将专利分级分类与差异化赋权结合，创新设置"直接赋权""过程赋权""提前赋权"三种赋权方式，分别对应"有成果、有市场需求""有成果、暂无市场需求""暂无成果、有市场需求"三种不同情形，为处于不同研发阶段及转化阶段的科技成果分类设置赋权方案，积极调动科研人员积极性。此外，科学院还全面梳理职务科技成果清单，纳入单列管理范围，联合广东省知识产权保护中心对科技成果进行估值、分级与分类，将科技成果根据价值高低划分为专利权维持、放弃两大管理类别，根据技术特征、产业发展趋势与市场风险等因素划分为许可、转让、质押融资、作价入股四大运用类别，科学、有效地指导成果赋权与转化。特别是在"提前赋权"环节中，科学院规定科研人员从成果转让收入中可提取的比例不低于70%、上不封顶，远高于国家不低于50%的规定，最大限度地激发创新主体的转化热情。自开展试点以来，赋权制度有效激发了科研人员与技术经理人推动成果转化的积极性，大力促进科技成果转化。

（三）构建全链条技术育成体系，畅通成果转化之路

科学院始终从国家和地方的战略需求和国民经济建设的实际出发，积极探索建立以企业为主体、市场为导向、产学研深度融合的技术育成孵化体系。一是打造经营性国有资产监管平台。成立科学院控股有限公司，编制经营性国有资产集中统一监管框架图，制定战略规划管理办法、跟投管理办法、持股企业董事与监事委派管理办法、持股企业利润分配指导意见

等监管制度，对成果转化后的持股企业进行统一监管，实现高效专业运营，确保国有资产保值增值。二是构建更多的专业化技术成果育成孵化载体。充分发挥科学院人才和创新平台优势，在全省布局产业技术研究院、科技企业孵化器、加速器、产业技术服务中心和双创产业园，将科学院技术资源与当地产业发展需求精准对接。三是建设一批高新技术成果转化中试验证公共服务平台。为高新技术成果提供中试验证服务，着力解决高新技术成果的技术不确定性、提升技术成熟度、降低金融资本投资和产业应用的技术风险，精准解决科技成果孵化、转化和产业化的瓶颈和短板，逐步形成满足广东省产业创新发展需要的高新技术成果中试验证技术服务体系。

（四）案例：转盘电极原子发射光谱技术和装备早期故障诊断解决方案

科学院测试分析研究所科研团队提出快速测定技术，该技术可快速测定出大型装备油液（润滑油、液压油、燃料油）中金属磨粒的成分与含量，用以判断大型装备磨损部位和程度，进而实现大型装备的运行状态监测、故障诊断与故障预警，实现企业降本增效。根据该技术研发的 OA800 油料分析光谱仪，拥有完全自主知识产权，可快速监测油液中"百万分之一"的痕量磨损或污染元素，一次同时检测 24 种以上元素，进而判断设备工况。

2020 年 12 月，科学院通过知识产权作价投资方式，将该成果转化并成立广东中科谛听科技有限公司，作价金额 100 万元。公司由科学院测试分析研究所、科学院佛山产业技术研究院、项目核心团队共同成立，通过货币、知识产权等方式出资共计 500 万元。在转化过程中，科学院佛山产业技术研究院作为省科学院成果转化机构与项目团队在公司股权分配、团队搭建等方面进行了充分沟通和合理化设计。同时，科学院佛山产业技术研究院借助佛山在装备制造产业的配套优势，推动公司在佛山快速开展规模产业化工作，辅导公司获"2021年佛山高新区高技术产业化创业团队立项"，政府资助资金200万元。截至2023年年底，公司完成六代产品的快速迭代，成功研发出体积更小、重量更轻、性能更优的产品，并开发出适用于不同场景的技术平台，油料光谱仪整体技术水平可直接对标国际领先企业，率先实现进口仪器的国产替代，市场估值2亿元。

十六、珠江水利委员会珠江水利科学研究院：优化科技成果转化体系

（一）畅通成果转化全流程

一是坚持需求和问题导向，推动科技与市场"手拉手"。以市场为导向开展科技创新，以科技创新提升市场核心竞争力，引导科技工作者开展有用的科研，真正解决实际问题，走好科技成果转化"最初一千米"。二是建立长效投入机制，为创新提供经费保障。制订了《珠科院科技创新自立项目管理办法》，对"贴近市场、技术先进、能够落地"的技术实施靶向攻关和长效投入，每年从自有资金中投入约2000万元支持具有市场潜力和技术先进性的自立项目研发，促进显性成果产出，提升科技创新实力及核心竞争力。三是开展专家式科技推广，将科技推广与需求调研有机融合，避免推广人员不懂业务，业务人员不了解市场需求的弊端。四是产学研深度融合，牵头发起成立了粤港澳大湾区水安全保障协同创新平台，整合"政产学研用"资源，纵向打通创新链条、横向跨学科联合攻关，为科技创新和成果转化增效提速。五是加强优秀水利科技创新成果的宣传、推广。通过举办或参加推介会、成果展，申报推广目录等，宣传推介原创技术和产品，搭建科技成果需求方、供给方沟通交流的平台，并成立了由各专业的科技推广优秀人才构成的珠江水利科学研究院科技推广中心。践行

科技与市场手拉手及专家式推广模式，围绕水利中心工作和流域经济社会发展的水利科技需求，提供高质量科技支撑和优质服务。打通科技成果转化"最后一公里"。

（二）优化科技成果转化奖励机制

珠科院加大科技成果转化奖励，对在科技成果转化过程中科研人员、转化人员进行分类激励，畅通其职务、职称等发展通道，激发创新和转化活力。一是对科研人员，其职称晋升按照水利工程专业技术职称评审办法执行；对转化人员，除可参加水利工程专业技术职称评审外，还可参加广东省技术经纪专业职称评审。科研人员和转化人员均可享受科技成果转化现金奖励。二是以技术转让、技术许可、作价投资实施转化取得的净收入，提取不低于50%的比例用于现金奖励。三是以技术开发、技术咨询、技术服务等项目形式实施转化取得的净收入，可提取不低于50%的比例用于现金奖励，可一次性或统筹多个合同分批发放。四是以珠科院自行投资、技术合作实施转化的，在成果转化成功投产后连续3~5年，每年从我院投资收益中提取不低于5%的比例用于现金奖励。

（三）案例：高密度城市暴雨洪涝系统防治

珠科院围绕大湾区洪涝治理宏观决策、工程布局和非工程措施三个主要方面，研发了高密度城市洪涝监测预报预警的关键技术和设备。项目依托科技部重点研发计划、国家自然科学基金、广东省自然科学基金等财政支持及珠科院科技创新自立项目资金，累计投入研发经费约2000万元，研发团队约30人。

近三年，该技术转化收益约1.5亿元，到账金额约1亿元，发放现金奖励约1800万元。其成果已广泛应用于大湾区10座城市的洪涝治理规划顶层设计、城市防汛应急救援决策、重大基础设施洪涝安全设防、城市公众服务预警等领域，取得了显著的社会经济和生态环境效益，有力地支撑了粤港澳大湾区建设重大国家战略水安全保障。研发的装备推广至全国17个省市，共计7万余套，并在163个内河流域进行了成套应用。直接应用项目达100余项，相关合同额超过15亿元，取得了显著的社会经济与生态环境效益，有力保障了大湾区人民生命财产安全。

第二篇
高等院校

概况

本篇对 2023 年 1557 家高等院校❶的科技成果转化进展和成效进行研究分析。2023 年，高等院校科技成果转化主要数据如表 2-1-1 所示。

表 2-1-1 高等院校科技成果转化总体进展主要数据

	指标名称	2023 年
高等院校概况	总合同❷项数 / 项	342 139
	总合同金额 / 万元	13 714 103.8
	当年到账金额❸ / 万元	9 165 788.7
转让、许可、作价投资	合同项数 / 项	31 556
	合同金额 / 万元	1 489 973.8
	当年到账金额（转让、许可）/ 万元	469 433.0
	财政资助项目产生的科技成果转化合同金额 / 万元	496 705.0
	中央财政资助项目产生的科技成果转化合同金额 / 万元	445 182.5
	平均合同金额 / 万元	47.2
	金额超过 1 亿元（含）的合同项数 / 项	19
	个人获得的现金和股权奖励总金额 / 万元	492 260.6
	奖励人次 / 万人次	4.0
	人均奖励金额 / 万元	12.2

---

❶ 本篇图表中统计数据为 2023 年 1557 家、2022 年 1524 家、2021 年 1478 家、2020 年 1433 家、2019 年 1379 家对应的统计数据，所有的统计计算结果均由原始数据运管得出，结果保留一位小数。

❷ 科技成果转化总合同：如无特指，包含以转让、许可、作价投资和技术开发、咨询、服务 6 种方式转化科技成果的合同。

❸ 当年到账金额：当年新签订和往年签订的合同在当年实际到账的总金额。

续表

指标名称		2023 年
技术开发、咨询、服务	合同项数 / 项	310 583
	合同金额 / 万元	12 224 130.0
	当年到账金额 / 万元	8 696 355.7
获得财政资金资助科技项目[1]	立项批复的科技项目（课题）总金额 / 万元	12 041 260.2
	立项批复的科技项目（课题）财政资助总金额 / 万元	10 481 335.4
	立项批复的科技项目（课题）中央财政资助总金额 / 万元	6 932 244.4
其他[2]	与企业共建研发机构、转移机构、转化服务平台数量 / 个	17 015
	自建技术转移机构数量 / 个	1843
	专职从事科技成果转化工作人数 / 人	8994
	与本单位合作开展科技成果转化的市场化转移机构数量 / 个	2642
	在外兼职从事成果转化人员和离岗创业人员数 / 人	11 696
	创设公司和参股公司数 / 个	4014

一、科技成果转化总体进展

2023 年，本报告统计的高等院校以转让、许可、作价投资和技术开发、咨询、服务 6 种方式转化科技成果的总合同金额和合同项数均有所增长[3]，当年到账金额（不含作价投资）明显增长。2023 年，1557 家高等院

---

[1] 由于同一个科技项目可能涉及多家承担单位，项目数量可能涉及重复申报，因此不进行科技项目数累加统计。
[2] 其他指标为截至 2023 年年底的机构、平台、人员、公司的数量。
[3] 增长率对应表述："0"为基本持平；"0（不含）~10%"为略有增长；"10%（含）~20%"为有所增长；"20%（含）~40%"为明显增长；"40%（含）~60%"为显著增长；"60%（含）~100%"为大幅增长；"100%（含）以上"为"增长××倍"；降低时同理。

校科技成果转化总合同金额为 1371.4 亿元，比上一年增长 16.0%❶；总合同项数为 342 139 项，比上一年增长 19.3%（图 2-1-1）；当年到账金额（不含作价投资）为 916.6 亿元，比上一年增长 21.0%。

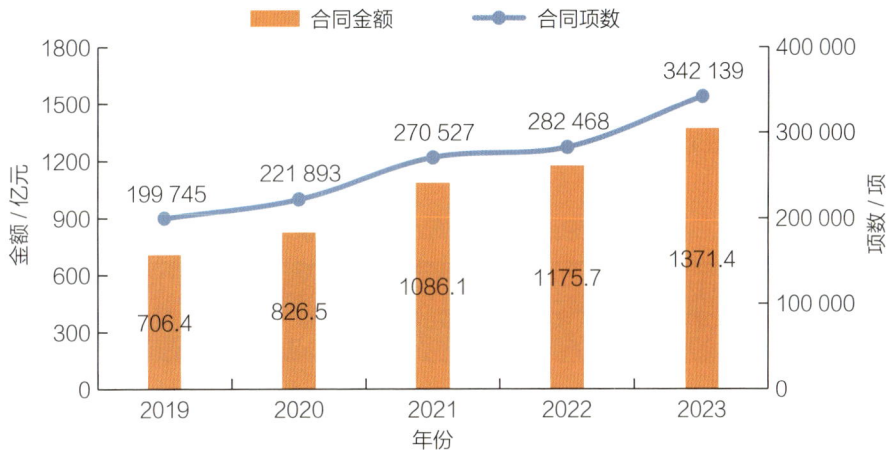

图 2-1-1　高等院校转让、许可、作价投资和技术开发、咨询、服务的总合同金额和合同项数

2023 年，科技成果转化平均合同金额略有下降，转让、许可、作价投资和技术开发、咨询、服务 6 种方式转化科技成果的平均合同金额为 40.1 万元，比上一年下降 2.8%。高价值科技成果转化项目中：单项合同金额 1 亿元及以上的合同 32 项，比上一年下降 8.6%；5000 万元及以上的合同 97 项，比上一年增长 29.3%；1000 万元及以上的合同 1017 项，比上一年增长 23.8%。同时，有 250 家高等院校 2023 年科技成果转化总合同金额超过 1 亿元，比上一年增长 11.7%。

此外，按照高等院校所在地统计，总合同金额排名前 3 位的省级行政区分别为北京市（201.9 亿元）、江苏省（177.8 亿元）、上海市（114.4 亿

---

❶ 本篇变化率（增长/下降/持平）根据同时填报了 2023 年和 2022 年年度报告的 1492 家高等院校对应的数据计算。

元),总合同项数排名前3位的省级行政区分别为江苏省(46 860项)、北京市(30 332项)、陕西省(24 360项)。

二、统计单位类型

本报告统计国家设立的高等院校科技成果转化情况,按管理层级划分,包括中央所属单位105家、地方所属单位1452家(表2-1-2)。

表 2-1-2 统计单位分布

类型	中央所属单位 数量/家	中央所属单位 占比	地方所属单位 数量/家	地方所属单位 占比
高等院校	105	6.7%	1452	93.3%

其中,**中央所属**高等院校科技成果转化总合同金额为749.3亿元,比上一年增长15.2%,占高等院校转化总合同金额的54.6%;总合同项数为116 700项,比上一年增长19.4%,占高等院校转化总合同项数的34.1%。**地方所属**高等院校科技成果转化总合同金额为622.1亿元,比上一年增长17.2%,占高等院校转化总合同金额的45.4%;总合同项数为225 439项,比上一年增长19.3%,占高等院校转化总合同项数的65.9%。

三、以转让、许可、作价投资方式转化科技成果

(一)合同金额和合同项数

一是合同金额略有增长,合同项数明显增长。2023年,高等院校以转让、许可、作价投资方式转化科技成果的总合同金额为149.0亿元,比上一年增长8.7%;合同项数为31 556项,比上一年增长28.8%。**二是财政**

资助项目成果的转化合同金额和合同项数均明显增长。2023 年，高等院校以转让、许可、作价投资方式转化财政资助项目成果的合同金额为 49.7 亿元，比上一年增长 38.2%；合同项数为 3899 项，比上一年增长 31.3%。其中，转化中央财政资助项目成果的合同金额为 44.5 亿元，比上一年增长 36.6%；合同项数为 2327 项，比上一年增长 26.3%。

（二）转化流向

一是制造业成果转化合同金额最高，合同金额为 59.6 亿元，占转让、许可、作价投资总合同金额的 40.0%。**二是科技成果主要转化至中小微其他企业**，合同金额为 112.4 亿元，占转让、许可、作价投资总合同金额的 75.4%。**三是**产出科技成果合同金额排名前 3 位的省级行政区是上海市、北京市、江苏省，承接科技成果合同金额排名前 3 位的省级行政区是广东省、江苏省、北京市。

四、以技术开发、咨询、服务方式转化科技成果

一是合同金额和合同项数均有所增长。2023 年，以技术开发、咨询、服务方式转化科技成果的总合同金额为 1222.4 亿元，比上一年增长 17.0%，占成果转化总合同金额的 89.1%；合同项数为 310 583 项，比上一年增长 18.5%，占成果转化总合同项数的 90.8%。**二是合同金额超过亿元的单位数量有所增长**。2023 年，以技术开发、咨询、服务方式转化科技成果累计合同金额 1 亿元及以上的高等院校共计 233 家，比上一年增长 12.6%。**三是平均合同金额略有下降**。2023 年，以技术开发、咨询、服务方式转化科技成果的平均合同金额为 39.4 万元，比上一年下降 1.2%。

第二章 转让、许可、作价投资的进展成效

一、总体情况

转让、许可、作价投资合同金额略有增长，合同项数明显增长。2023年，高等院校以转让、许可、作价投资3种方式转化科技成果合同金额为149.0亿元，比上一年增长8.7%；合同项数为31 556项，比上一年增长28.8%（图2-2-1）。

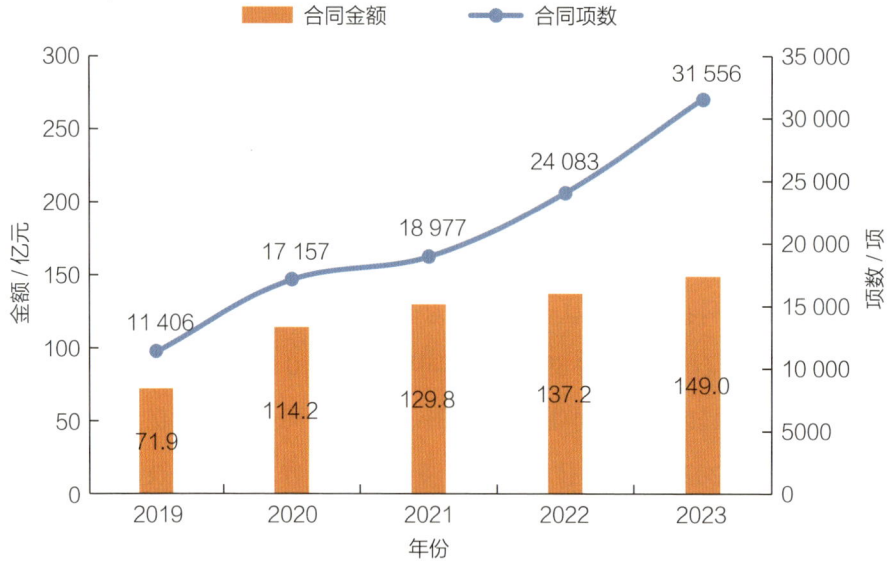

图2-2-1 高等院校转让、许可、作价投资的合同金额和合同项数

2023年，高等院校以转让、许可、作价投资方式转化科技成果的平均合同金额为47.2万元，合同金额和合同项数分布见表2-2-1、图2-2-2。

表 2-2-1 高等院校转让、许可、作价投资的合同金额和合同项数分布

合同金额区间	合同项数/项	合同项数占比	合同金额/万元	合同金额占比
1亿元及以上	19	0.1%	326 551.0	21.9%
1000万（含）~1亿元	246	0.8%	567 673.2	38.1%
100万（含）~1000万元	1465	4.6%	352 959.7	23.7%
10万（含）~100万元	7365	23.3%	197 395.5	13.2%
10万元以下	22 461	71.2%	45 394.4	3.0%
总计	31 556	—	1 489 973.8	—

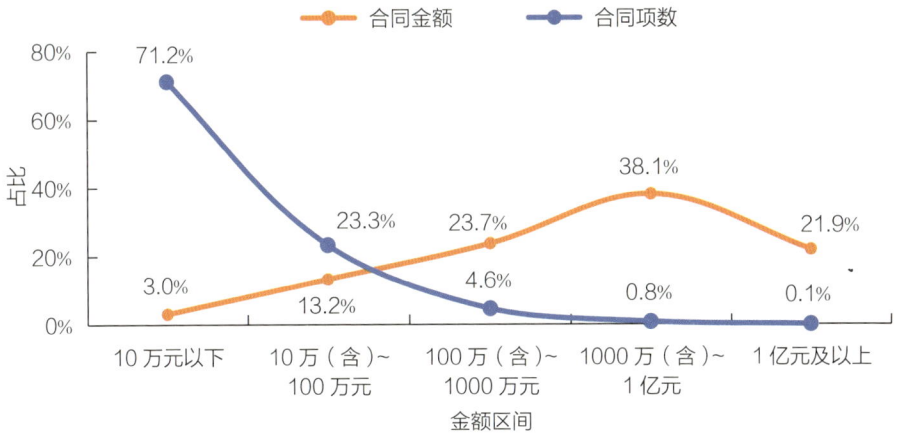

图 2-2-2 高等院校转让、许可、作价投资的合同金额和合同项数分布

2023年，以转让、许可、作价投资方式转化科技成果累计合同金额1亿元及以上的高等院校共计35家；超过1000万元的高等院校共计182家，这182家高等院校的转让、许可、作价投资合同金额占1557家高等院校转让、许可、作价投资总合同金额的92.2%。

转让、许可当年到账金额有所增长。2023年，高等院校转让、许可合同当年到账金额为46.9亿元，比上一年增长16.4%（图2-2-3）。其中，**中央所属**高等院校当年到账金额为23.4亿元，比上一年增长14.7%；**地方所属**高等院校当年到账金额为23.5亿元，比上一年增长18.2%。

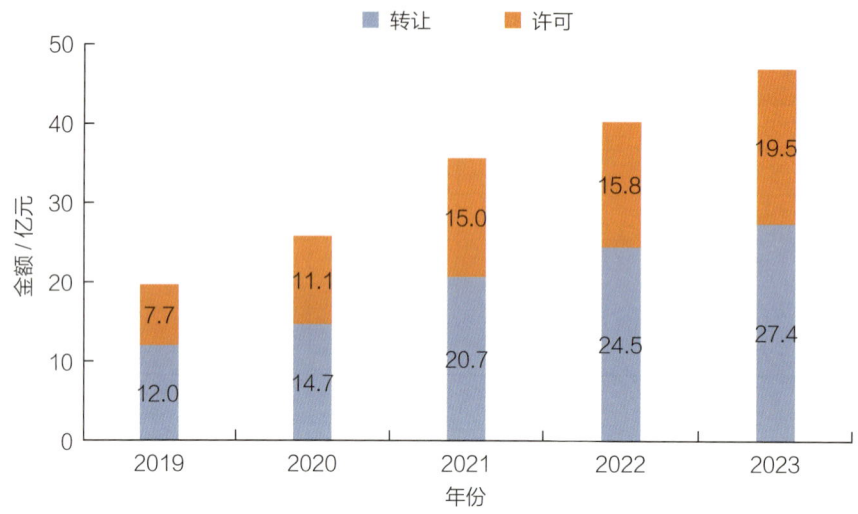

图 2-2-3 高等院校转让、许可合同的当年到账金额

2023 年，高等院校以转让、许可、作价投资 3 种方式转化科技成果**单项合同金额** 1 亿元及以上的合同共计 19 项（表 2-2-2），5000 万元及以上的合同共计 47 项，1000 万元及以上的合同共计 265 项。

表 2-2-2　高等院校单项合同金额 1 亿元及以上的转让、许可、作价投资合同分布

序号	单位名称	转化方式
1	上海交通大学	转让
2	北京交通大学	作价投资
3	中南大学	作价投资
4	华中科技大学	转让
5	中山大学	转让
6	上海科技大学	许可
7	中国药科大学	转让
8	上海科技大学	许可
9	沈阳药科大学	转让

续表

序号	单位名称	转化方式
10	上海中医药大学	转让
11	复旦大学	许可
12	上海交通大学	许可
13	山西中医药大学	许可
14	中山大学	许可
15	天津医科大学	许可
16	中南大学	转让
17	上海科技大学	许可
18	中山大学	转让
19	首都医科大学	转让

（一）转让、许可、作价投资合同对比

转让和许可合同金额均有所增长，作价投资合同金额有所下降。2023年，高等院校以**转让**方式转化科技成果的合同金额为68.1亿元，比上一年增长11.7%；以**许可**方式转化科技成果的合同金额为50.7亿元，比上一年增长19.8%；以**作价投资**方式转化科技成果的合同金额为30.1亿元，比上一年下降10.6%（图2-2-4）。

2023年，作价投资方式的平均合同金额最高，是转让平均合同金额的28.7倍，是许可平均合同金额的19.2倍。2023年，高等院校以**转让**方式转化科技成果的平均合同金额为32.7万元，比上一年下降10.4%；以**许可**方式转化科技成果的平均合同金额为48.8万元，比上一年下降15.1%；以**作价投资**方式转化科技成果的平均合同金额为939.1万元，比上一年增长15.3%（图2-2-5）。

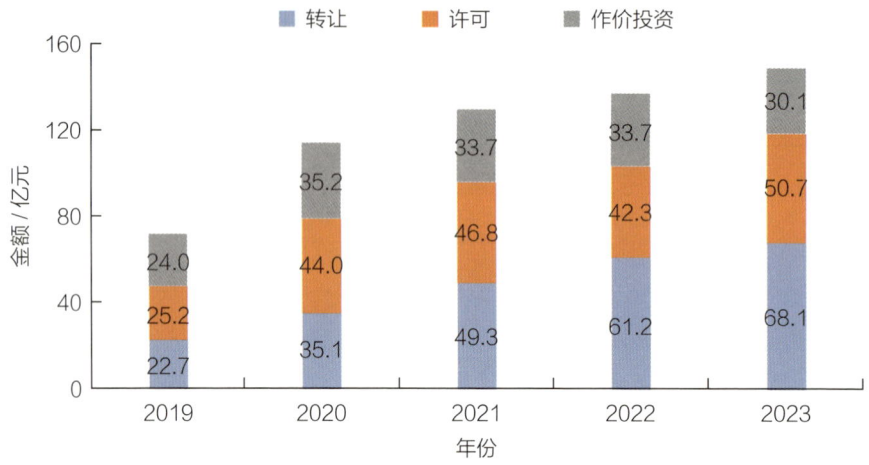

图 2-2-4 高等院校转让、许可、作价投资的合同金额

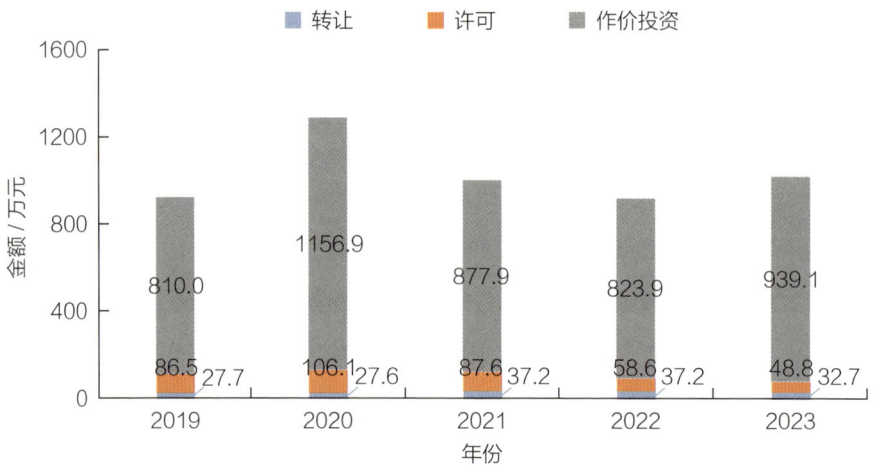

图 2-2-5 高等院校转让、许可、作价投资的平均合同金额

2023年，转让方式的合同项目数最多，占转让、许可、作价投资3种方式总合同项数（31 556项）的66.1%。2023年，高等院校以**转让**方式转化科技成果的合同项数为20 847项，比上一年增长24.6%；以**许可**方式转化科技成果的合同项数为10 388项，比上一年增长41.2%；以**作价投资**方式转化科技成果的合同项数为321项，比上一年下降22.5%（图2-2-6）。

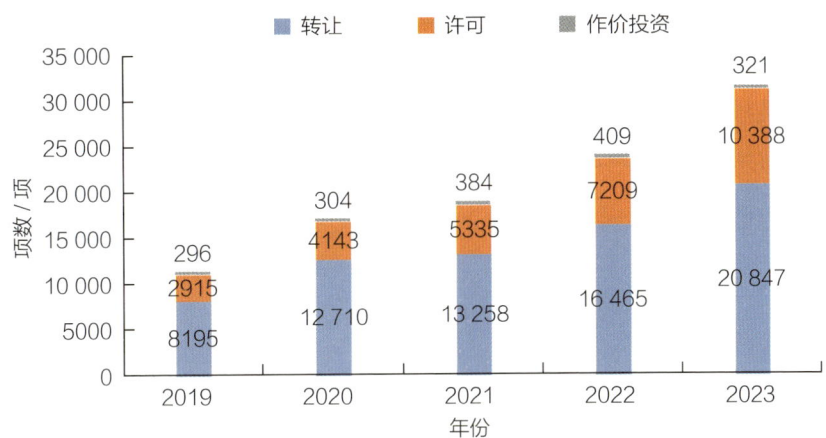

图 2-2-6　高等院校转让、许可、作价投资的合同项数

（二）中央所属高等院校转让、许可、作价投资情况

中央所属高等院校合同金额略有下降，合同项数略有增长。2023 年，中央所属高等院校以转让、许可、作价投资 3 种方式转化科技成果的合同金额为 84.4 亿元，比上一年下降 3.3%；合同项数为 5320 项，比上一年增长 5.3%（图 2-2-7）。

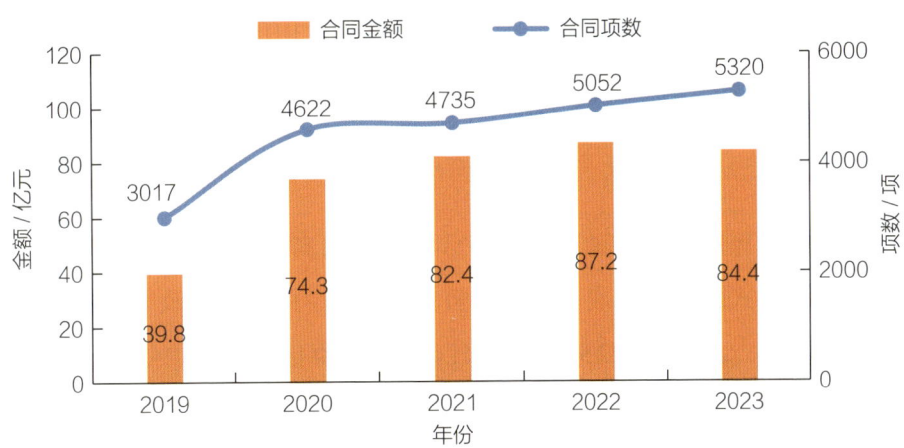

图 2-2-7　中央所属高等院校转让、许可、作价投资的合同金额和合同项数

（三）地方所属高等院校转让、许可、作价投资情况

地方所属高等院校合同金额和合同项数均明显增长。2023年，地方所属高等院校以转让、许可、作价投资3种方式转化科技成果的合同金额为64.6亿元，比上一年增长29.8%；合同项数为26 236项，比上一年增长35.0%（图2-2-8）。

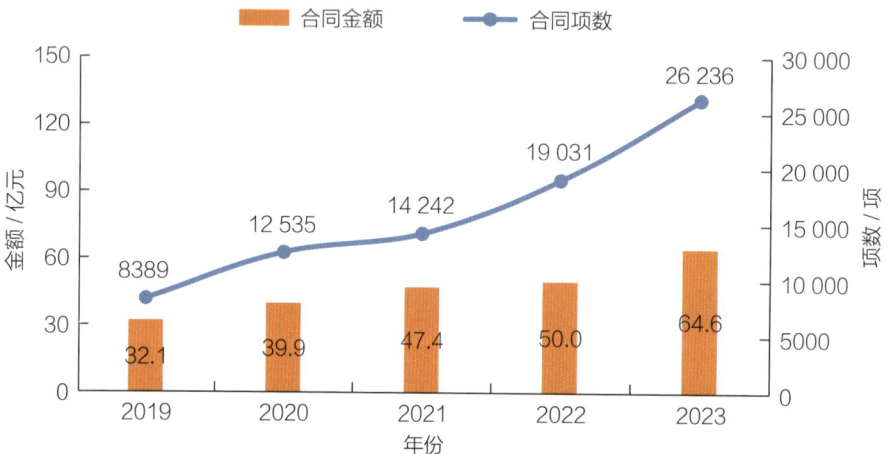

图2-2-8 地方所属高等院校转让、许可、作价投资的合同金额和合同项数

2023年，地方所属高等院校以转让、许可、作价投资方式转化科技成果的合同金额排名前3位的省级行政区是上海市（10.0亿元）、江苏省（5.5亿元）、山东省（4.9亿元）（图2-2-9）。

（四）辖区内高等院校[①]转让、许可、作价投资情况

按照高等院校所在地统计，2023年辖区内高等院校以转让、许可、作价投资方式转化科技成果合同金额排名前3位的省级行政区是上海市（25.1亿元）、北京市（22.9亿元）、江苏省（13.0亿元）（图2-2-10）。

---

① 辖区数据为按照单位所在地统计的数据，是各地方所属单位与该辖区内中央所属单位相应数据的加和。

第二章 转让、许可、作价投资的进展成效

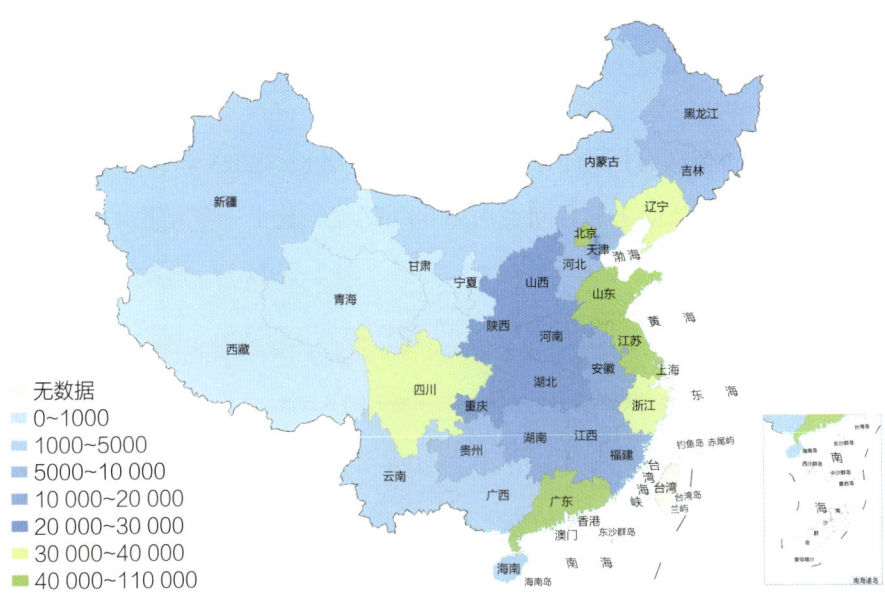

图 2-2-9 地方所属高等院校转让、许可、作价投资的合同金额（单位：万元）区间分布

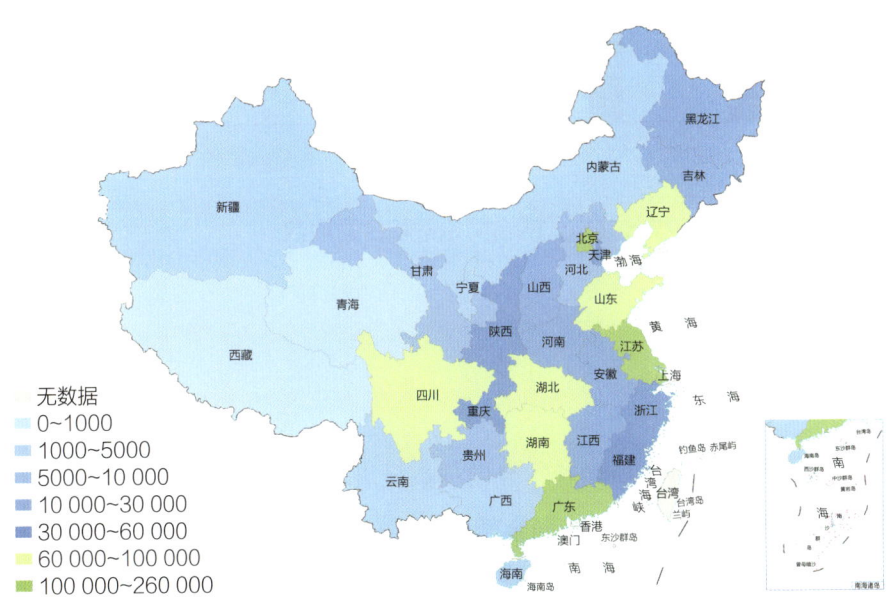

图 2-2-10 辖区内高等院校转让、许可、作价投资的合同金额（单位：万元）区间分布

二、转让方式

转让合同金额有所增长，合同项数明显增长。2023 年，高等院校以转让方式转化科技成果的合同金额为 68.1 亿元，比上一年增长 11.7%；合同项数为 20 847 项，比上一年增长 24.6%（图 2-2-11）；平均合同金额为 32.7 万元，比上一年下降 10.4%。

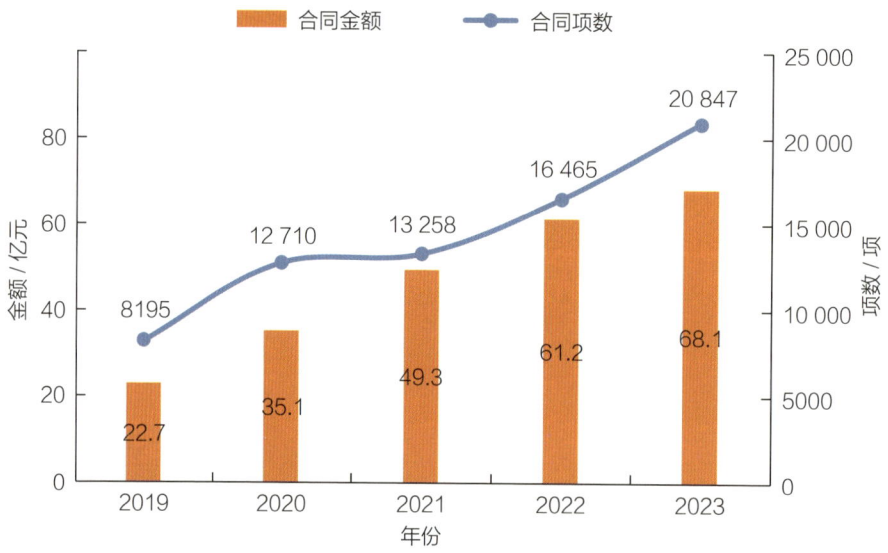

图 2-2-11　高等院校转让方式的合同金额和合同项数

三、许可方式

许可合同金额有所增长，合同项数显著增长。2023 年，高等院校以许可方式转化科技成果的合同金额为 50.7 亿元，比上一年增长 19.8%；合同项数为 10 388 项，比上一年增长 41.2%（图 2-2-12）；平均合同金额为 48.8 万元，比上一年下降 15.1%。

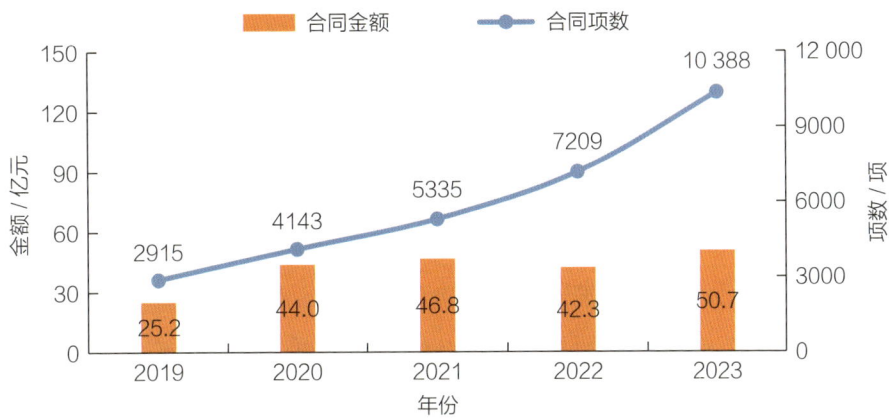

图 2-2-12 高等院校许可方式的合同金额和合同项数

四、作价投资方式

作价投资合同金额有所下降，合同项数明显下降。2023 年，高等院校以作价投资方式转化科技成果的合同金额为 30.1 亿元，比上一年下降 10.6%；合同项数为 321 项，比上一年下降 22.5%（图 2-2-13）；平均合同金额为 939.1 万元，比上一年增长 15.3%。

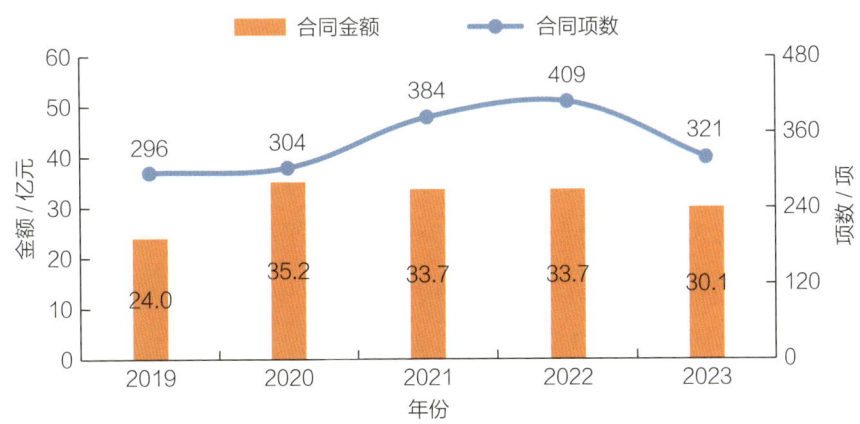

图 2-2-13 高等院校作价投资方式的合同金额和合同项数

五、科技成果转化定价

协议定价是科技成果转化的主要定价方式。2023年，高等院校以转让、许可、作价投资方式转化科技成果的31 556项合同中，采用协议定价方式的有30 618项，占总数的97.0%，合同总金额为134.7亿元，平均合同金额为44.0万元；采用挂牌交易方式的有892项，占总数的2.8%，合同总金额为13.8亿元，平均合同金额为154.5万元；采用拍卖方式的有46项，占总数的0.1%，合同总金额为0.6亿元，平均合同金额为123.4万元（图2-2-14）。

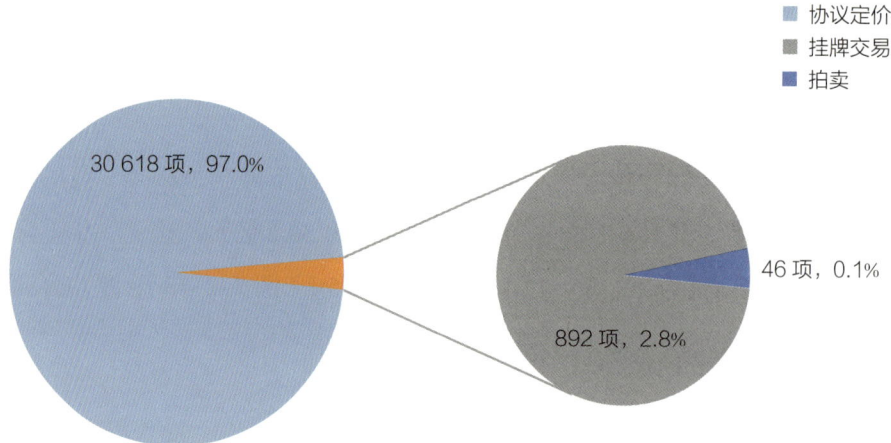

图2-2-14 高等院校转让、许可、作价投资的定价方式分布

科技成果转化定价过程中，2023年，经过评估的转化成果为10 590项，占总数的33.6%，合同总金额为78.0亿元，平均合同金额为73.7万元；未经过评估的转化成果为20 966项，占总数的66.4%，合同总金额为71.0亿元，平均合同金额为33.8万元（图2-2-15）。

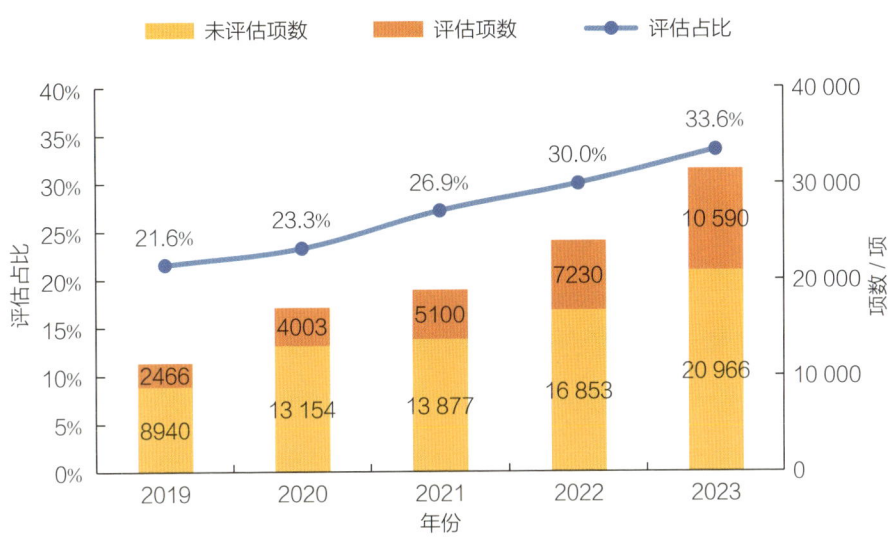

图 2-2-15 高等院校转让、许可、作价投资合同定价过程中的评估情况

六、科技成果转化流向

（一）科技成果承接单位类型[1]

科技成果主要转化至境内中小微企业。2023年，高等院校科技成果以转让、许可、作价投资方式转化至境内、境外的合同金额分别是148.8亿元、0.2亿元（图2-2-16），科技成果以转让、许可、作价投资方式转化至境内、境外的数量分别是31 550项、6项（图2-2-17）。

---

[1] "中小微企业"和"大型企业"标准参考《国家统计局关于印发统计上大中小微型企业划分办法的通知》（国统字〔2011〕75号），"国有企业"标准参考《关于划分企业登记注册类型的规定调整的通知》（国统字〔2011〕86号），非国有企业归类为"其他企业"。

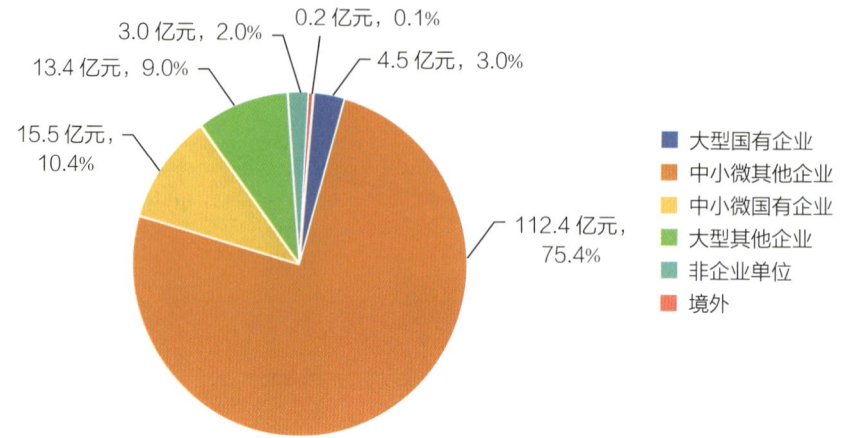

图 2-2-16 高等院校转让、许可、作价投资的承接单位合同金额分布

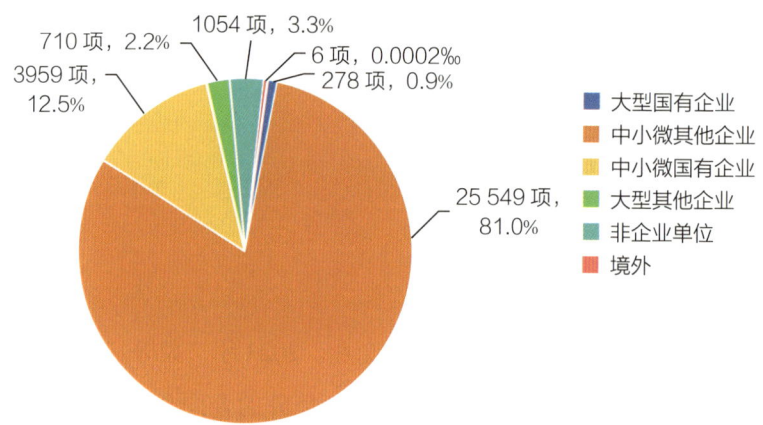

图 2-2-17 高等院校转让、许可、作价投资方式转化科技成果的承接单位合同项数分布

在境内转化的科技成果中，转化至中小微企业、大型企业、非企业单位的科技成果合同金额分别为127.9亿元、17.8亿元、3.0亿元，占合同总金额的比重分别为85.9%、12.0%、2.0%（图2-2-18）；转化至中小微企业、非企业单位、大型企业的科技成果数量分别为29 508项、1054项、988项，占科技成果转化合同总数的比例分别为93.5%、3.3%、3.1%（图2-2-19）。

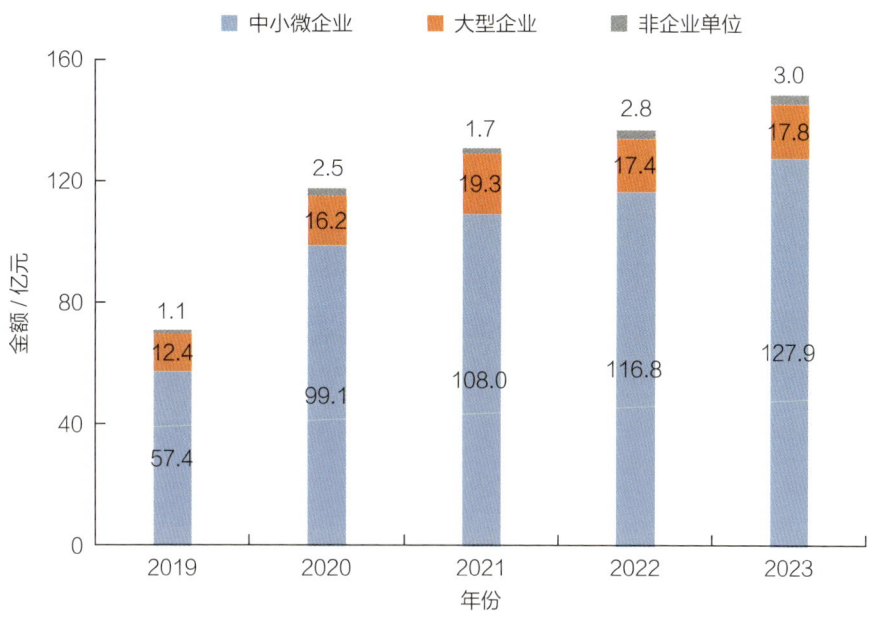

图 2-2-18 高等院校转让、许可、作价投资的境内合同金额

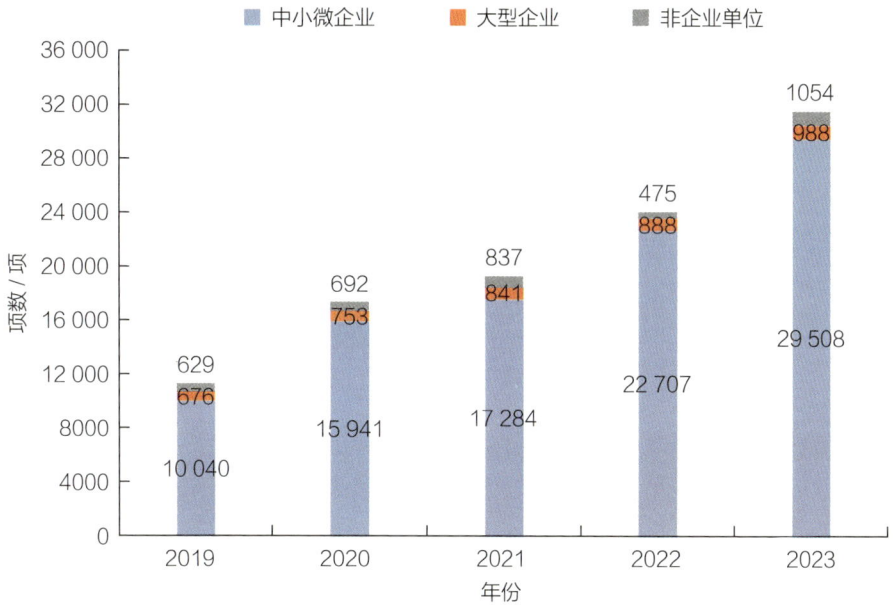

图 2-2-19 高等院校转让、许可、作价投资的境内合同项数

（二）科技成果承接单位所在地

科技成果转化至广东省的合同金额最高，转化至江苏省的合同项数最多。按照科技成果转化至单位所在地统计，2023年高等院校以转让、许可、作价投资方式转化科技成果地方合同金额排名前3位的分别是广东省、江苏省、北京市，科技成果转化合同总金额分别为21.5亿元、19.6亿元、15.0亿元，占以转让、许可、作价投资的方式转化合同总金额的比重分别为14.4%、13.1%、10.1%（图2-2-20）。转化至地方成果合同项数排名前3位的分别是江苏省、广东省、安徽省，合同项数分别为4337项、3095项、2885项。

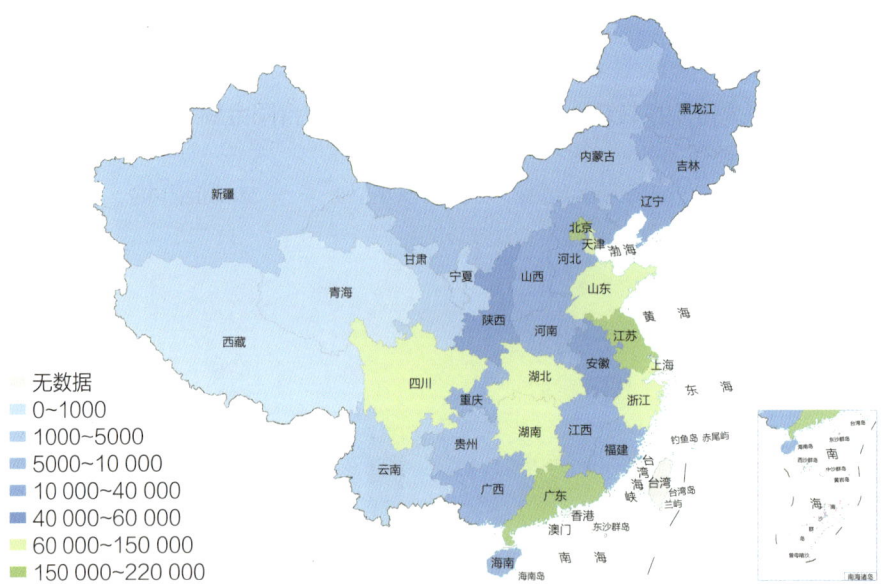

图2-2-20 辖区内单位承接高等院校转让、许可、作价投资合同的金额（单位：万元）区间分布

在承接高等院校转让、许可、作价投资合同金额排名前10位的省级行政区中，2023年合同金额最高的行业领域有5个是制造业，2个是卫生

和社会工作，2个是电力、热力、燃气及水生产和供应业，1个是科学研究和技术服务业（表2-2-3）。

表2-2-3 承接高等院校转让、许可、作价投资合同金额排名前10位的省级行政区和合同金额最高的行业

排名	省级行政区	总合同金额/万元	合同金额最高的行业
1	广东省	215 172.0	制造业
2	江苏省	195 877.4	制造业
3	北京市	150 363.6	制造业
4	上海市	123 598.9	科学研究和技术服务业
5	山东省	78 775.8	制造业
6	湖北省	76 567.8	卫生和社会工作
7	浙江省	73 368.4	制造业
8	四川省	69 841.9	卫生和社会工作
9	湖南省	66 141.5	电力、热力、燃气及水生产和供应业
10	天津市	63 785.3	电力、热力、燃气及水生产和供应业

（三）科技成果行业领域

科技成果转化至制造业的合同金额最高，并且合同项数最多。按照科技成果应用的行业领域统计[1]，2023年高等院校境内以转让、许可、作价投资方式转化合同金额排名前3位的依次是"制造业""科学研究和技术服务业""信息传输、软件和信息技术服务业"，其合同总金额分别为59.6亿元、37.9亿元、13.6亿元，占以转让、许可、作价投资方式转化合同总金额的比重分别为40.0%、25.5%、9.1%（图2-2-21）；合同项数排名前3位

---

[1] 按照国民经济行业门类，选取与科技相关性强的9个门类作为选项，剩余门类均归为"其他"，包括：①农、林、牧、渔业；②制造业；③电力、热力、燃气及水生产和供应业；④交通运输、仓储和邮政业；⑤信息传输、软件和信息技术服务业；⑥科学研究和技术服务业；⑦水利、环境和公共设施管理业；⑧卫生和社会工作；⑨文化、体育和娱乐业；⑩其他。

的依次是"制造业""科学研究和技术服务业""信息传输、软件和信息技术服务业",其合同项数分别为 12 026 项、6554 项、4192 项。

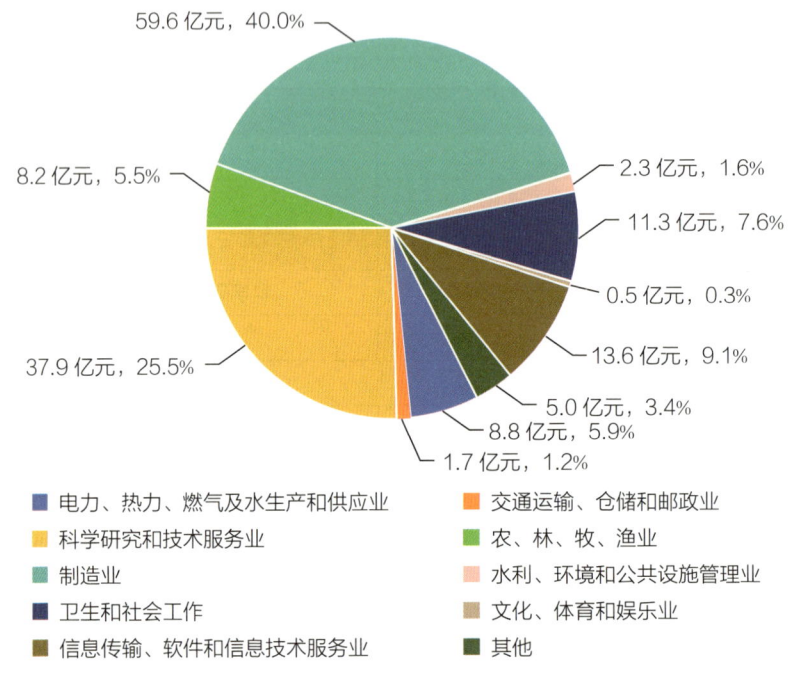

图 2-2-21　高等院校转让、许可、作价投资成果的行业分布

(四)本地转化和跨区域转化

60.1% 的科技成果在本地实现转化,服务本地企业,促进本地经济发展。按照高等院校转让、许可、作价投资科技成果的产出区域和转化至区域统计,2023 年,在本地实现转化总合同金额排名前 3 位的省级行政区是北京市(11.6 亿元)、上海市(9.5 亿元)、江苏省(8.4 亿元)(表 2-2-4)。

表 2-2-4 高等院校转让、许可、作价投资本地转化合同金额排名前 10 位的省级行政区

排名	省级行政区	本地转化合同金额/亿元	占本地产出合同金额的比重	本地转化合同项数/项	占本地产出合同项数的比重
1	北京市	11.6	50.7%	573	47.3%
2	上海市	9.5	37.8%	551	54.2%
3	江苏省	8.4	64.6%	3 271	58.1%
4	广东省	7.3	62.2%	1 337	79.0%
5	湖南省	6.2	73.7%	615	63.8%
6	湖北省	6.0	61.8%	1 913	68.2%
7	四川省	5.7	76.3%	647	57.5%
8	山东省	5.2	82.3%	1 185	54.3%
9	陕西省	3.9	68.8%	1 226	58.8%
10	浙江省	3.5	64.2%	1 756	71.7%

2023 年，本辖区内高等院校科技成果以转让、许可、作价投资方式转化至其他区域的合同金额为 59.5 亿元，占总合同金额的 39.9%；合同项数为 11 816 项，占总合同项数的 37.4%。

承接其他区域科技成果合同金额排名前 3 位的省级行政区是广东省（14.2 亿元）、江苏省（11.2 亿元）、天津市（4.3 亿元）（图 2-2-22）；合同项数排名前 3 位的省级行政区是安徽省（2359 项）、广东省（1758 项）、江苏省（1066 项）（图 2-2-23）。

本辖区科技成果输出至其他区域合同金额排名前 3 位的省级行政区是上海市（15.6 亿元）、北京市（11.3 亿元）、江苏省（4.6 亿元）（图 2-2-22）；合同项数排名前 3 位的省级行政区是江苏省（2355 项）、山东省（999 项）、湖北省（892 项）（图 2-2-23）。

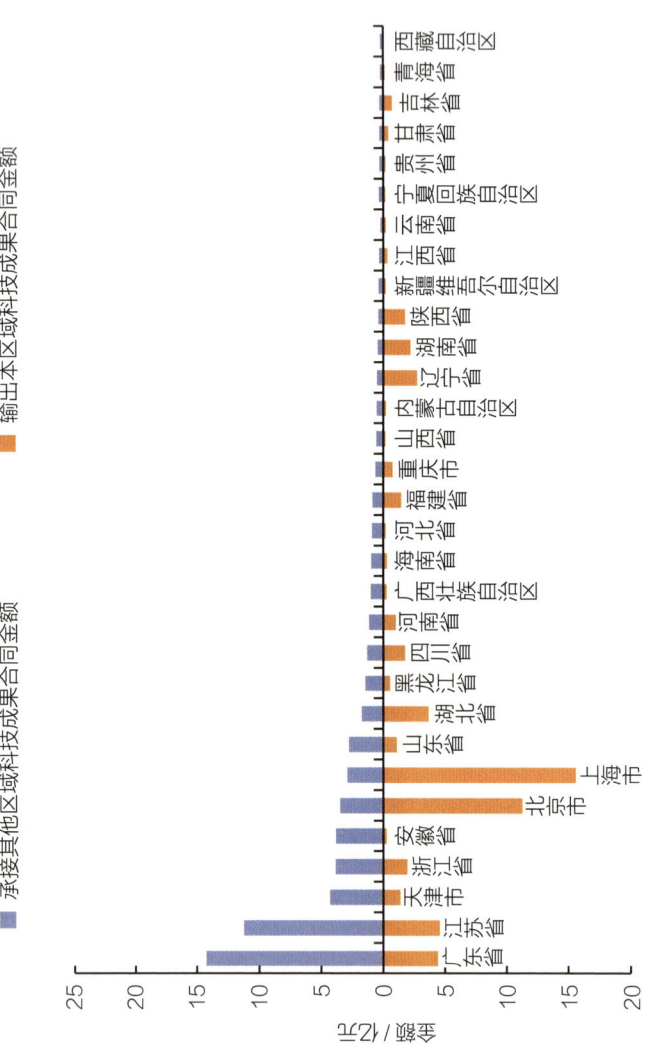

图 2-2-22 高等院校转让、许可、作价投资合同金额的区域分布

第二篇 第二章 转让、许可、作价投资的进展成效

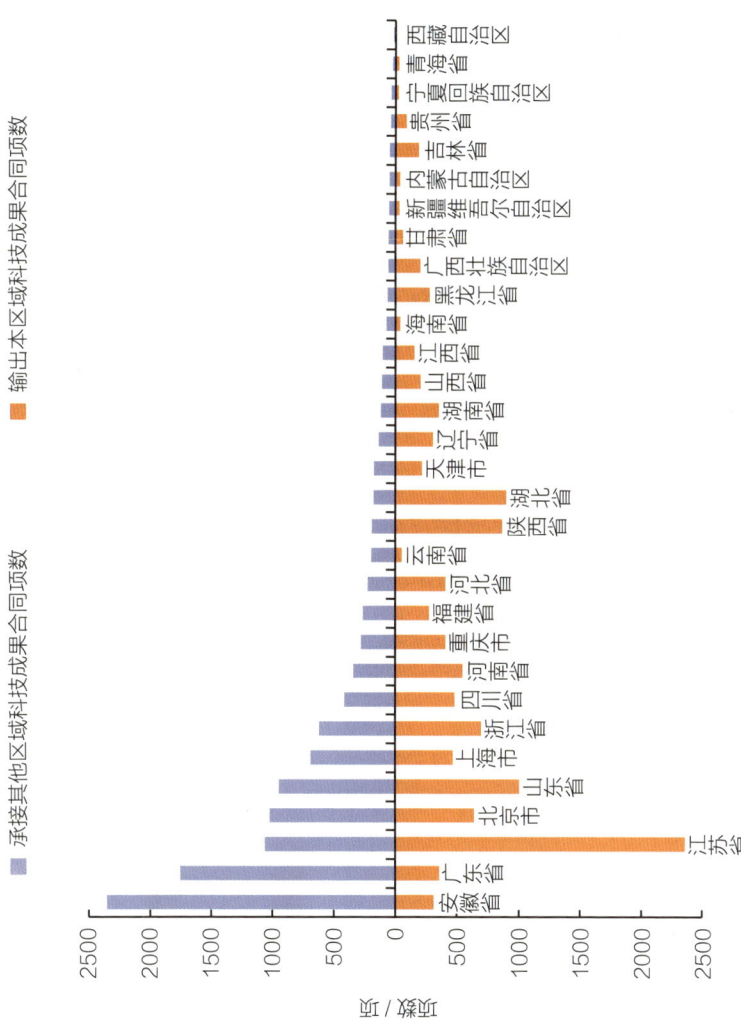

图 2-2-23 高等院校转让、许可、作价投资合同项数的区域分布

第三章
CHAPTER 3

财政资助项目的科技成果转化

一、总体情况

（一）全国财政资助项目[1]成果

全国财政资助项目成果转化合同金额和合同项数均明显增长。2023 年，高等院校以转让、许可、作价投资 3 种方式转化财政资助项目成果的合同金额为 49.7 亿元，比上一年增长 38.2%，占高等院校转让、许可、作价投资 3 种转化方式总合同金额（149.0 亿元）的 33.3%；合同项数为 3899 项，比上一年增长 31.3%，占高等院校转让、许可、作价投资 3 种转化方式总合同项数（31 556 项）的 12.4%（图 2–3–1）。

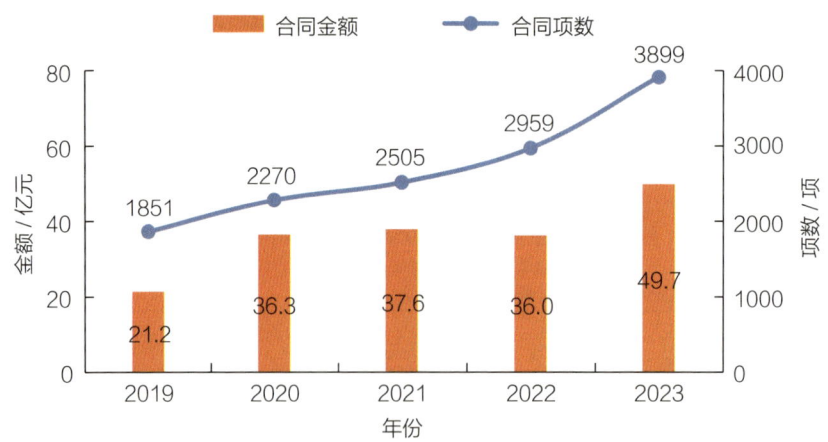

图 2-3-1 高等院校财政资助项目成果转让、许可、作价投资的合同金额和合同项数

---

[1] 全国财政资助项目包括中央财政资助项目和地方财政资助项目。

（二）中央财政资助项目成果

中央财政资助项目成果合同金额和合同项数均明显增长。2023年，高等院校以转让、许可、作价投资3种方式转化中央财政资助项目成果的合同金额为44.5亿元，比上一年增长36.6%，占高等院校全国财政资助项目成果转让、许可、作价投资3种转化方式总合同金额（49.7亿元）的89.6%；合同项数为2327项，比上一年增长26.3%，占高等院校全国财政资助项目成果转让、许可、作价投资3种转化方式总合同项数（3899项）的59.7%（图2-3-2）。

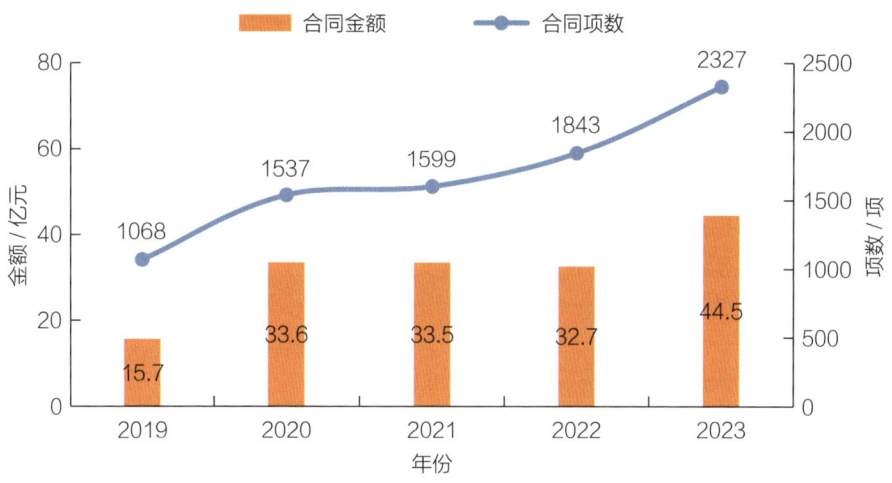

图2-3-2 高等院校中央财政资助项目成果转让、许可、作价投资的合同金额和合同项数

二、中央所属高等院校

（一）全国财政资助项目成果

中央所属高等院校全国财政资助项目成果合同金额显著增长，合同项数略有增长。2023年，中央所属高等院校以转让、许可、作价投资3种方

式转化财政资助项目成果的合同金额为 37.1 亿元，比上一年增长 53.4%，占中央所属高等院校转让、许可、作价投资 3 种转化方式总合同金额（84.4 亿元）的 44.0%；合同项数为 1641 项，比上一年增长 6.6%，占中央所属高等院校转让、许可、作价投资 3 种转化方式总合同项数（5320 项）的 30.8%（图 2-3-3）。

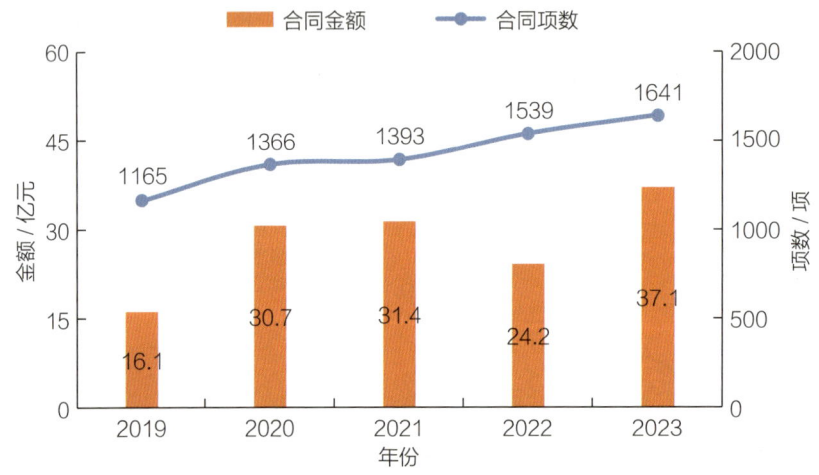

图 2-3-3　中央所属高等院校财政资助项目成果转让、许可、作价投资的合同金额和合同项数

（二）中央财政资助项目成果

中央所属高等院校中央财政资助项目成果合同金额显著增长，合同项数略有增长。2023 年，中央所属高等院校以转让、许可、作价投资 3 种方式转化中央财政资助项目成果的合同金额为 33.7 亿元，比上一年增长 49.4%，占中央所属高等院校全国财政资助项目成果转让、许可、作价投资 3 种转化方式总合同金额（37.1 亿元）的 90.8%；合同项数为 1305 项，比上一年增长 1.1%，占中央所属高等院校全国财政资助项目成果转让、许可、作价投资 3 种转化方式总合同项数（1641 项）的 79.5%（图 2-3-4）。

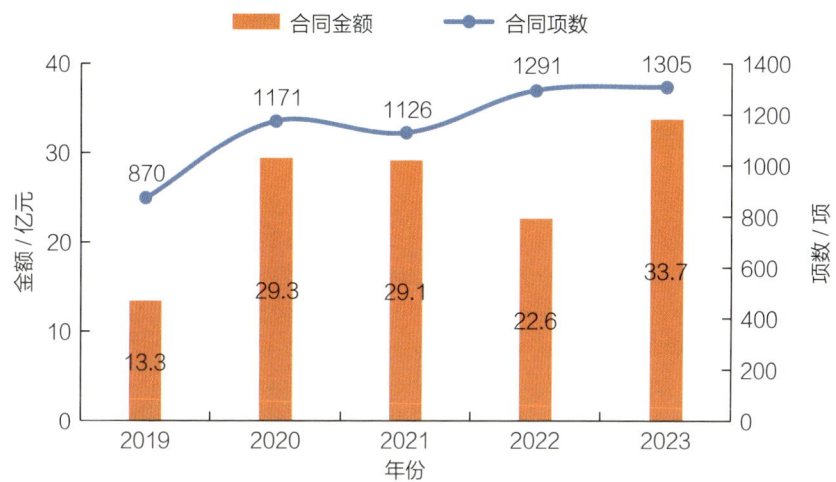

图 2-3-4 中央所属高等院校中央财政资助项目成果转让、许可、作价投资的合同金额和合同项数

三、地方所属高等院校

（一）全国财政资助项目成果

地方所属高等院校全国财政资助项目成果合同金额略有增长，合同项数显著增长。2023年，地方所属高等院校以转让、许可、作价投资3种方式转化财政资助项目成果的合同金额为12.6亿元，比上一年增长6.8%，占地方所属高等院校转让、许可、作价投资3种转化方式总合同金额（64.6亿元）的19.4%；合同项数为2258项，比上一年增长58.2%，占地方高等院校转让、许可、作价投资3种转化方式总合同项数（26 236项）的8.6%（图2-3-5）。

2023年，地方所属高等院校全国财政资助项目成果以转让、许可、作价投资3种方式转化的合同金额排名前3位的省级行政区是北京市（2.4亿元）、广东省（1.9亿元）、江苏省（1.7亿元）（图2-3-6）。

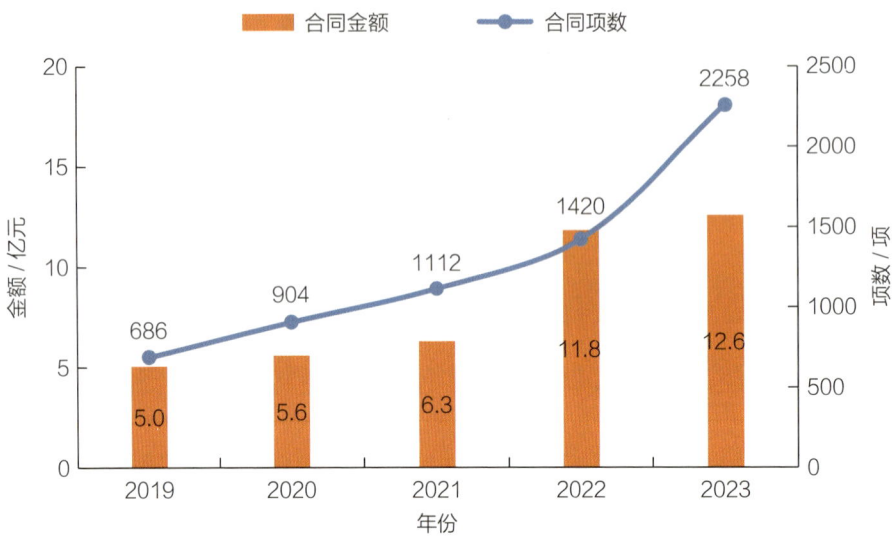

图 2-3-5 地方所属高等院校财政资助项目成果转让、许可、作价投资的合同金额和合同项数

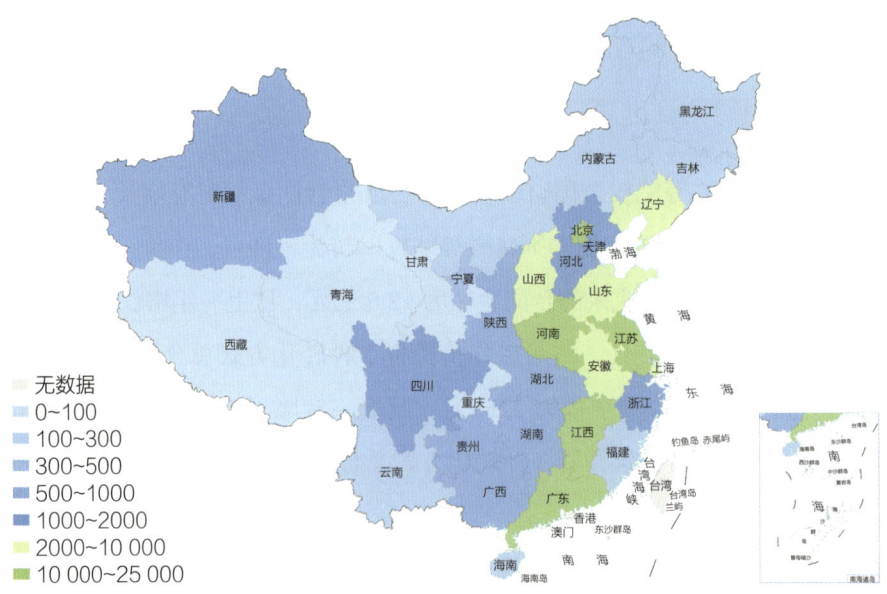

图 2-3-6 地方所属高等院校财政资助项目成果转让、许可、作价投资的合同金额（单位：万元）区间分布

（二）中央财政资助项目成果

地方所属高等院校中央财政资助项目成果合同金额略有增长，合同项数大幅增长。2023年，地方所属高等院校以转让、许可、作价投资3种方式转化中央财政资助项目成果的合同金额为10.8亿元，比上一年增长7.8%，占地方所属高等院校全国财政资助项目成果转让、许可、作价投资3种转化方式总合同金额（12.6亿元）的86.1%；合同项数为1022项，比上一年增长85.9%，占地方所属高等院校全国财政资助项目成果转让、许可、作价投资3种转化方式总合同项数（2258项）的45.3%（图2-3-7）。

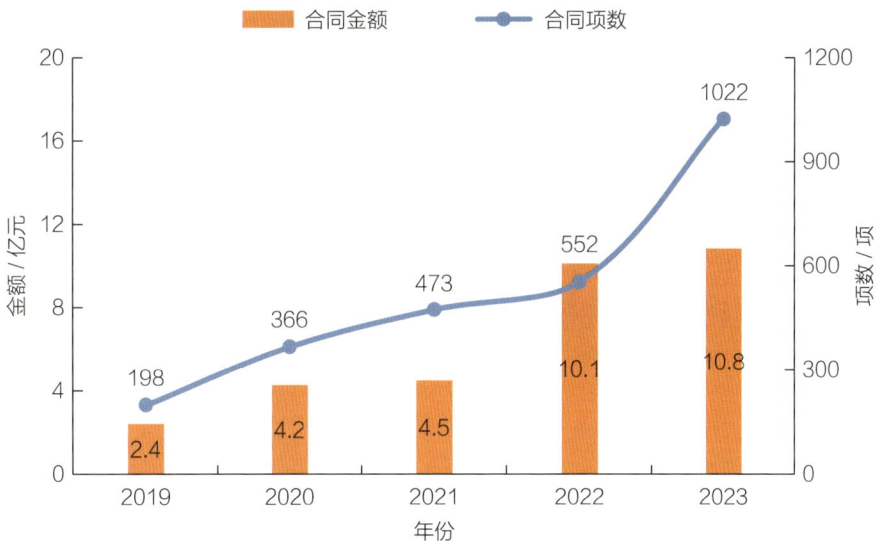

图2-3-7 地方所属高等院校中央财政资助项目成果转让、许可、作价投资的合同金额和合同项数

2023年，地方所属高等院校中央财政资助项目成果以转让、许可、作价投资3种方式转化的合同金额排名前3位的省级行政区是北京市（2.4亿元）、江苏省（1.7亿元）、广东省（1.5亿元）（图2-3-8）。

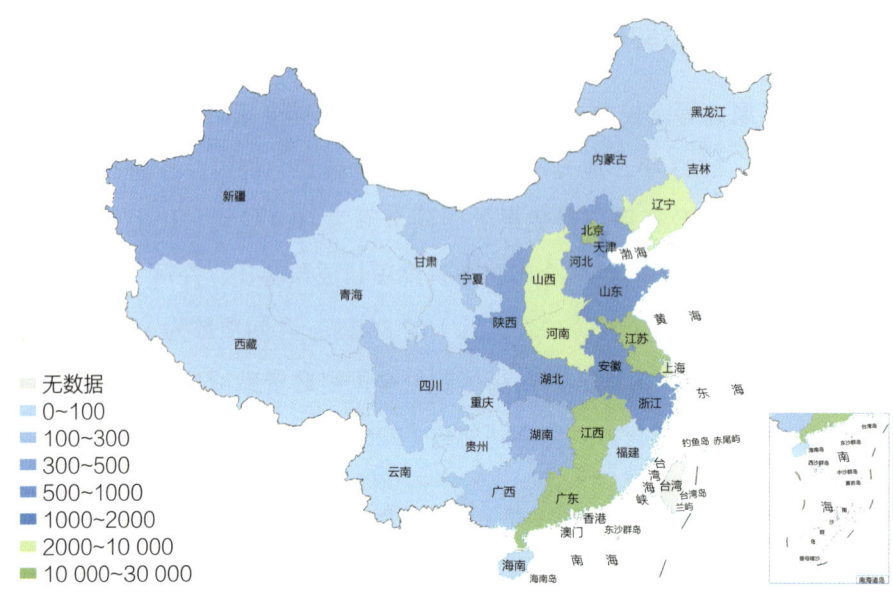

图 2-3-8 地方所属高等院校中央财政资助项目成果转让、许可、作价投资的合同金额（单位：万元）区间分布

四、辖区内高等院校

（一）全国财政资助项目成果

按照高等院校所在地统计，2023年辖区内高等院校全国财政资助项目成果以转让、许可、作价投资3种方式转化的合同金额排名前3位的省级行政区是上海市（11.1亿元）、北京市（8.9亿元）、江苏省（5.5亿元）（图2-3-9）。

（二）中央财政资助项目成果转化情况

2023年，辖区内高等院校中央财政资助项目成果以转让、许可、作价投资3种方式转化的合同金额排名前3位的省级行政区是上海市（10.6亿元）、北京市（8.6亿元）、江苏省（5.2亿元）（图2-3-10）。

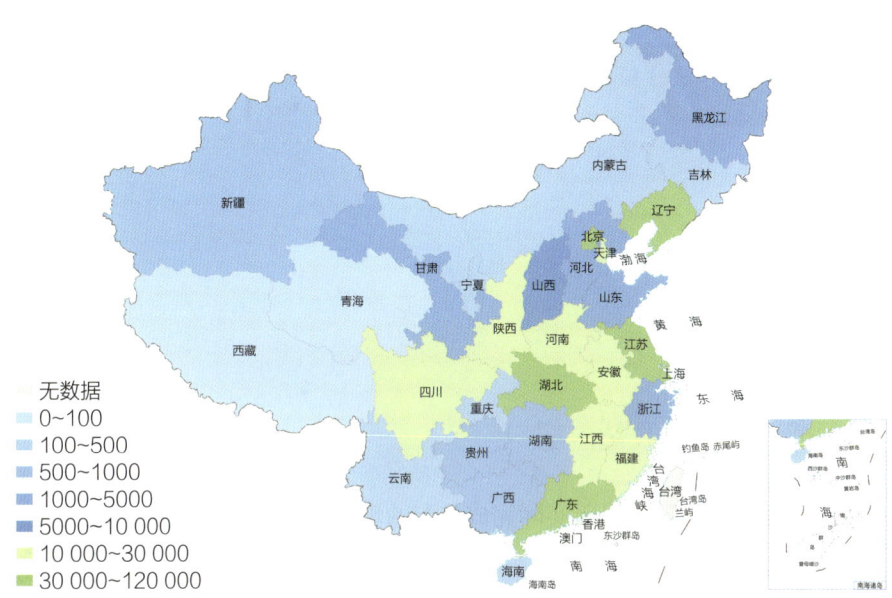

图 2-3-9 辖区内高等院校财政资助项目成果转让、许可、作价投资的合同金额（单位：万元）区间分布

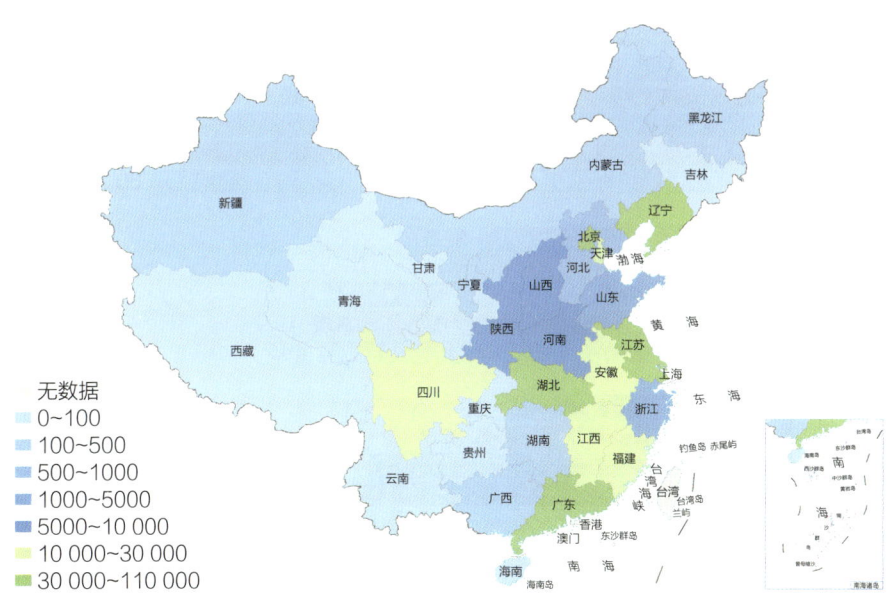

图 2-3-10 辖区内高等院校中央财政资助项目成果转让、许可、作价投资的合同金额（单位：万元）区间分布

转让、许可、作价投资的收益分配

一、总体情况

（一）现金和股权收益分配

2023年，高等院校当年实际完成分配的现金和股权总额为66.3亿元，比上一年下降4.8%；个人获得的现金和股权奖励金额为49.2亿元，比上一年下降1.5%，奖励个人金额超过1亿元的高等院校共计5家；研发与转化主要贡献人员获得的现金和股权奖励金额为46.7亿元，比上一年下降0.8%（图2-4-1）。

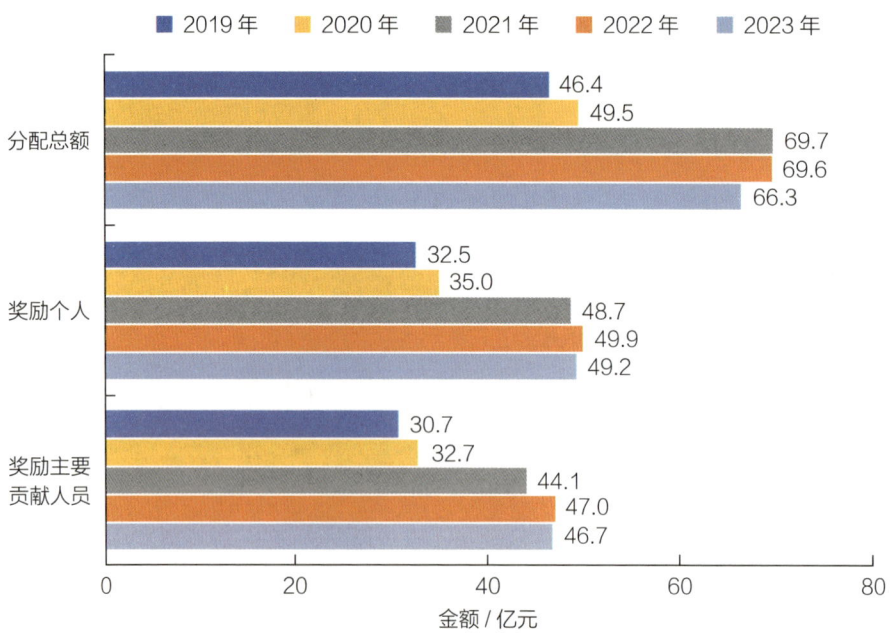

图2-4-1 高等院校转让、许可、作价投资的收益分配金额

2023年，高等院校个人获得的现金和股权奖励占分配总额的74.2%（图2-4-2），研发与转化主要贡献人员获得的奖励占奖励个人金额的94.8%。奖励人次为40 339人次，比上一年增长7.3%；人均奖励金额为12.2万元，比上一年下降8.1%。

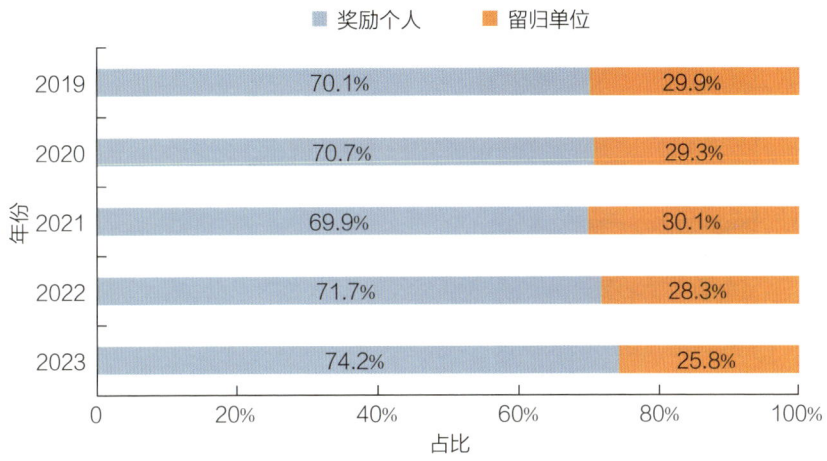

图2-4-2 高等院校转让、许可、作价投资的收益分配比例

（二）现金

2023年，高等院校当年实际完成分配的转让、许可现金总额为42.1亿元，比上一年增长8.1%；个人获得的现金奖励金额为33.2亿元，比上一年增长8.9%，奖励个人金额超过1亿元的高等院校共计3家；研发与转化主要贡献人员获得的现金奖励金额为31.4亿元，比上一年增长8.3%（图2-4-3）。

2023年，高等院校个人获得的现金奖励占现金分配总额的78.9%（图2-4-4），研发与转化主要贡献人员获得的奖励占奖励个人金额的94.5%。奖励人次为39 689人次，比上一年增长9.3%；人均奖励金额为8.4万元，比上一年下降0.4%。

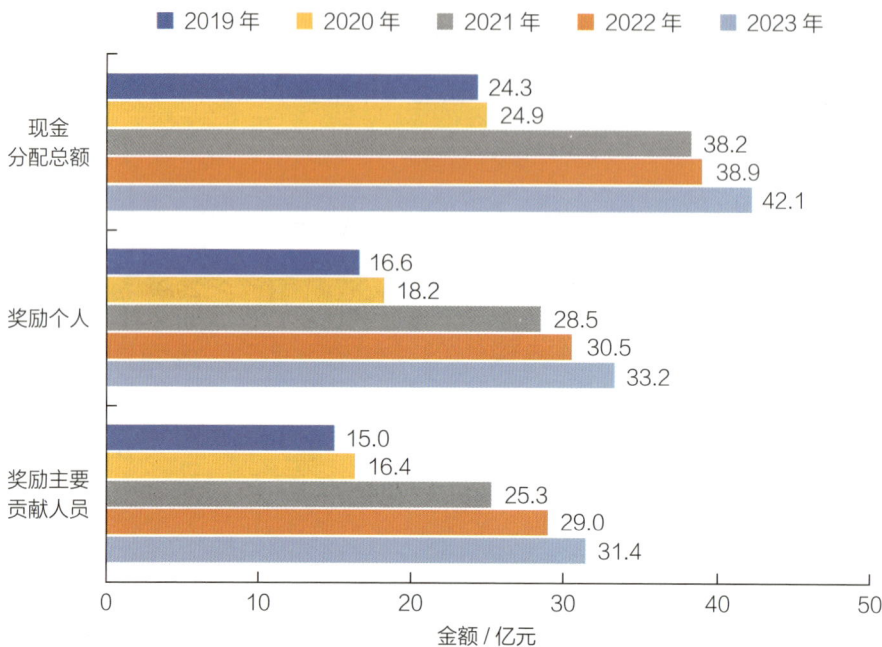

图 2-4-3 高等院校转让、许可的收益分配金额

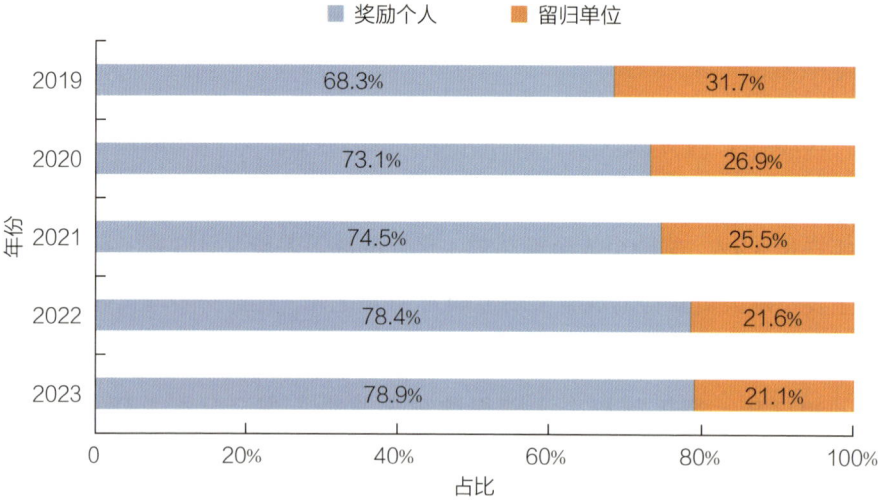

图 2-4-4 高等院校转让、许可的收益分配比例

二、中央所属高等院校

（一）现金和股权

2023年，中央所属高等院校当年实际完成分配的现金和股权总额为42.7亿元，比上一年下降3.6%；个人获得的现金和股权奖励金额为30.2亿元，比上一年增长0.7%；研发与转化主要贡献人员获得的现金和股权奖励金额为28.8亿元，比上一年下降2.4%（图2-4-5）。

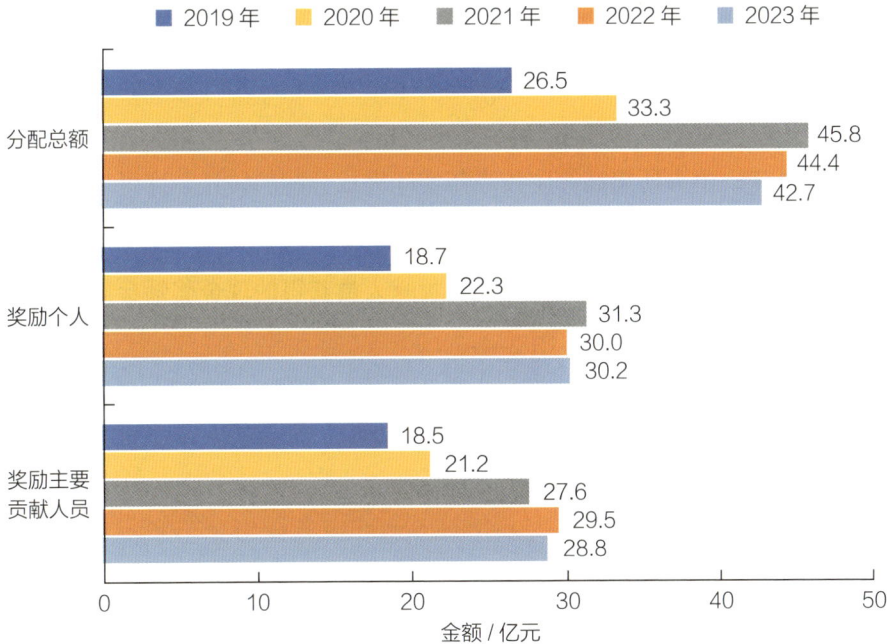

图2-4-5 中央所属高等院校转让、许可、作价投资的收益分配金额

2023年，中央所属高等院校个人获得的现金和股权奖励占分配总额的70.7%（图2-4-6），研发与转化主要贡献人员获得的奖励占奖励个人金额的95.2%。奖励人次为10 741人次，比上一年下降2.1%；人均奖励金额为28.2万元，比上一年增长2.9%。

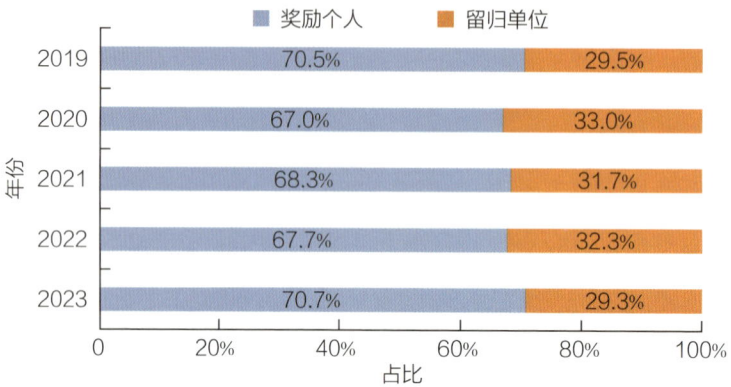

图 2-4-6　中央所属高等院校转让、许可、作价投资的收益分配比例

（二）现金

2023年，中央所属高等院校当年实际完成分配的转让、许可现金总额为 23.1 亿元，比上一年增长 1.9%；个人获得的现金奖励金额为 17.7 亿元，比上一年增长 2.8%；研发与转化主要贡献人员获得的现金奖励金额为 16.8 亿元，比上一年增长 0.3%（图 2-4-7）。

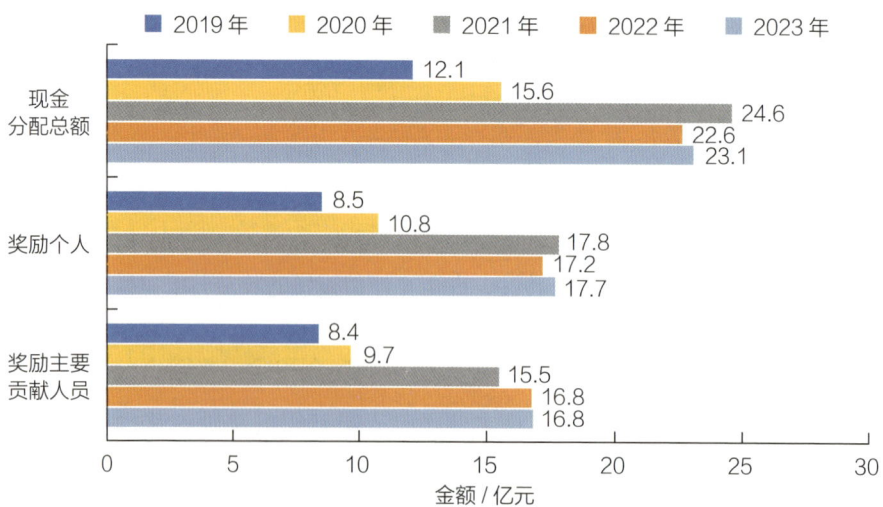

图 2-4-7　中央所属高等院校转让、许可的收益分配金额

2023年，中央所属高等院校个人获得的现金奖励占现金分配总额的76.6%（图2-4-8），研发与转化主要贡献人员获得的奖励占奖励个人金额的95.2%。奖励人次为10 352人次，比上一年增长3.1%；人均奖励金额为17.1万元，比上一年下降0.3%。

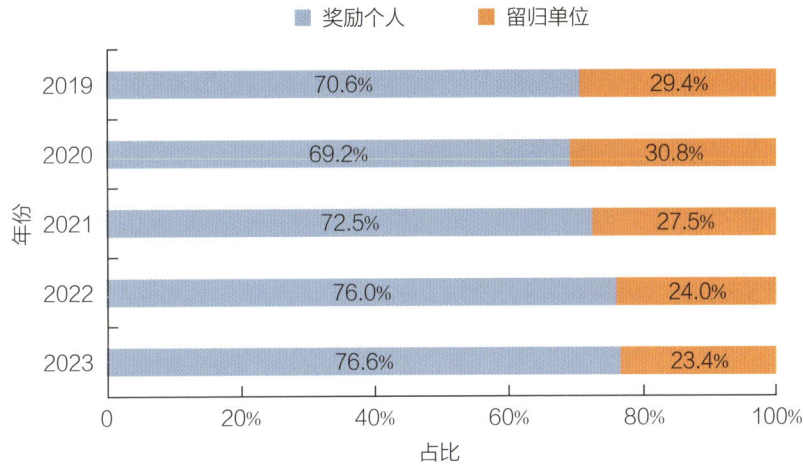

图2-4-8 中央所属高等院校转让、许可的收益分配比例

三、地方所属高等院校

（一）现金和股权

2023年，地方所属高等院校当年实际完成分配的现金和股权总额为23.6亿元，比上一年下降6.9%；个人获得的现金和股权奖励金额为19.0亿元，比上一年下降4.8%；研发与转化主要贡献人员获得的现金和股权奖励金额为17.9亿元，比上一年增长1.8%（图2-4-9）。

2023年，地方所属高等院校个人获得的现金和股权奖励占分配总额的80.6%（图2-4-10），研发与转化主要贡献人员获得的奖励占奖励个人金额的94.4%。奖励人次为29 598人次，比上一年增长11.2%；人均奖励金额为6.4万元，比上一年下降14.4%。

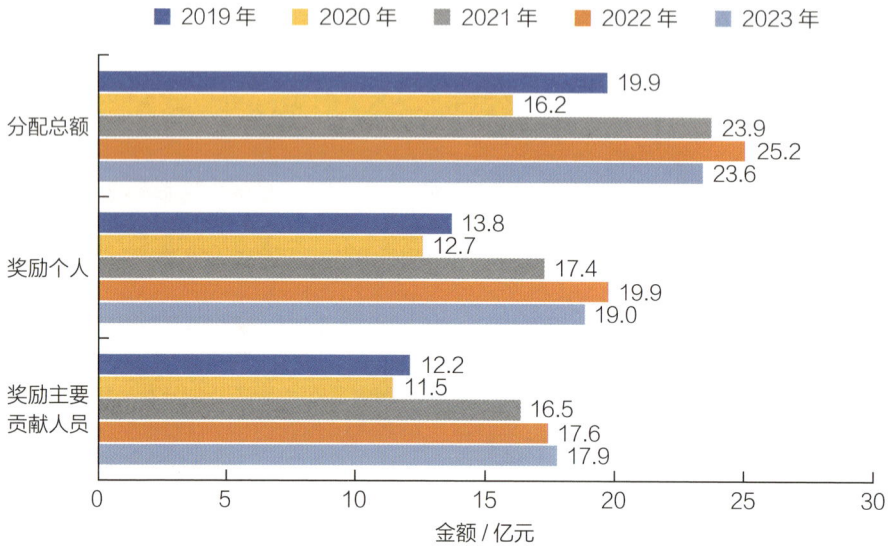

图2-4-9 地方所属高等院校转让、许可、作价投资的收益分配金额

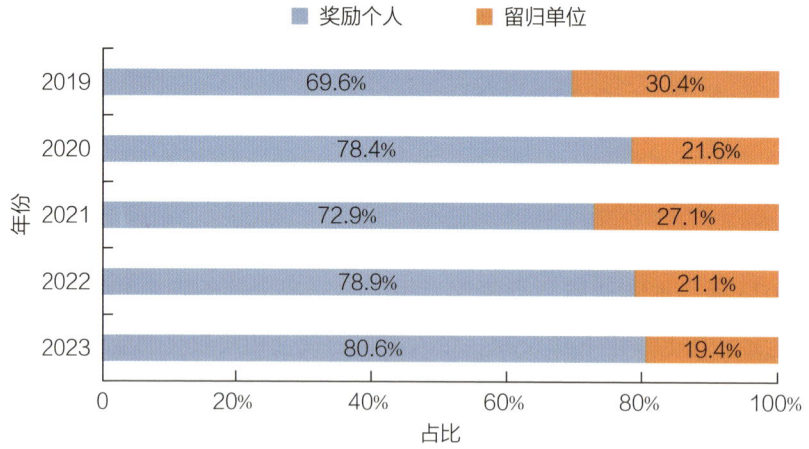

图2-4-10 地方所属高等院校转让、许可、作价投资的收益分配比例

2023年，地方所属高等院校当年实际完成分配的现金和股权总额排名前3位的省级行政区是广东省（2.8亿元）、江苏省（2.1亿元）、山东省（2.0亿元）（图2-4-11）；奖励个人金额排名前3位的省级行政区是广东省（2.0亿元）、湖北省（1.7亿元）、江苏省（1.7亿元）（图2-4-12）；奖励研发与转化主要贡献人员金额排名前3位的省级行政区是广东省（2.0亿元）、湖北省（1.7亿元）、江苏省（1.6亿元）；奖励人次排名前3位的省级行政区是江苏省（4724人次）、浙江省（2312人次）、湖北省（1832人次）。

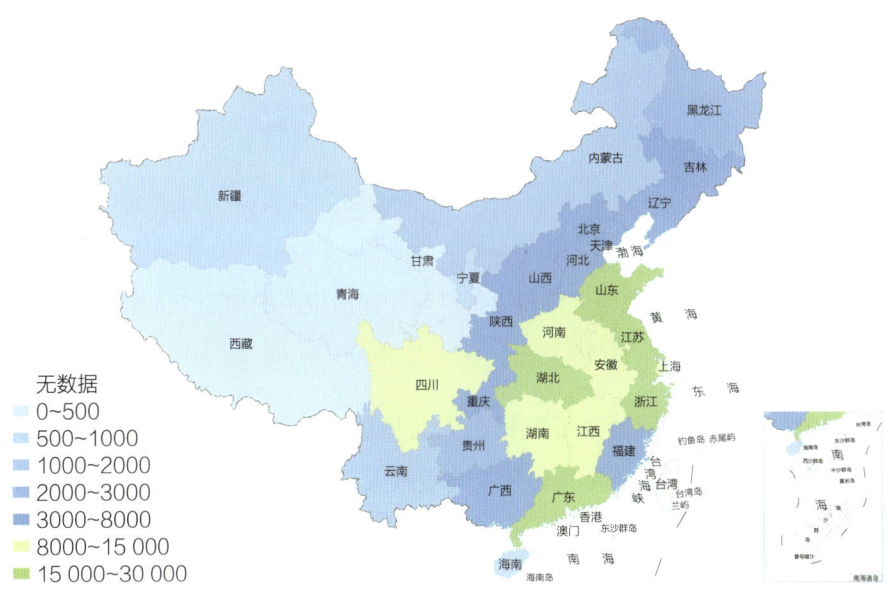

图2-4-11 地方所属高等院校转让、许可、作价投资的收益分配总额（单位：万元）区间分布

（二）现金

2023年，地方所属高等院校当年实际完成分配的转让、许可现金总额为19.0亿元，比上一年增长16.9%；个人获得的现金奖励金额为15.5亿元，比上一年增长16.9%；研发与转化主要贡献人员获得的现金奖励金额

为 14.6 亿元，比上一年增长 19.4%（图 2-4-13）。

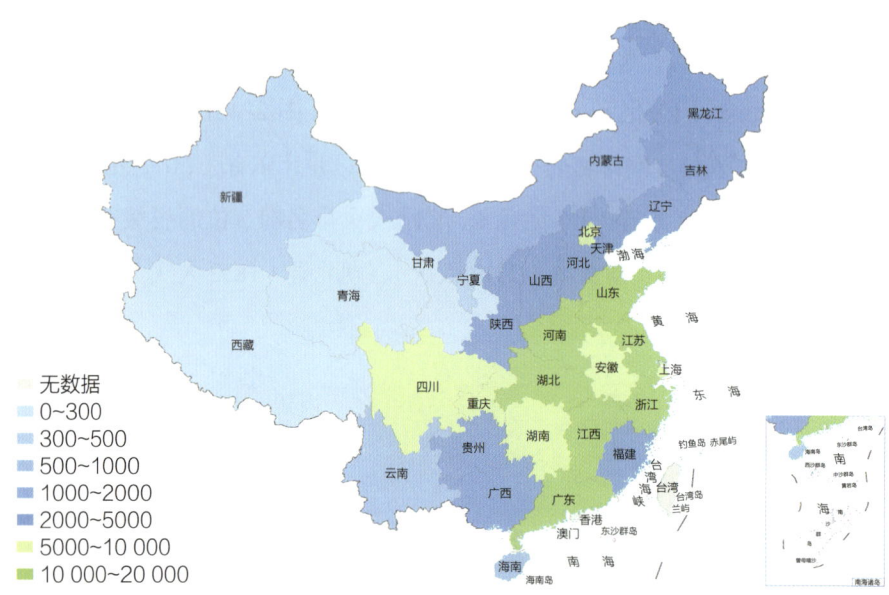

图 2-4-12 地方所属高等院校转让、许可、作价投资的奖励个人金额（单位：万元）区间分布

2023 年，地方所属高等院校个人获得的现金奖励占现金分配总额的 81.7%（图 2-4-14），研发与转化主要贡献人员获得的奖励占奖励个人金额的 93.7%。奖励人次为 29 337 人次，比上一年增长 11.7%；人均奖励金额为 5.3 万元，比上一年增长 4.6%。

四、辖区内高等院校

按照高等院校所在地统计，2023 年，辖区内高等院校当年实际完成分配的现金和股权收入金额排名前 3 位的省级行政区是北京市（15.2 亿元）、湖南省（7.8 亿元）、湖北省（6.2 亿元）；奖励个人金额排名前 3 位的省级行政区是北京市（10.8 亿元）、湖南省（5.7 亿元）、江苏省（4.0 亿元）

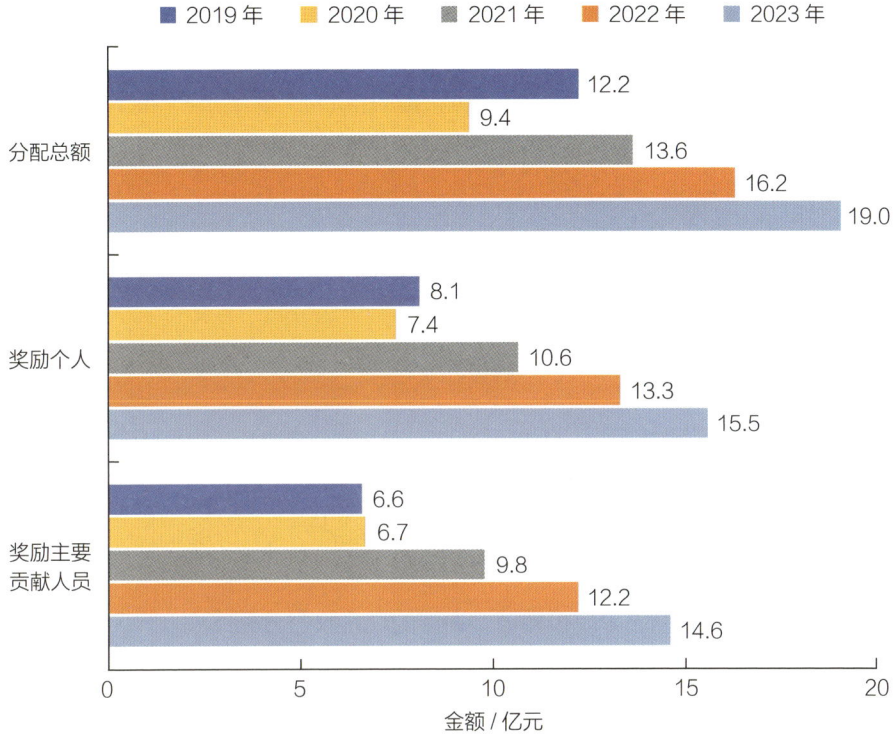

图 2-4-13 地方所属高等院校转让、许可合同的收益分配金额

（图 2-4-15）；奖励研发与转化主要贡献人员金额排名前 3 位的省级行政区是北京市（10.3 亿元）、湖南省（5.7 亿元）、湖北省（3.8 亿元）；奖励人次排名前 3 位的省级行政区是江苏省（7657 人次）、浙江省（2533 人次）、湖北省（2498 人次）。

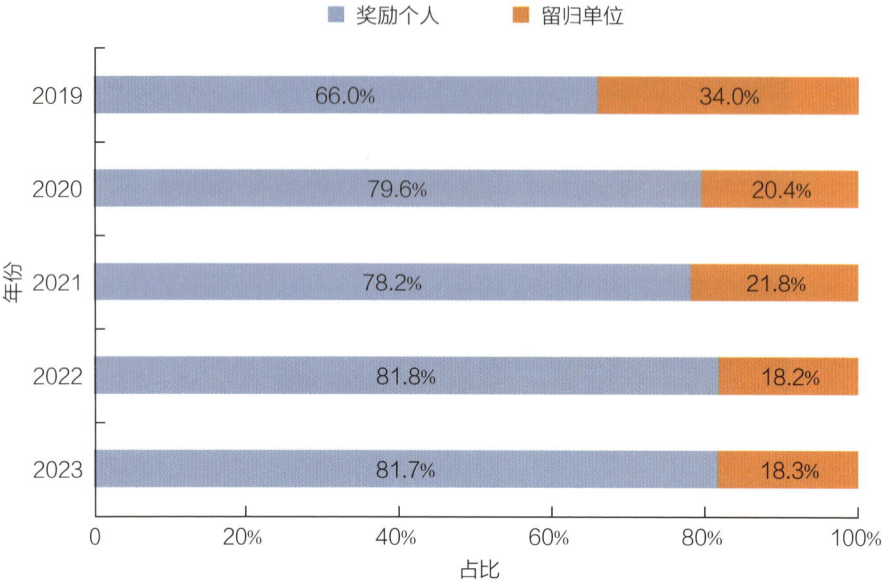

图 2-4-14 地方所属高等院校转让、许可的现金收益分配比例

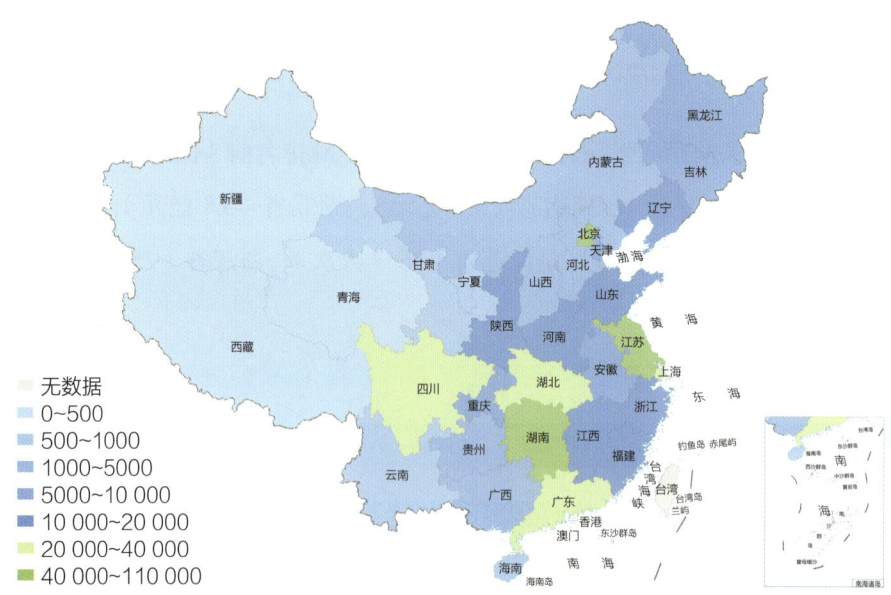

图 2-4-15 辖区内高等院校转让、许可、作价投资的奖励个人金额（万元）区间分布

第五章 技术开发、咨询、服务的进展成效

一、总体情况

技术开发、咨询、服务合同金额和合同项数均有所增长，当年到账金额明显增长。2023年，高等院校签订技术开发、咨询、服务合同金额为1222.4亿元，比上一年增长17.0%，占高等院校以转让、许可、作价投资和技术开发、咨询、服务6种方式转化科技成果的总合同金额的89.1%（2022年占比为88.3%）（图2-5-1）；合同项数为310 583项，比上一年增长18.5%，占高等院校转让、许可、作价投资和技术开发、咨询、服务6种方式转化科技成果的总合同项数的90.8%（2022年占比为91.5%）（图2-5-2）；合同当年到账金额为869.6亿元，比上一年增长21.2%。此外，平均合同金额比上一年略有下降。2023年，高等院校技术开发、咨询、服

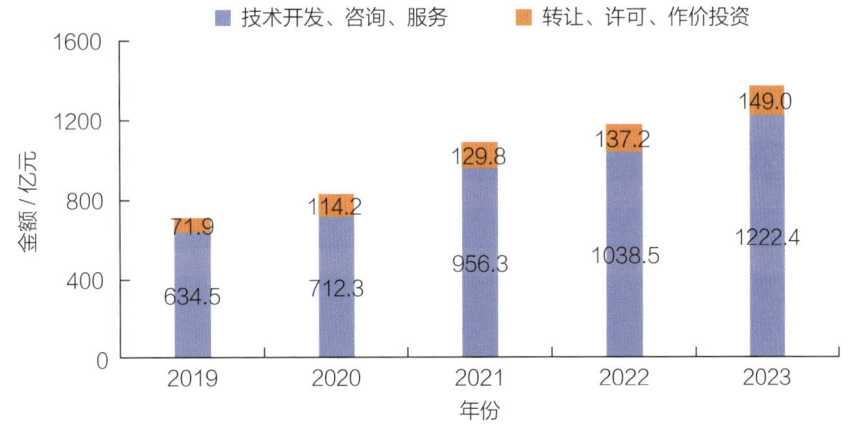

图2-5-1 高等院校转让、许可、作价投资和技术开发、咨询、服务6种方式转化科技成果的合同金额

务平均合同金额为 39.4 万元，比上一年下降 1.2%。

图 2-5-2　高等院校转让、许可、作价投资和技术开发、咨询、服务 6 种方式转化科技成果的合同项数

2023 年，高等院校技术开发、咨询、服务单项合同金额 1 亿元及以上的合同共计 13 项（表 2-5-1、表 2-5-2），5000 万元及以上的合同共计 50 项，1000 万元及以上的合同共计 752 项。

表 2-5-1　高等院校技术开发、咨询、服务的合同金额和合同项数分布

合同金额区间	合同项数 / 项	合同项数占比	合同金额 / 万元	合同金额占比
1 亿元（含）以上	13	0.000 04‰	183 525.9	1.5%
1000 万元（含）~1 亿元	739	0.2%	1 341 323.8	11.0%
100 万元（含）~1000 万元	20 578	6.6%	4 247 210.6	34.7%
100 万元以下	289 253	93.1%	6 452 069.6	52.8%
总计	310 583	—	12 224 130.0	—

表 2-5-2　高等院校单项合同金额 1 亿元及以上的技术开发、咨询、服务合同分布

序号	单位名称	合同项数 / 项
1	河南理工大学	1
2	齐鲁工业大学	1

162

续表

序号	单位名称	合同项数 / 项
3	南京工业大学	1
4	上海大学	2
5	清华大学	2
6	沈阳药科大学	1
7	上海交通大学	1
8	北京大学	1
9	华南理工大学	3

二、中央所属高等院校

中央所属高等院校技术开发、咨询、服务合同金额有所增长，合同项数明显增长，当年到账金额明显增长。2023 年，中央所属高等院校签订技术开发、咨询、服务合同金额为 664.9 亿元，比上一年增长 18.0%；合同项数为 111 380 项，比上一年增长 20.2%（图 2-5-3）；当年到账金额为 471.5 亿元，比上一年增长 20.5%。

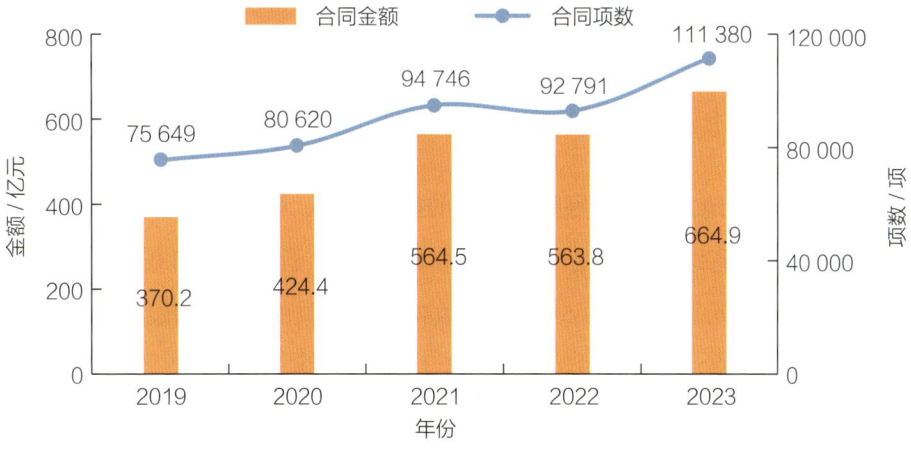

图 2-5-3 中央所属高等院校技术开发、咨询、服务的合同金额和合同项数

三、地方所属高等院校

地方所属高等院校技术开发、咨询、服务合同金额和合同项数均有所增长，当年到账金额明显增长。2023 年，地方所属高等院校签订技术开发、咨询、服务合同金额共 557.5 亿元，比上一年增长 15.8%；合同项数为 199 203 项，比上一年增长 17.5%（图 2-5-4）；当年到账金额为 398.1 亿元，比上一年增长 22.1%。

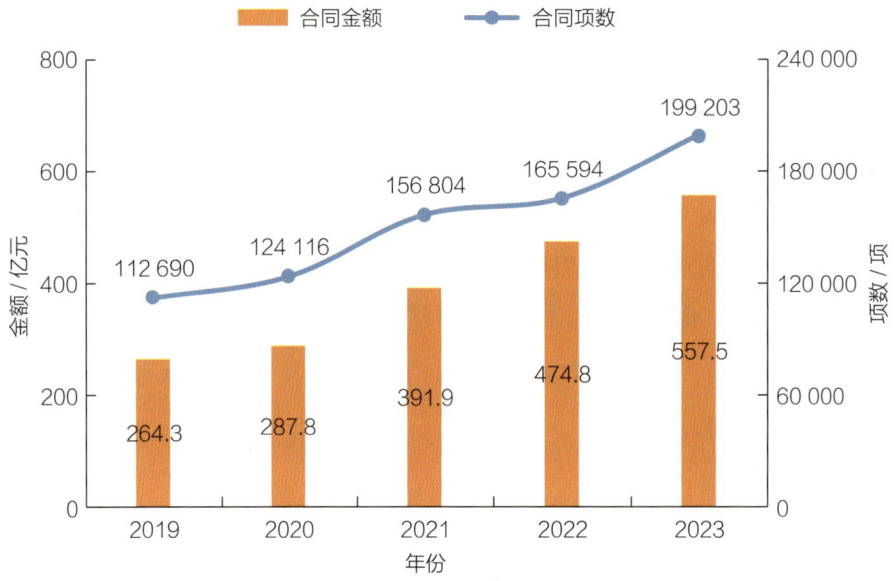

图 2-5-4 地方所属高等院校技术开发、咨询、服务的合同金额和合同项数

2023 年，地方所属高等院校签订的技术开发、咨询、服务总合同金额排名前 3 位的省级行政区是江苏省（87.8 亿元）、浙江省（44.0 亿元）、山东省（39.6 亿元）（图 2-5-5），总项数排名前 3 位的省级行政区是江苏省（26 281 项）、浙江省（16 326 项）、河北省（14 399 项）。

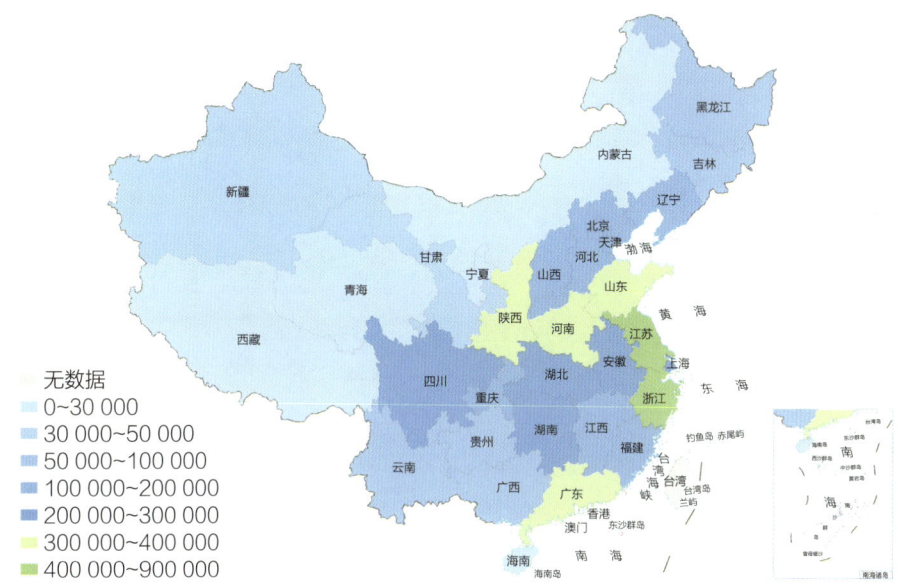

图 2-5-5 地方所属高等院校技术开发、咨询、服务的合同金额（单位：万元）区间分布

四、辖区内高等院校

按高等院校所在地统计，2023年辖区内高等院校以技术开发、咨询、服务方式转化科技成果合同金额排名前3位的省级行政区是北京市（179.0亿元）、江苏省（164.8亿元）、上海市（89.3亿元）（图2-5-6）；合同项数排名前3位的省级行政区是江苏省（41 234项）、北京市（29 121项）、陕西省（22 274项）。

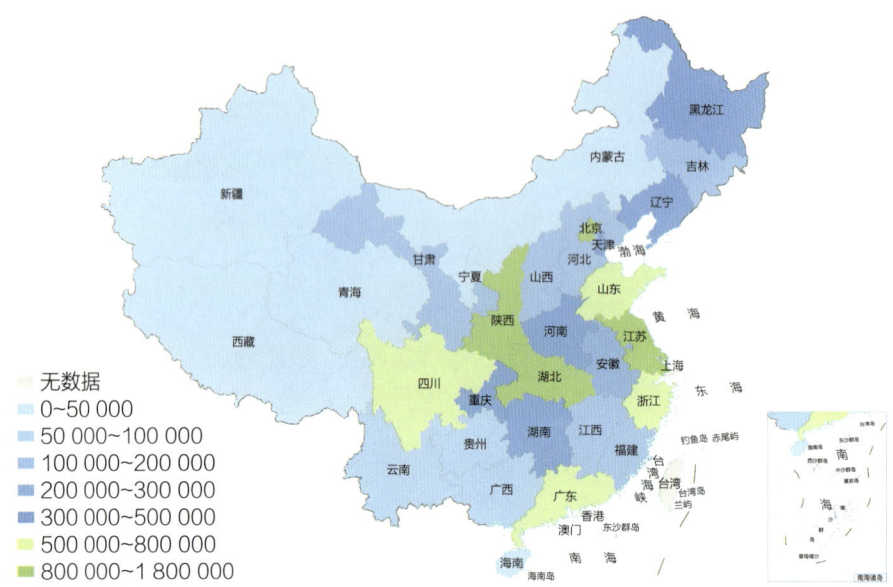

图 2-5-6 辖区内高等院校技术开发、咨询、服务的合同金额（单位：万元）区间分布

第六章 新立项的科技计划项目

一、总体情况

高等院校科技计划项目（课题）总金额略有增长。2023 年，高等院校新获立项批复的科技计划项目（课题）总金额（包括财政资助金额和自筹金额）为 1204.1 亿元，比上一年增长 6.5%。其中，财政资助金额为 1048.1 亿元，比上一年增长 0.1%；中央财政资助金额为 693.2 亿元，比上一年下降 5.0%。

二、中央所属高等院校

中央所属高等院校科技计划项目（课题）总金额略有增长。2023 年，中央所属高等院校新获立项批复的科技计划项目（课题）总金额为 748.9 亿元，比上一年增长 2.8%。其中，财政资助金额为 660.3 亿元，比上一年下降 2.8%；中央财政资助金额为 499.1 亿元，比上一年下降 9.1%。

三、地方所属高等院校

地方所属高等院校科技计划项目（课题）总金额有所增长。2023 年，地方所属高等院校新获立项批复的科技计划项目（课题）总金额为 455.2 亿元，比上一年增长 13.2%。其中，财政资助金额为 387.8 亿元，比上一年增长 5.6%；中央财政资助金额为 194.1 亿元，比上一年增长 7.2%。

四、辖区内高等院校

按照高等院校所在地统计,2023 年辖区内高等院校新获立项批复的科技计划项目(课题)总金额排名前 3 位的省级行政区是北京市(184.0 亿元)、广东省(114.8 亿元)、上海市(110.1 亿元)(图 2-6-1)。

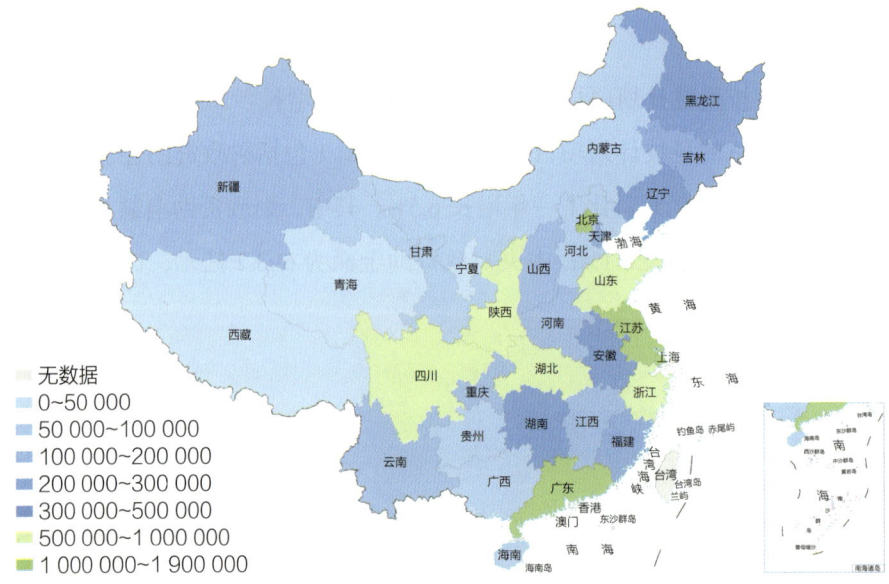

图 2-6-1 辖区内高等院校新获批的科技计划项目(课题)总金额(单位:万元)区间分布

第七章
CHAPTER 7

兼职及离岗创业和创设参股公司

一、在外兼职从事成果转化和离岗创业

具有在外兼职从事成果转化和离岗创业人员的高等院校占比略有下降。截至 2023 年年底，444 家高等院校具有在外兼职从事成果转化和离岗创业人员，占高等院校总数（1557 家）的 28.5%（图 2–7–1）。高等院校在外兼职从事成果转化和离岗创业人员共计 11 696 人，平均每家高等院校在外兼职从事成果转化和离岗创业人员为 7.5 人。

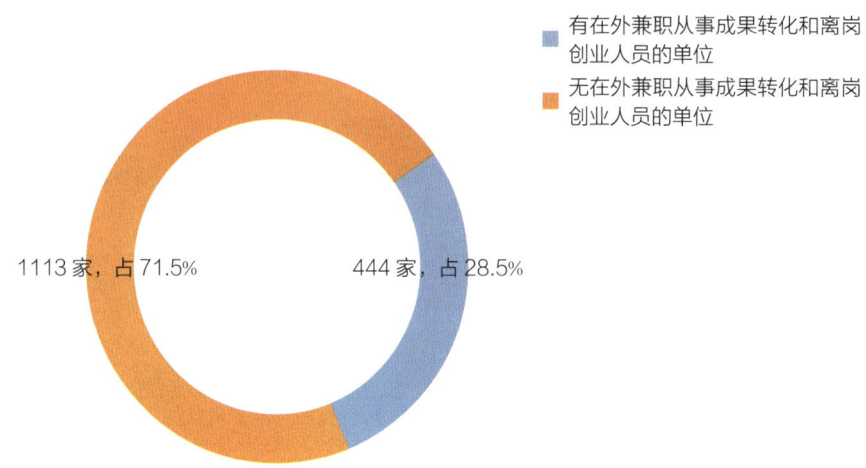

图 2-7-1 在外兼职从事成果转化和离岗创业人员的高等院校占比

二、创设公司和参股公司

具有创设公司和参股公司的高等院校占比有所增长。截至 2023 年年底，318 家高等院校具有创设公司和参股公司，占高等院校总数（1557 家）的 20.4%（图 2-7-2）。高等院校创设公司和参股公司共计 4014 家，平均每家高等院校创设公司和参股公司 2.6 家。

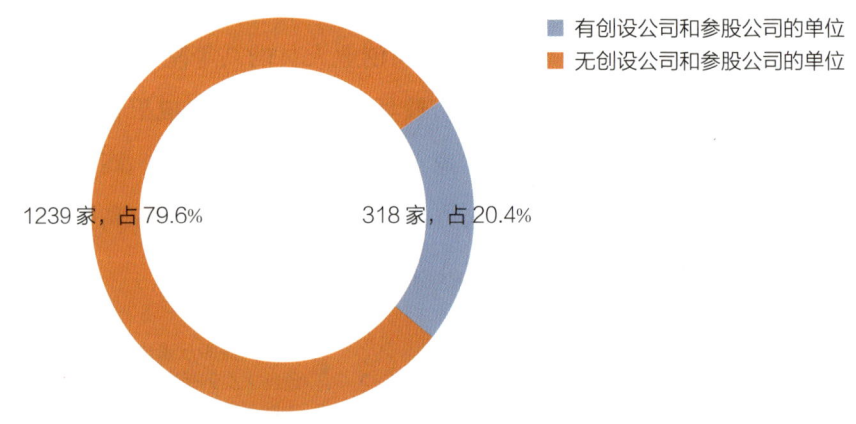

图 2-7-2　创设公司和参股公司的高等院校占比

技术转移机构与人才建设

一、技术转移机构

（一）高等院校自建

自建技术转移机构的高等院校占比有所增长。截至2023年年底，738家高等院校自建了技术转移机构，占高等院校总数（1557家）的47.4%（图2-8-1）。高等院校累计自建了1843家技术转移机构，比上一年底增长9.5%。

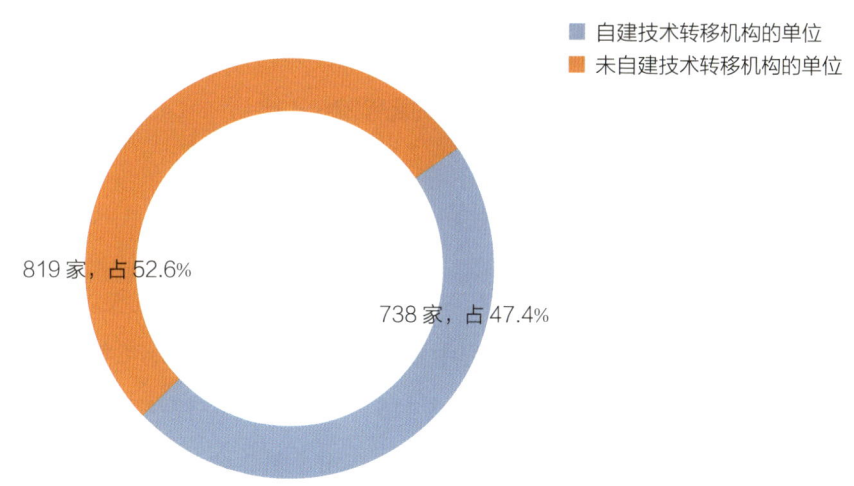

图2-8-1 自建技术转移机构的高等院校占比

（二）与市场化技术转移机构合作

截至 2023 年年底，629 家高等院校与市场化转移机构合作开展科技成果转化，占高等院校总数（1557 家）的 40.4%（图 2-8-2）。高等院校累计与 2642 家市场化技术转移机构合作开展科技成果转化活动，比上一年底增长 13.0%。

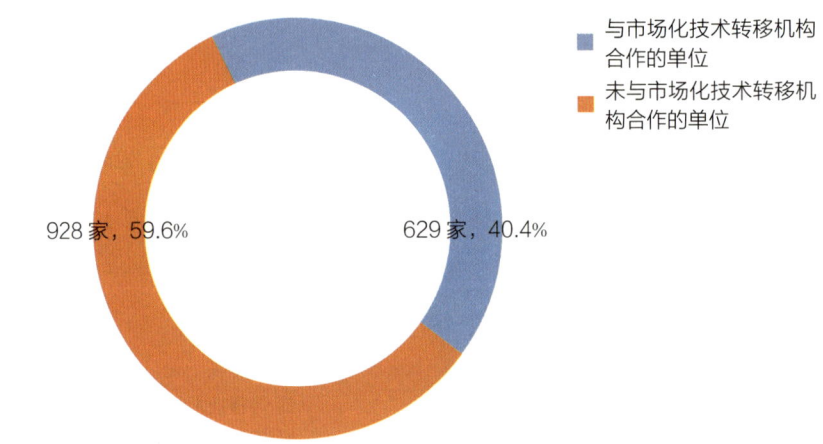

图 2-8-2 与市场化技术转移机构合作的高等院校占比

（三）机构作用认可

2023 年，1557 家高等院校中 58.6%（共 913 家）的高等院校认为技术转移机构在科技成果转移转化过程中发挥了重要作用；18.6%（共 289 家）的高等院校认为作用一般；7.4%（共 115 家）的高等院校认为作用很小；15.4%（共 240 家）的高等院校认为未发挥作用（图 2-8-3）。

738 家有自建技术转移机构的高等院校中，78.9%（共 582 家）的高等院校认为技术转移机构在科技成果转移转化过程中发挥了重要作用；16.0%（共 118 家）的高等院校认为作用一般；3.9%（共 29 家）的高等院校认为作用很小；1.2%（共 9 家）的高等院校认为未发挥作用（图 2-8-4）。

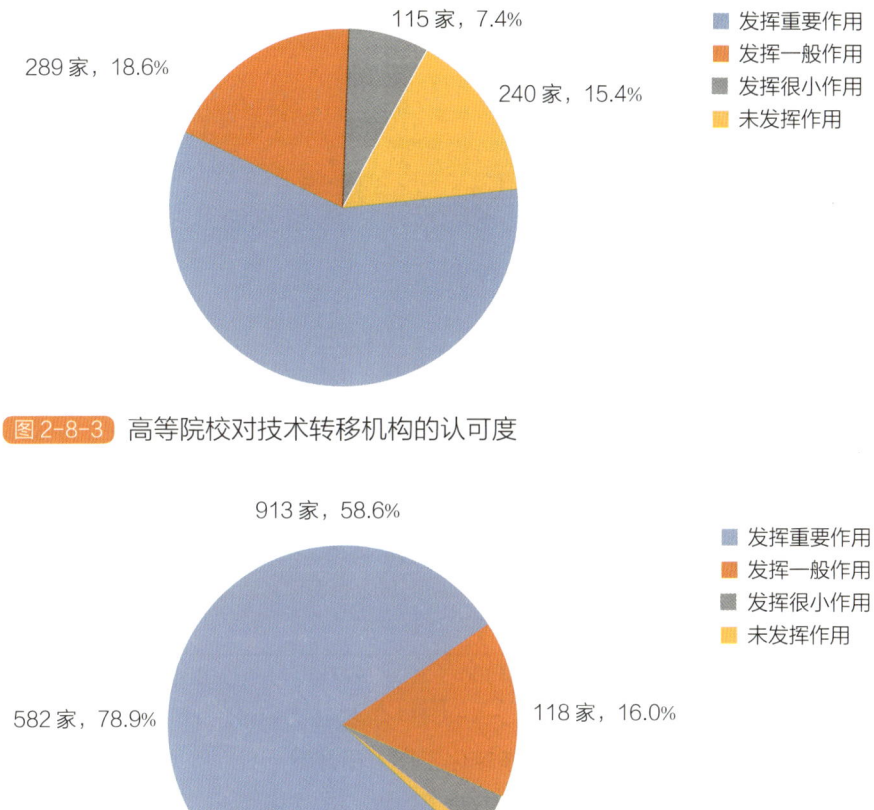

图 2-8-3 高等院校对技术转移机构的认可度

图 2-8-4 设立自建技术转移机构的高等院校对技术转移机构的认可度

二、技术转移人员

截至 2023 年年底，1007 家高等院校具有专职从事科技转化工作人员，比上一年底增长 5.9%，占高等院校总数（1557 家）的 64.7%。高等院校累计拥有 8994 名专职从事科技转化工作人员，比上一年底增长 15.7%（图 2-8-5）。

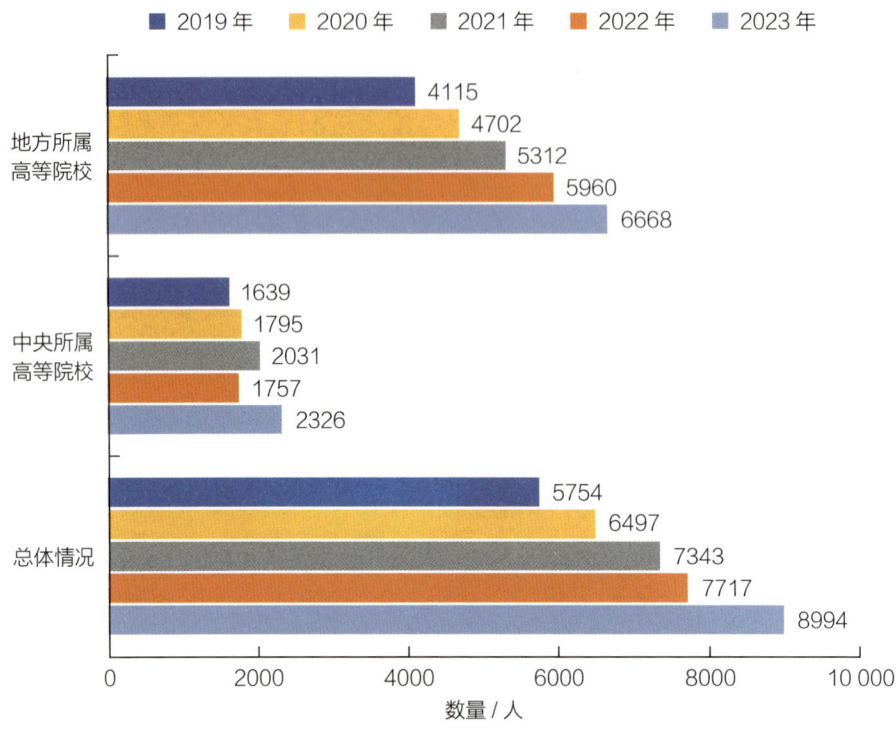

图 2-8-5 高等院校专职从事科技转化工作人员数量

三、与企业共建研发机构、转移机构、转化服务平台

高等院校与企业共建研发机构、转移机构、转化服务平台数量有所增长。截至 2023 年年底，高等院校（884 家）与企业共建的研发机构、转移机构、转化服务平台总数为 17 015 家，比上一年底增长 18.7%。其中，**中央所属**高等院校与企业共建 3706 家，比上一年底增长 21.1%；**地方所属**高等院校与企业共建 13 309 家，比上一年底增长 18.0%（图 2-8-6）。

平均每家高等院校与企业共建研发机构、转移机构、转化服务平台 10.9 家，其中中央所属高等院校与企业平均共建 35.3 家，地方所属高等院校与企业平均共建 9.2 家。

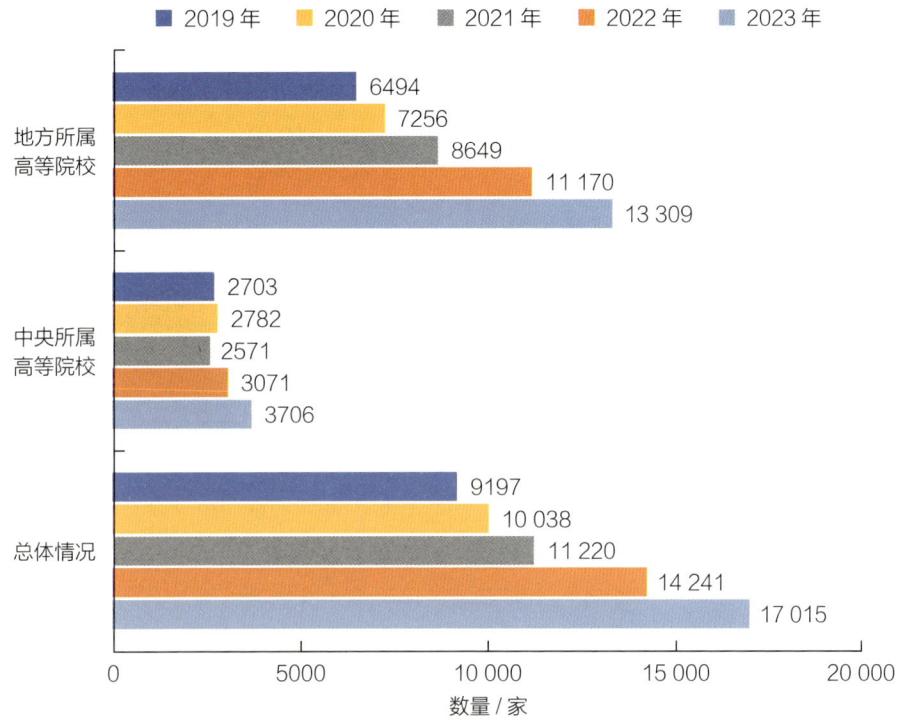

图 2-8-6 高等院校与企业共建研发机构、转移机构、转化服务平台数量

第三篇
科研院所

第一章 概况

本篇对 2023 年 2471 家研究开发机构（以下简称科研院所）❶的科技成果转化进展和成效进行研究分析❷。2023 年，科研院所科技成果转化主要数据如表 3-1-1 所示。

表 3-1-1 科研院所科技成果转化总体进展主要数据

指标名称		2023 年
科研院所概况	总合同❸项数 / 项	297 623
	总合同金额 / 万元	6 829 650.5
	当年到账金额❹ / 万元	4 361 525.3
转让、许可、作价投资	合同项数 / 项	6 185
	合同金额 / 万元	922 973.3
	当年到账金额（转让、许可）/ 万元	421 922.0
	财政资助项目产生的科技成果转化合同金额 / 万元	351 707.0
	中央财政资助项目产生的科技成果转化合同金额 / 万元	304 790.9
	平均合同金额 / 万元	149.2
	金额超过 1 亿元（含）的合同项数 / 项	9
	个人获得的现金和股权奖励总金额 / 万元	169 635.6
	奖励人次 / 万人次	5.4
	人均奖励金额 / 万元	3.1

---

❶ 科研院所：指《中华人民共和国促进科技成果转化法》中"研究开发机构"。科研院所和高等院校统称为"高校院所"。
❷ 本篇图表中统计数据为 2023 年 2471 家、2022 年 2284 家、2021 年 2171 家、2020 年 2121 家、2019 年 2068 家对应的统计数据，所有的统计计算结果均由原始数据运算得出，结果保留一位小数。
❸ 科技成果转化总合同：如无特指，包含以转让、许可、作价投资和技术开发、咨询、服务 6 种方式转化科技成果的合同。
❹ 当年到账金额：当年新签订和往年签订的合同在当年实际到账的总金额。

续表

指标名称		2023年
技术开发、咨询、服务	合同项数/项	291 438
	合同金额/万元	5 906 677.2
	当年到账金额/万元	3 939 603.3
获得财政资金资助科技项目[1]	立项批复的科技项目（课题）总金额/万元	11 644 930.9
	立项批复的科技项目（课题）财政资助总金额/万元	9 971 296.7
	立项批复的科技项目（课题）中央财政资助总金额/万元	6 419 321.0
其他[2]	与企业共建研发机构、转移机构、转化服务平台数量/个	2559
	自建技术转移机构数量/个	510
	专职从事科技成果转化工作人数/人	8887
	与本单位合作开展科技成果转化的市场化转移机构数量/个	1646
	在外兼职从事成果转化人员和离岗创业人员数/人	3918
	创设公司和参股公司数/个	2127

一、科技成果转化总体进展

2023年，本报告统计的科研院所以转让、许可、作价投资和技术开发、咨询、服务6种方式转化科技成果的总合同金额、合同项数和当年到账金额（不含作价投资）均略有增长[3]。2471家科研院所科技成果转化总合

---

[1] 由于同一个科技项目可能涉及多家承担单位，项目数量可能涉及重复申报，因此不进行科技项目数累加统计。
[2] 其他指标为截至2023年年底的机构、平台、人员、公司的数量。
[3] 增长率对应表述："0"为基本持平；"0（不含）~10%"为略有增长；"10%（含）~20%"为有所增长；"20%（含）~40%"为明显增长；"40%（含）~60%"为显著增长；"60%（含）~100%"为大幅增长；"100%（含）以上"为"增长××倍"；降低时同理。

同金额为683.0亿元，比上一年增长9.2%[1]；总合同项数为297 623项，比上一年增长3.9%（图3-1-1）；当年到账金额（不含作价投资）为436.2亿元，比上一年增长6.9%。

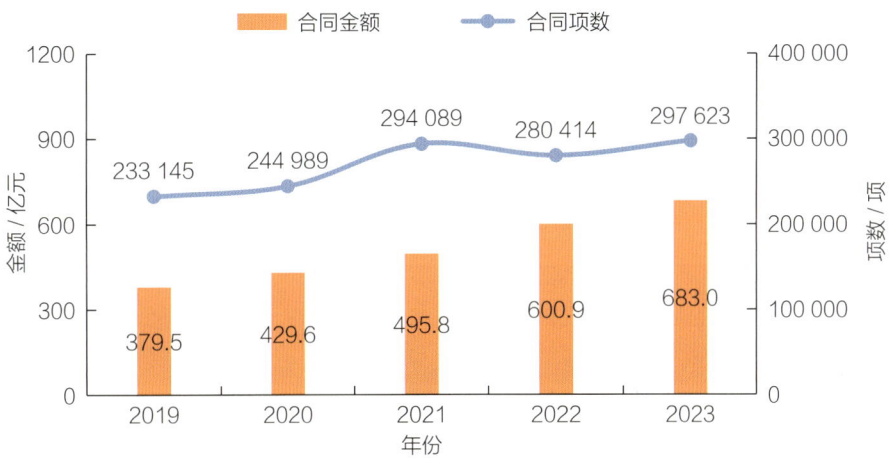

图3-1-1 科研院所转让、许可、作价投资和技术开发、咨询、服务的总合同金额和合同项数

2023年，科技成果转化平均合同金额略有增长，转让、许可、作价投资和技术开发、咨询、服务6种方式转化科技成果的平均合同金额为22.9万元，比上一年增长5.1%。高价值科技成果转化项目中：单项合同金额1亿元及以上的合同18项，比上一年下降33.3%；5000万元及以上的合同67项，比上一年下降7.0%；1000万元及以上的合同643项，比上一年增长10.0%。同时，有146家科研院所2023年科技成果转化总合同金额超过1亿元，比上一年增长0.7%。

此外，按照科研院所所在地统计，总合同金额排名前3位的省级行政区分别为北京市（210.1亿元）、广东省（77.2亿元）、上海市（59.0亿元），

---

[1] 本篇变化率（增长/下降/持平）根据同时填报了2023年和2022年年度报告的2222家科研院所对应的数据计算。

总合同项数排名前 3 位的省级行政区分别为广东省（151 484 项）、北京市（31 242 项）、浙江省（16 487 项）。

二、统计单位类型

本报告统计国家设立的科研院所科技成果转化情况，按管理层级划分，包括中央所属单位 624 家，地方所属单位 1847 家（表 3-1-2）。

表 3-1-2　统计单位分布

类型	中央所属单位 数量/家	占比	地方所属单位 数量/家	占比
科研院所	624	25.3%	1847	74.7%

其中，**中央所属**科研院所科技成果转化总合同金额为 469.1 亿元，比上一年增长 8.7%，占科研院所转化总合同金额的 68.7%；总合同项数为 58 053 项，比上一年增长 15.8%，占科研院所转化总合同项数的 19.5%。**地方所属**科研院所科技成果转化总合同金额为 213.8 亿元，比上一年增长 10.1%，占科研院所转化总合同金额的 31.3%；总合同项数为 239 570 项，比上一年增长 1.5%，占科研院所转化总合同项数的 80.5%。

三、以转让、许可、作价投资方式转化科技成果

（一）合同金额和合同项数

一是合同金额有所下降，合同项数有所增长。2023 年，科研院所以转让、许可、作价投资方式转化科技成果的总合同金额为 92.3 亿元，比上一年下降 12.8%；合同项数为 6185 项，比上一年增长 14.9%。**二是财政资助**

项目成果的转化合同金额有所增长，合同项数略有增长。2023 年，科研院所以转让、许可、作价投资方式转化财政资助项目成果的合同金额为 35.2 亿元，比上一年增长 12.2%；合同项数为 2023 项，比上一年增长 4.7%。其中，转化中央财政资助项目成果的合同金额为 30.5 亿元，比上一年增长 26.3%；合同项数为 1105 项，比上一年增长 10.7%。

（二）转化流向

一是制造业成果转化合同金额最高，合同金额为 27.9 亿元，占转让、许可、作价投资总合同金额的 30.2%。**二是科技成果主要转化至中小微其他企业**，合同金额为 40.9 亿元，占转让、许可、作价投资总合同金额的 44.4%。**三是**产出科技成果合同金额排名前 3 位的省级行政区是上海市、北京市、天津市，承接科技成果合同金额排名前 3 位的省级行政区是上海市、北京市、江苏省。

四、以技术开发、咨询、服务方式转化科技成果

一是合同金额有所增长，合同项数略有增长。2023 年，以技术开发、咨询、服务方式转化科技成果的总合同金额为 590.7 亿元，比上一年增长 13.7%，占成果转化总合同金额的 86.5%；合同项数为 291 438 项，比上一年增长 3.7%，占成果转化总合同项数的 97.9%。**二是合同金额超过亿元的单位数量略有增长**。2023 年，以技术开发、咨询、服务方式转化科技成果累计合同金额 1 亿元及以上的科研院所共计 128 家，比上一年增长 5.1%。**三是平均合同金额略有增长**。2023 年，以技术开发、咨询、服务方式转化科技成果的平均合同金额为 20.3 万元，比上一年增长 9.7%。

转让、许可、作价投资的进展成效

一、总体情况

转让、许可、作价投资合同金额有所下降，合同项数有所增长。2023年，科研院所以转让、许可、作价投资3种方式转化科技成果合同金额为92.3亿元，比上一年下降12.8%；合同项数为6185项，比上一年增长14.9%（图3-2-1）。

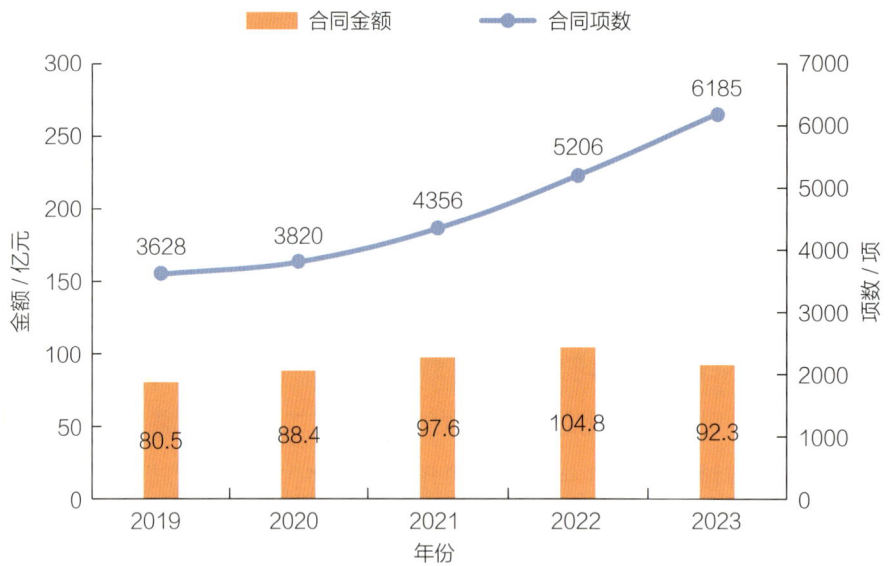

图3-2-1 科研院所转让、许可、作价投资的合同金额和合同项数

2023年，科研院所以转让、许可、作价投资方式转化科技成果的平均合同金额为149.2万元，合同金额和合同项数分布见表3-2-1、图3-2-2。

第二章 转让、许可、作价投资的进展成效

表 3-2-1 科研院所转让、许可、作价投资的合同金额和合同项数分布

合同金额区间	合同项数/项	合同项数占比	合同金额/万元	合同金额占比
1亿元及以上	9	0.1%	145 379.0	15.8%
1000万（含）~1亿元	194	3.1%	443 683.9	48.1%
100万（含）~1000万元	938	15.2%	247 676.0	26.8%
10万（含）~100万元	2428	39.3%	79 077.1	8.6%
10万元以下	2616	42.3%	7157.4	0.8%
总计	6185	—	922 973.3	—

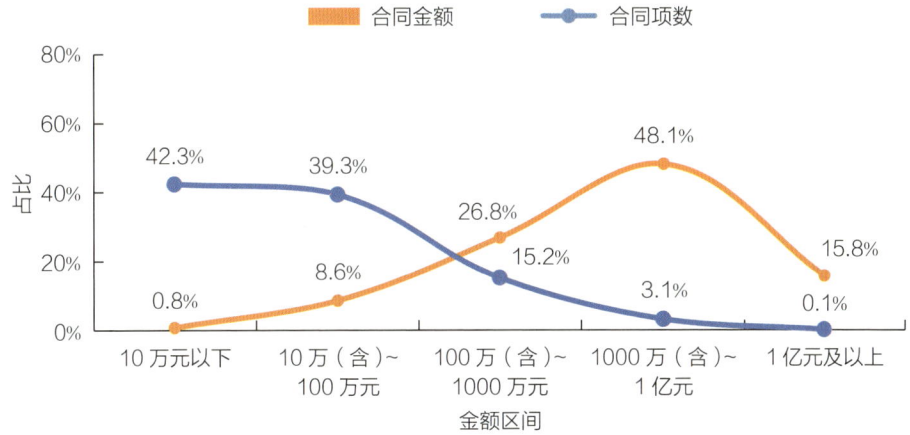

图 3-2-2 科研院所转让、许可、作价投资的合同金额和合同项数分布

2023 年，以转让、许可、作价投资方式转化科技成果累计合同金额 1 亿元及以上的科研院所共计 15 家；超过 1000 万元的科研院所共计 152 家，这 152 家科研院所的转让、许可、作价投资合同金额占 2471 家科研院所转让、许可、作价投资总合同金额的 88.8%。

转让、许可当年到账金额有所下降。2023 年，科研院所转让、许可合同当年到账金额为 42.2 亿元，比上一年下降 17.9%（图 3-2-3）。其中，**中央所属**科研院所当年到账金额为 32.0 亿元，比上一年下降 23.7%；**地方所属**科研院所当年到账金额为 10.2 亿元，比上一年增长 6.6%。

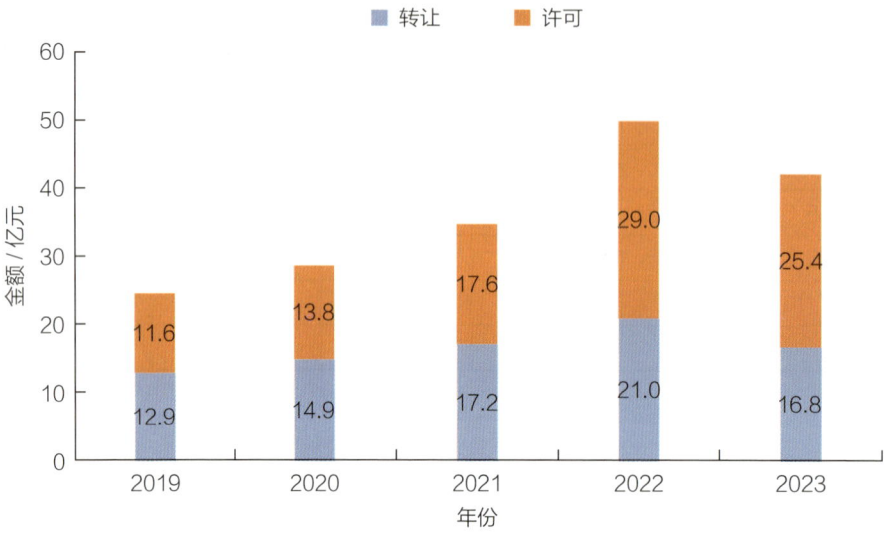

图 3-2-3 科研院所转让、许可合同的当年到账金额

2023 年，科研院所以转让、许可、作价投资 3 种方式转化科技成果**单项合同金额** 1 亿元及以上的合同共计 9 项（表 3-2-2），5000 万元及以上的合同共计 29 项，1000 万元及以上的合同共计 203 项。

表 3-2-2　科研院所单项合同金额 1 亿元及以上的转让、许可、作价投资合同分布

序号	单位名称	转化方式
1	中国科学院天津工业生物技术研究所	作价投资
2	中国科学院深圳先进技术研究院	作价投资
3	西安航天动力试验技术研究所	许可
4	中国科学院大连化学物理研究所	转让
5	中国科学院大连化学物理研究所	许可
6	上海微小卫星工程中心	作价投资
7	中国科学院上海有机化学研究所	转让
8	中国科学院上海药物研究所	转让
9	中国医学科学院病原生物学研究所	转让

（一）转让、许可、作价投资合同对比

许可合同金额略有增长，转让和作价投资合同金额均明显下降。2023年，科研院所以**转让**方式转化科技成果的合同金额为 37.9 亿元，比上一年下降 24.5%；以**许可**方式转化科技成果的合同金额为 39.9 亿元，比上一年增长 7.4%；以**作价投资**方式转化科技成果的合同金额为 14.5 亿元，比上一年下降 21.8%（图 3-2-4）。

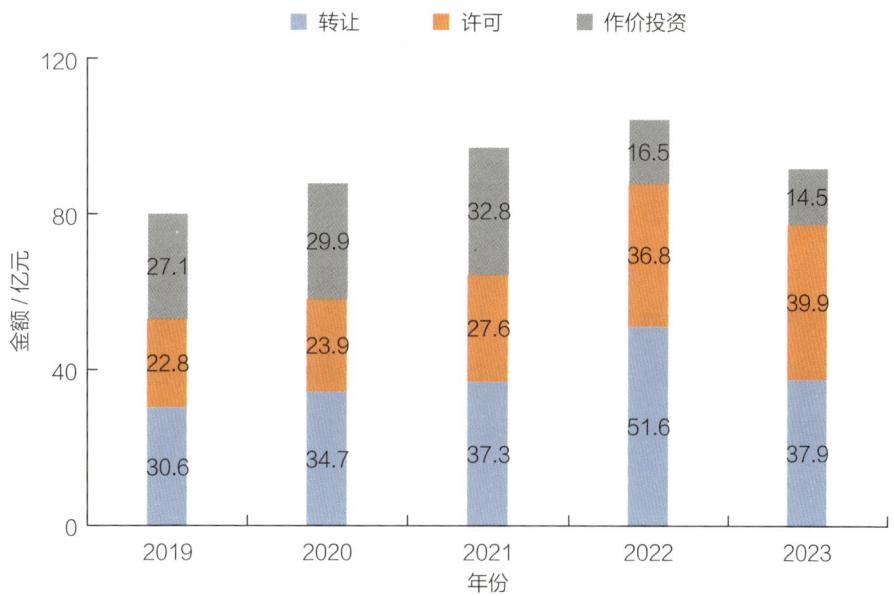

图 3-2-4　科研院所转让、许可、作价投资的合同金额

2023年，作价投资方式的平均合同金额最高，是转让平均合同金额的 5.5 倍，是许可平均合同金额的 9.3 倍。2023年，科研院所以**转让**方式转化科技成果的平均合同金额为 175.7 万元，比上一年下降 25.0%；以**许可**方式转化科技成果的平均合同金额为 102.9 万元，比上一年下降 14.8%；以**作价投资**方式转化科技成果的平均合同金额为 960.5 万元，比上一年下降 11.4%（图 3-2-5）。

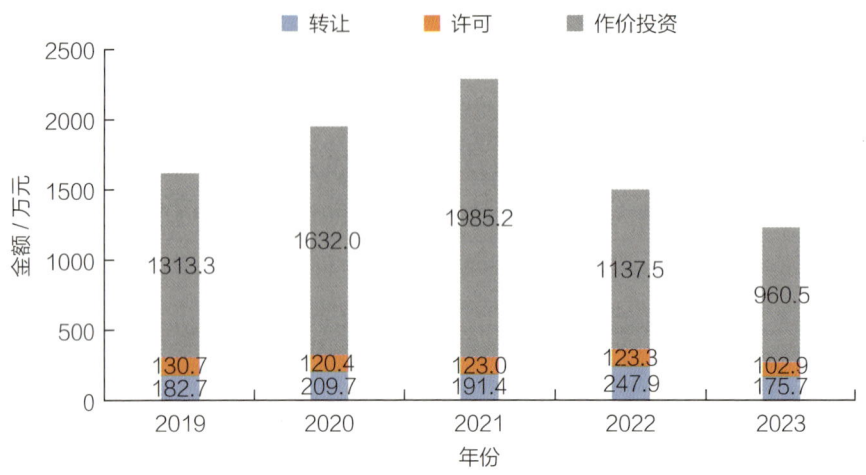

图 3-2-5 科研院所转让、许可、作价投资的平均合同金额

2023年，转让方式的合同项目数最多，占转让、许可、作价投资3种方式总合同项数（6185项）的34.9%。2023年，科研院所以**转让**方式转化科技成果的合同项数为2159项，比上一年增长0.6%；以**许可**方式转化科技成果的合同项数为3875项，比上一年增长26.1%；以**作价投资**方式转化科技成果的合同项数为151项，比上一年下降11.7%（图3-2-6）。

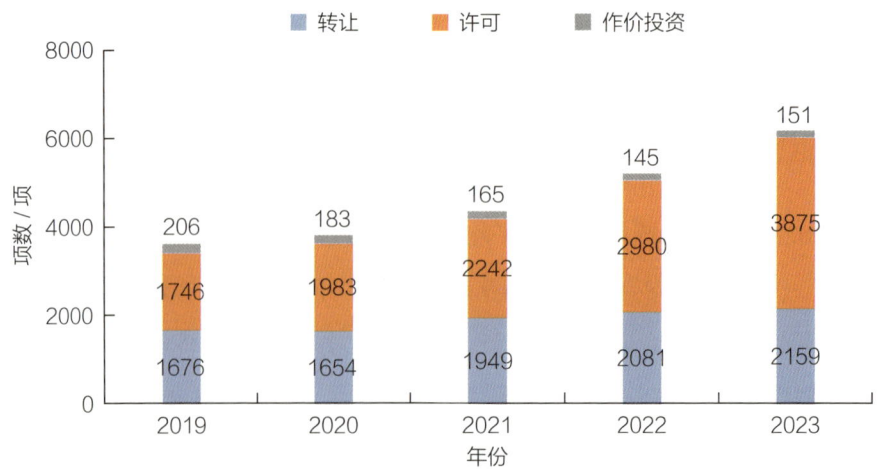

图 3-2-6 科研院所转让、许可、作价投资的合同项数

（二）中央所属科研院所转让、许可、作价投资情况

中央所属科研院所合同金额有所下降，合同项数有所增长。2023年，中央所属科研院所以转让、许可、作价投资3种方式转化科技成果的合同金额为68.1亿元，比上一年下降18.4%；合同项数为2164项，比上一年增长11.8%（图3-2-7）。

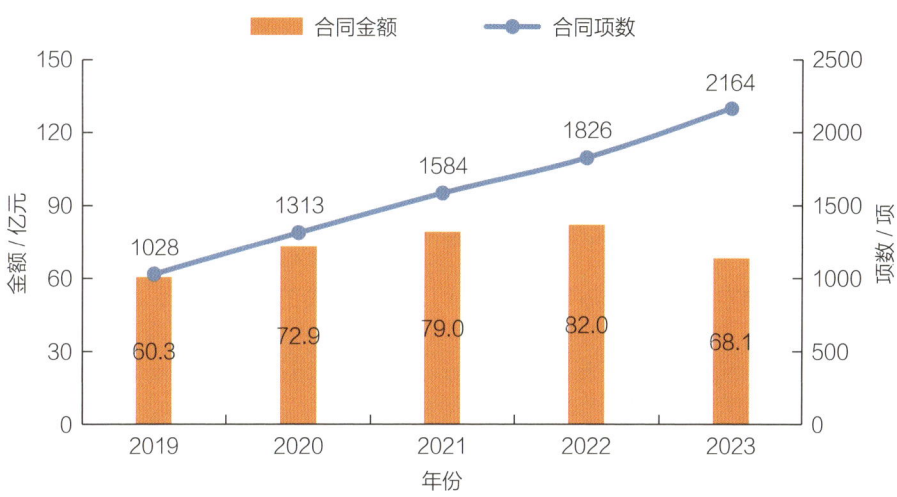

图3-2-7 中央所属科研院所转让、许可、作价投资的合同金额和合同项数

（三）地方所属科研院所转让、许可、作价投资情况

地方所属科研院所合同金额和合同项数均有所增长。2023年，地方所属科研院所以转让、许可、作价投资3种方式转化科技成果的合同金额为24.2亿元，比上一年增长10.0%；合同项数为4021项，比上一年增长16.6%（图3-2-8）。

2023年，地方所属科研院所以转让、许可、作价投资方式转化科技成果的合同金额排名前3位的省级行政区是广东省（4.1亿元）、上海市（2.9亿元）、浙江省（2.5亿元）（图3-2-9）。

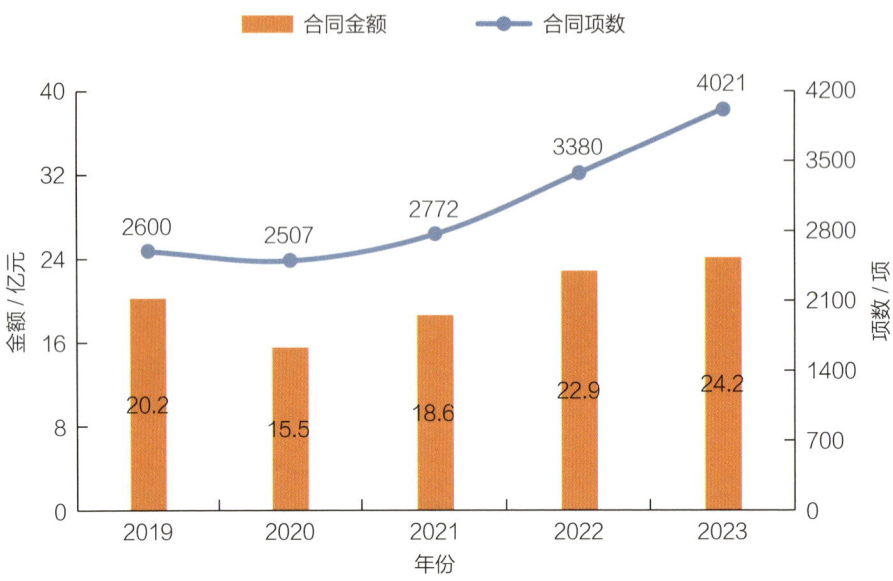

图 3-2-8　地方所属科研院所转让、许可、作价投资的合同金额和合同项数

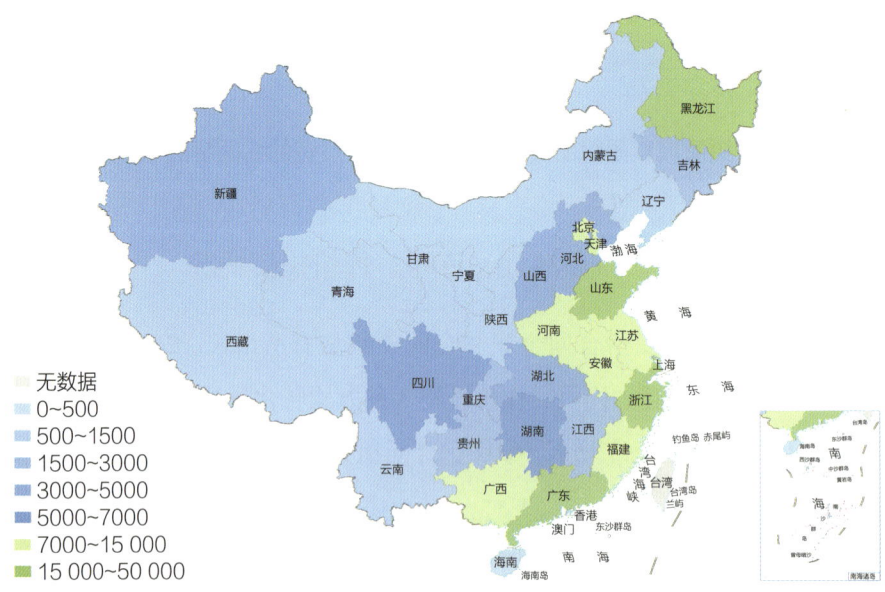

图 3-2-9　地方所属科研院所转让、许可、作价投资的合同金额（单位：万元）区间分布

（四）辖区内科研院所❶转让、许可、作价投资情况

按照科研院所所在地统计，2023年辖区内科研院所以转让、许可、作价投资方式转化科技成果合同金额排名前3位的省级行政区是上海市（25.7亿元）、北京市（20.1亿元）、天津市（7.6亿元）（图3-2-10）。

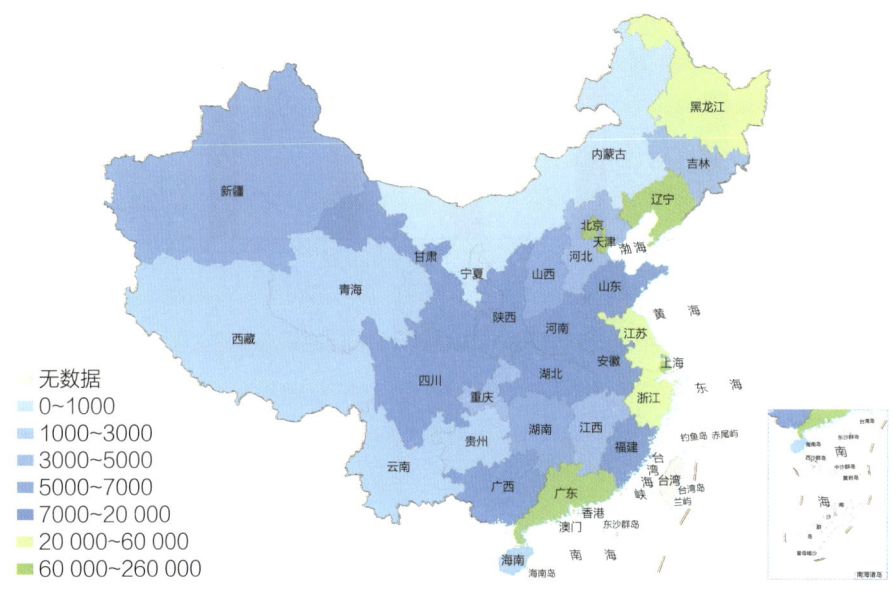

图3-2-10 辖区内科研院所转让、许可、作价投资的合同金额（单位：万元）区间分布

二、转让方式

转让合同金额明显下降，合同项数略有增长。2023年，科研院所以转让方式转化科技成果的合同金额为37.9亿元，比上一年下降24.5%；合同

---

❶ 辖区数据为按照单位所在地统计的数据，是各地方所属单位与该辖区内中央所属单位相应数据的加和。

项数为 2159 项，比上一年增长 0.6%（图 3-2-11）；平均合同金额为 175.7 万元，比上一年下降 25.0%。

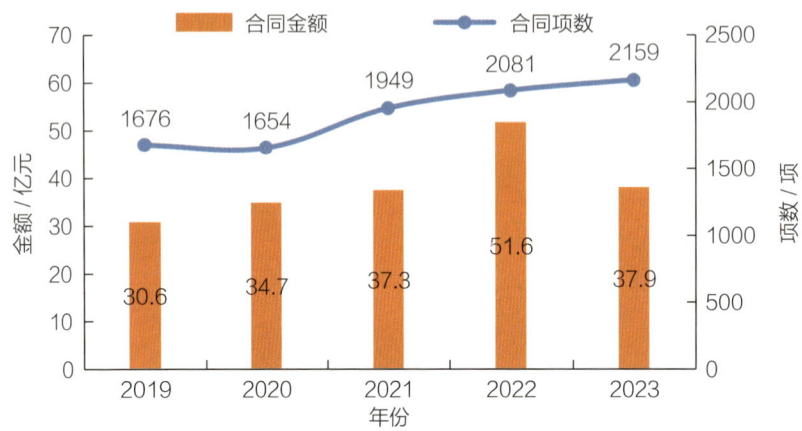

图 3-2-11　科研院所转让方式的合同金额和合同项数

三、许可方式

许可合同金额略有增长，合同项数明显增长。2023 年，科研院所以许可方式转化科技成果的合同金额为 39.9 亿元，比上一年增长 7.4%；合同项数为 3875 项，比上一年增长 26.1%（图 3-2-12）；平均合同金额为 102.9 万元，比上一年下降 14.8%。

四、作价投资方式

作价投资合同金额明显下降，合同项数有所下降。2023 年，科研院所以作价投资方式转化科技成果的合同金额为 14.5 亿元，比上一年下降 21.8%；合同项数为 151 项，比上一年下降 11.7%（图 3-2-13）；平均合同金额为 960.5 万元，比上一年下降 11.4%。

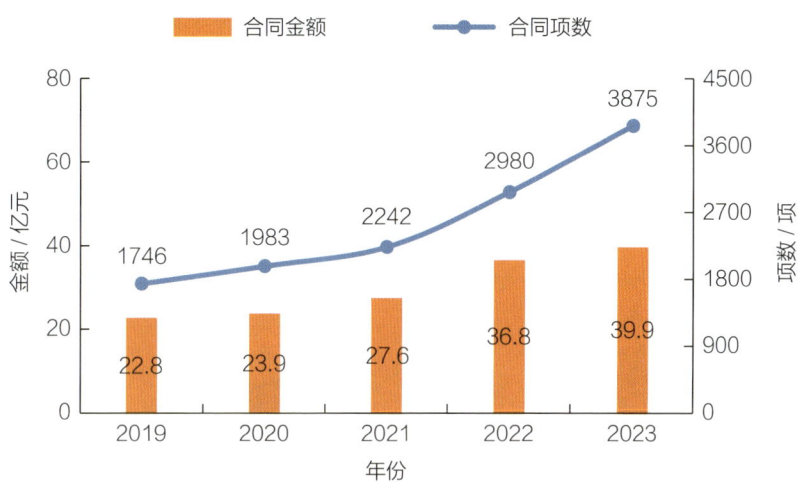

图 3-2-12　科研院所许可方式的合同金额和合同项数

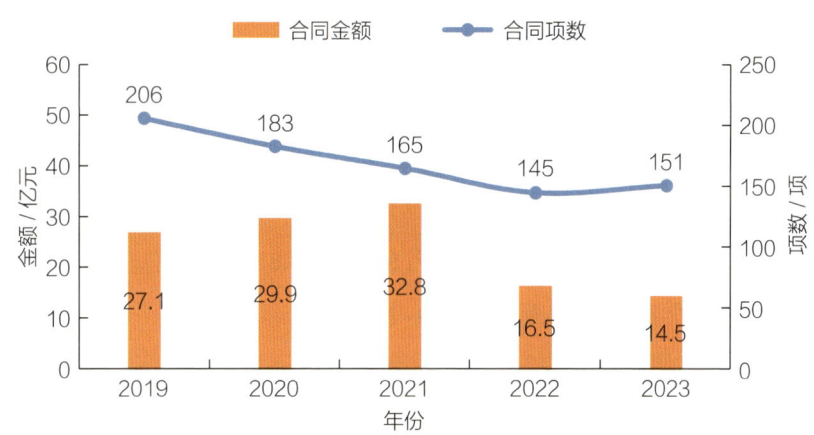

图 3-2-13　科研院所作价投资方式的合同金额和合同项数

五、科技成果转化定价

协议定价是科技成果转化的主要定价方式。2023 年，科研院所以转让、许可、作价投资方式转化科技成果的 6185 项合同中，采用协议定价方式的有 5878 项，占总数的 95.0%，合同总金额为 87.9 亿元，平均合同金额为 149.5 万元；采用挂牌交易方式的有 212 项，占总数的 3.4%，合同总金额为 3.5 亿元，平均合同金额为 164.2 万元；采用拍卖方式的有 95 项，占总数的 1.5%，合同总金额为 0.9 亿元，平均合同金额为 97.9 万元（图 3-2-14）。

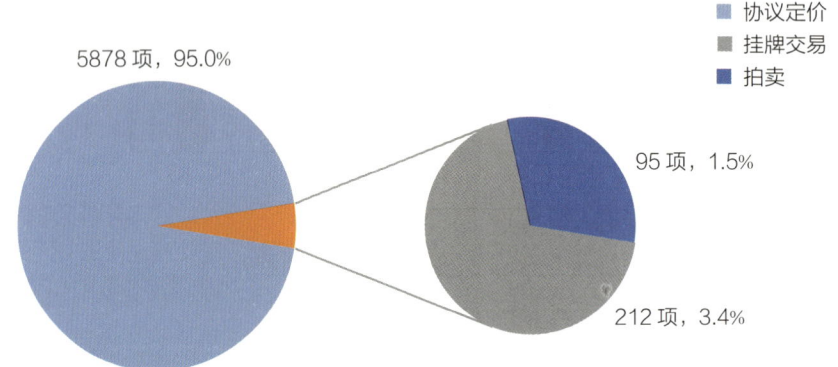

图 3-2-14　科研院所转让、许可、作价投资的定价方式分布

科技成果转化定价过程中，2023 年，经过评估的转化成果为 1623 项，占总数的 26.2%，合同总金额为 53.9 亿元，平均合同金额为 332.1 万元；未经过评估的转化成果为 4562 项，占总数的 73.8%，合同总金额为 38.4 亿元，平均合同金额为 84.2 万元（图 3-2-15）。

六、科技成果转化流向

（一）科技成果承接单位类型 ❶

科技成果主要转化至境内中小微企业。2023 年，科研院所科技成果

---

❶ "中小微企业"和"大型企业"标准参考《国家统计局关于印发统计上大中小微型企业划分办法的通知》（国统字〔2011〕75 号），"国有企业"标准参考《关于划分企业登记注册类型的规定调整的通知》（国统字〔2011〕86 号），非国有企业归类为"其他企业"。

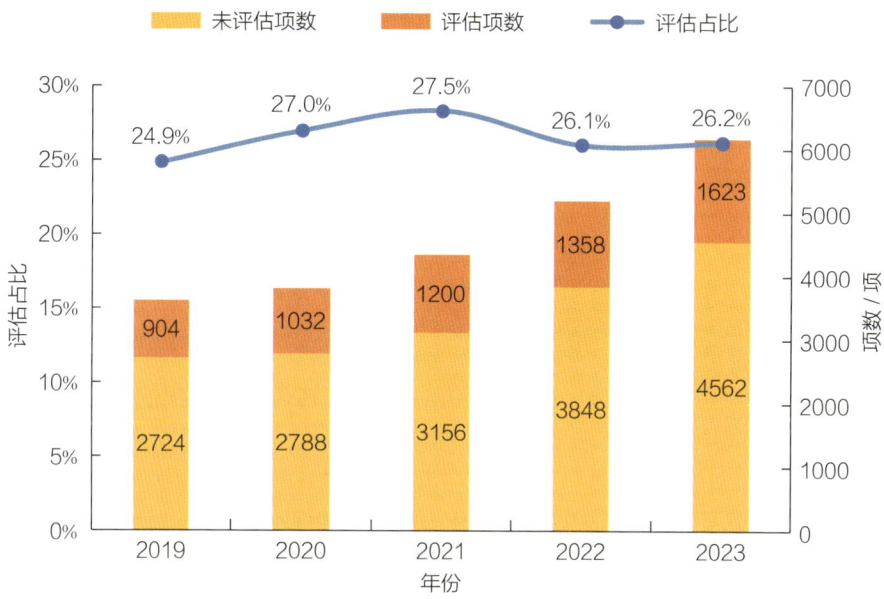

图 3-2-15 科研院所转让、许可、作价投资合同定价过程中的评估情况

以转让、许可、作价投资方式转化至境内、境外的合同金额分别是 92.3 亿元、271.0 万元（图 3-2-16），科技成果以转让、许可、作价投资方式转化至境内、境外的合同项数分别是 6180 项、5 项（图 3-2-17）。

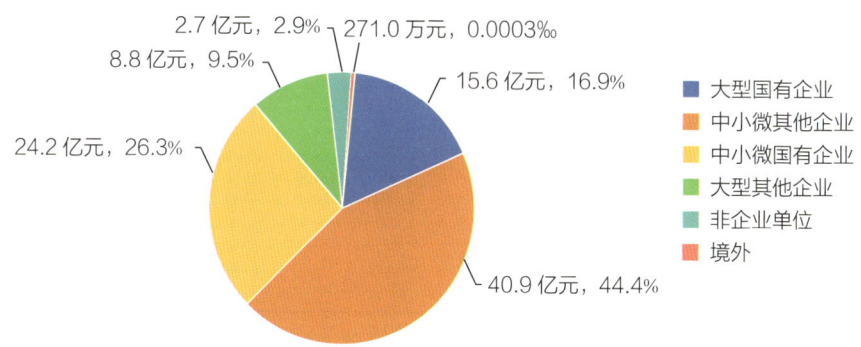

图 3-2-16 科研院所转让、许可、作价投资的承接单位合同金额分布

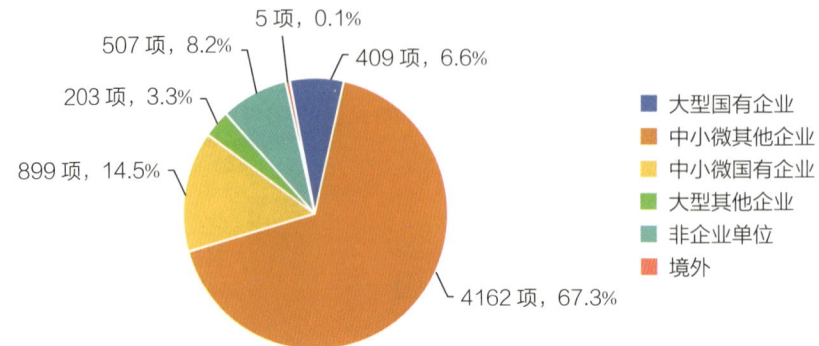

图 3-2-17　科研院所转让、许可、作价投资方式转化科技成果的承接单位合同项目分布

在境内转化的科技成果中，转化至中小微企业、大型企业、非企业单位的科技成果合同金额分别为 65.2 亿元、24.4 亿元、2.7 亿元，占合同总金额的比重分别为 70.6%、26.5%、2.9%（图 3-2-18）；转化至中小微企业、大型企业、非企业单位的科技成果数量分别为 5061 项、612 项、507 项，占科技成果转化合同总数的比例分别为 81.8%、9.9%、8.2%（图 3-2-19）。

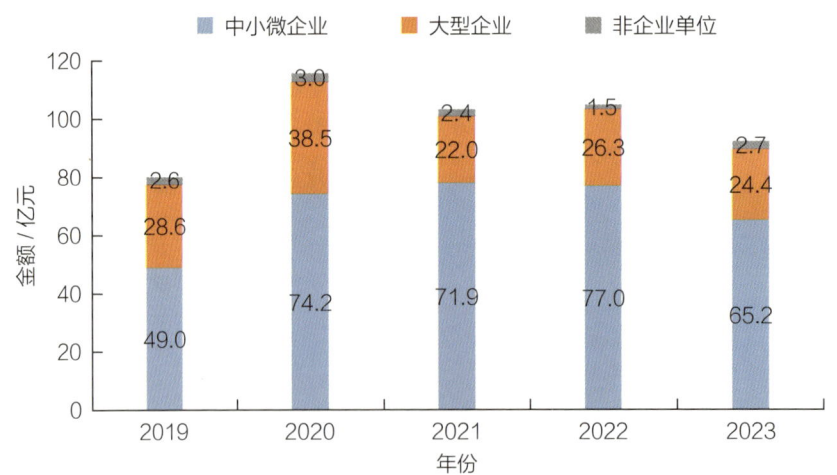

图 3-2-18　科研院所转让、许可、作价投资的境内合同金额

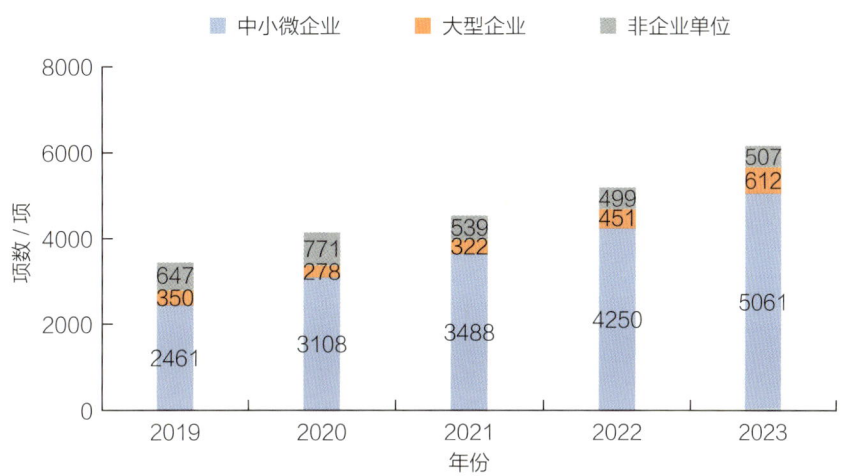

图 3-2-19 科研院所转让、许可、作价投资的境内合同项数

（二）科技成果承接单位所在地

科技成果转化至上海市的合同金额最高，转化至广东省的合同项数最多。按照科技成果转化至单位所在地统计，2023年科研院所以转让、许可、作价投资方式转化科技成果地方合同金额排名前3位的分别是上海市、北京市、江苏省，科技成果转化合同总金额分别为14.7亿元、10.8亿元、10.3亿元，占以转让、许可、作价投资的方式转化合同总金额的比重分别为15.9%、11.7%、11.2%（图3-2-20）。转化至地方成果合同项数排名前3位的分别是广东省、北京市、浙江省，合同项数分别为796项、546项、476项。

在承接科研院所转让、许可、作价投资合同金额排名前10位的省级行政区中，2023年合同金额最高的行业领域有4个是制造业，2个是科学研究和技术服务业，2个是农、林、牧、渔业，1个是卫生和社会工作，1个是其他（表3-2-3）。

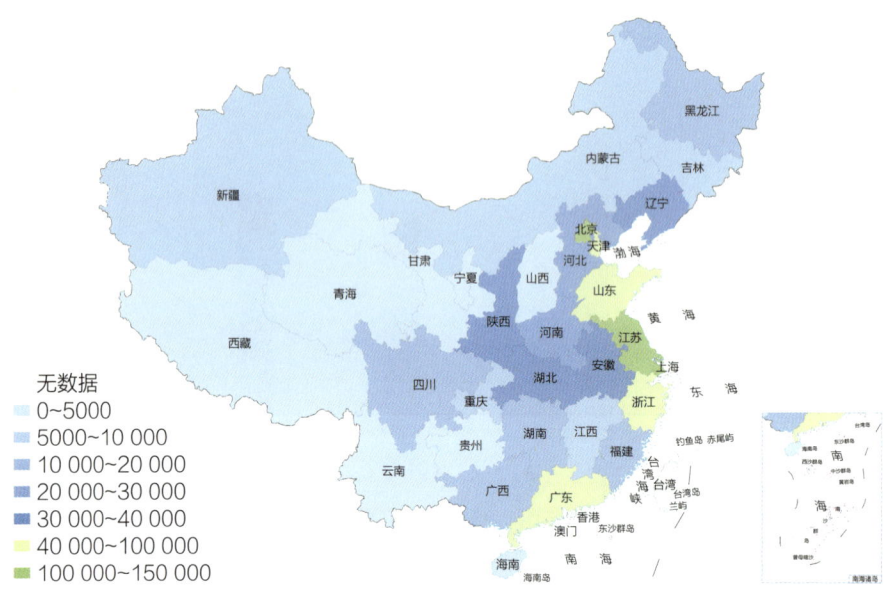

图 3-2-20 辖区内单位承接科研院所转让、许可、作价投资合同的金额（单位：万元）区间分布

表 3-2-3 承接科研院所转让、许可、作价投资合同金额排名前 10 位的省级行政区与合同金额最高的行业

排名	省级行政区	总合同金额 / 万元	合同金额最高的行业
1	上海市	147 148.5	科学研究和技术服务业
2	北京市	108 063.2	卫生和社会工作
3	江苏省	103 405.9	制造业
4	广东省	91 967.8	科学研究和技术服务业
5	浙江省	60 439.9	制造业
6	天津市	59 457.3	制造业
7	山东省	43 398.0	农、林、牧、渔业
8	陕西省	33 721.9	其他
9	湖北省	32 578.1	农、林、牧、渔业
10	安徽省	31 787.3	制造业

（三）科技成果行业领域

科技成果转化至制造业的合同金额最高，转化至农、林、牧、渔业的合同项数最多。按照科技成果应用的行业领域统计❶，2023年科研院所境内以转让、许可、作价投资方式转化合同金额排名前3位的依次是"制造业""科学研究和技术服务业""农、林、牧、渔业"，其合同总金额分别为27.9亿元、26.9亿元、17.3亿元，占以转让、许可、作价投资方式转化合同总金额的比重分别为30.2%、29.1%、18.7%（图3-2-21）；合同项数排名前3位的依次是"农、林、牧、渔业""制造业""科学研究和技术服务业"，其合同项数分别为3229项、1020项、950项。

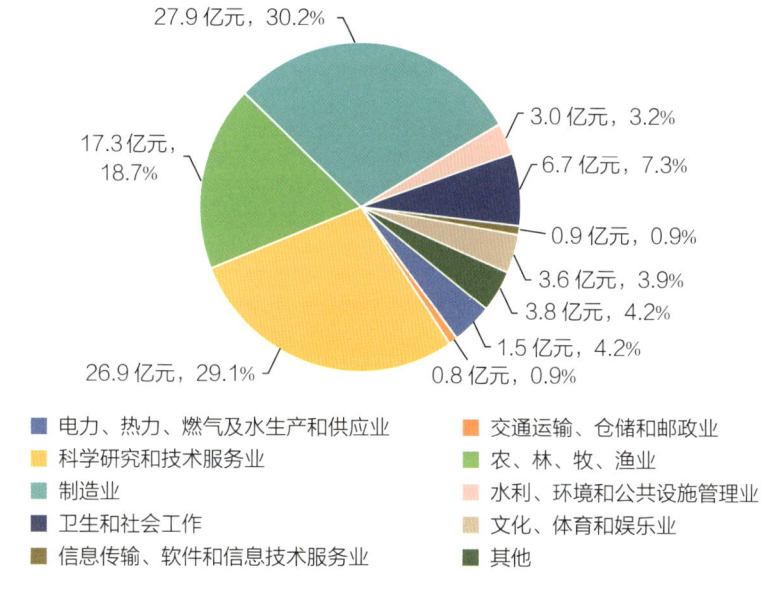

图3-2-21 科研院所转让、许可、作价投资成果的行业分布

---

❶ 按照国民经济行业门类，选取与科技相关性强的9个门类作为选项，剩余门类均归为"其他"，包括：①农、林、牧、渔业；②制造业；③电力、热力、燃气及水生产和供应业；④交通运输、仓储和邮政业；⑤信息传输、软件和信息技术服务业；⑥科学研究和技术服务业；⑦水利、环境和公共设施管理业；⑧卫生和社会工作；⑨文化、体育和娱乐业；⑩其他。

（四）本地转化和跨区域转化

56.2% 的科技成果在本地实现转化，服务本地企业，促进本地经济发展。按照科研院所转让、许可、作价投资科技成果的产出区域和转化至区域统计，2023 年，在本地实现转化总合同金额排名前 3 位的省级行政区是上海市（13.0 亿元）、北京市（8.2 亿元）、广东省（5.7 亿元）（表 3-2-4）。

表 3-2-4 科研院所转让、许可、作价投资本地转化合同金额排名前 10 位的省级行政区

排名	省级行政区	本地转化合同金额/亿元	占本地产出合同金额的比重	本地转化合同项数/项	占本地产出合同项数的比重
1	上海市	13.0	50.5%	143	40.6%
2	北京市	8.2	40.9%	420	40.5%
3	广东省	5.7	82.8%	620	72.1%
4	天津市	5.7	75.8%	32	34.4%
5	浙江省	3.1	89.8%	342	76.9%
6	辽宁省	1.9	28.1%	101	55.8%
7	山东省	1.6	78.9%	221	69.3%
8	江苏省	1.6	65.4%	188	73.2%
9	陕西省	1.5	82.0%	15	53.6%
10	湖北省	1.3	86.1%	176	79.3%

2023 年，本辖区内科研院所科技成果以转让、许可、作价投资方式转化至其他区域的合同金额为 40.4 亿元，占总合同金额的 43.8%；合同项数为 2174 项，占总合同项数的 35.1%。

承接其他区域科技成果合同金额排名前 3 位的省级行政区是江苏省（8.8 亿元）、广东省（3.5 亿元）、浙江省（3.0 亿元）（图 3-2-22）；合同项数排名前 3 位的省级行政区是江苏省（263 项）、山东省（199 项）、广东省（176 项）（图 3-2-23）。

本辖区科技成果输出至其他区域合同金额排名前 3 位的省级行政区是上海市（12.7 亿元）、北京市（11.9 亿元）、辽宁省（4.9 亿元）（图 3-2-22）；合同项数排名前 3 位的省级行政区是北京市（617 项）、广东省（240 项）、上海市（209 项）（图 3-2-23）。

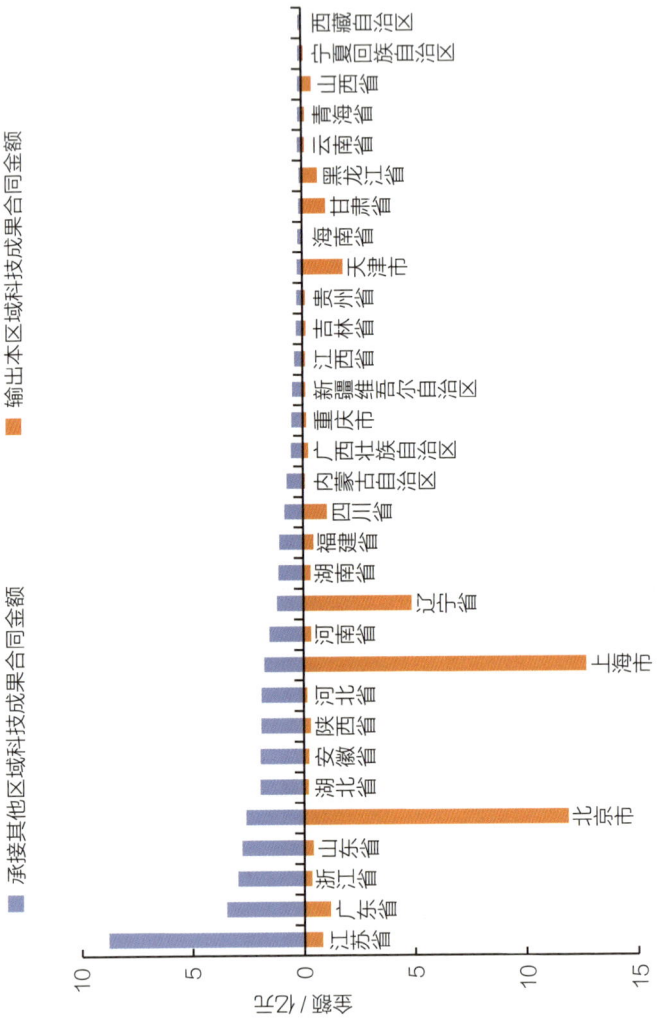

图3-2-22 科研院所转让、许可、作价投资合同金额的区域分布

第三篇 第二章 转让、许可、作价投资的进展成效

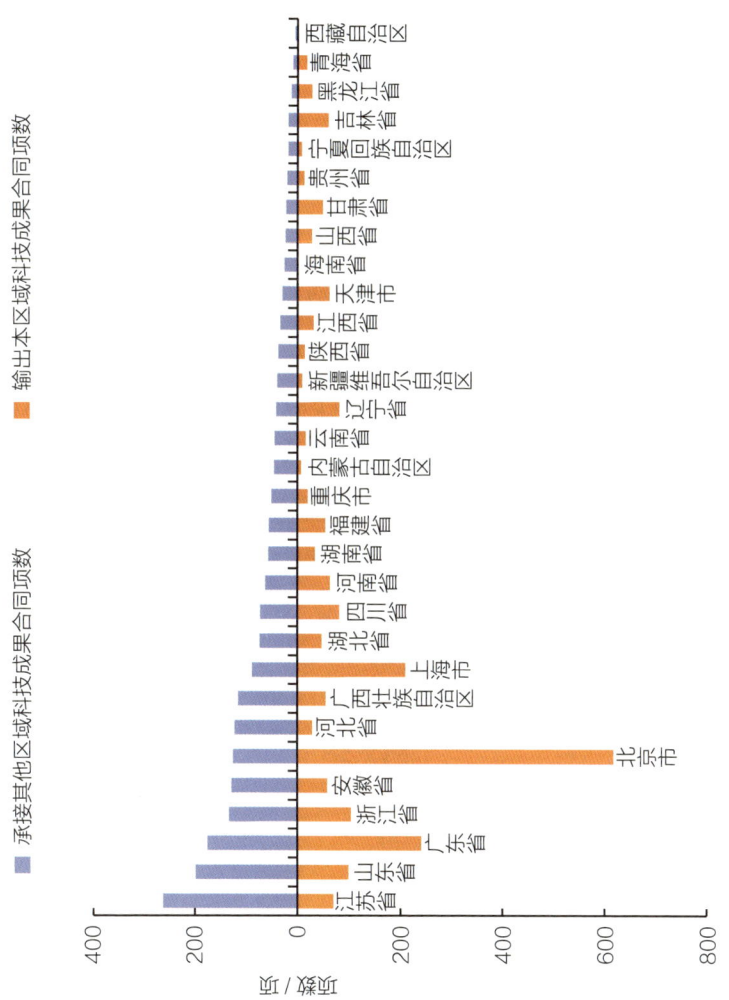

图3-2-23 科研院所转让、许可、作价投资合同项数的区域分布

财政资助项目的科技成果转化

一、总体情况

（一）全国财政资助项目[1]成果

全国财政资助项目成果转化合同金额有所增长，合同项数略有增长。2023年，科研院所以转让、许可、作价投资3种方式转化财政资助项目成果的合同金额为35.2亿元，比上一年增长12.2%，占科研院所转让、许可、作价投资3种转化方式总合同金额（92.3亿元）的38.1%；合同项数为2023项，比上一年增长4.7%，占科研院所转让、许可、作价投资3种转化方式总合同项数（6185项）的32.7%（图3-3-1）。

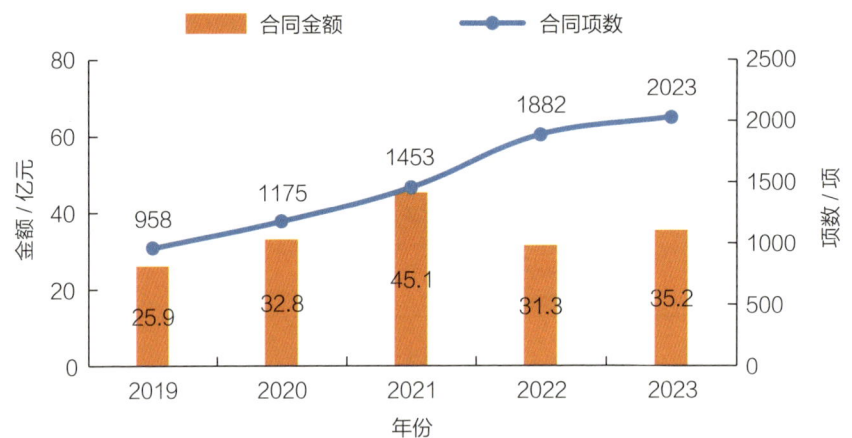

图3-3-1 科研院所财政资助项目成果转让、许可、作价投资的合同金额和合同项数

---

[1] 全国财政资助项目包括中央财政资助项目和地方财政资助项目。

（二）中央财政资助项目成果

中央财政资助项目成果合同金额明显增长，合同项数有所增长。2023年，科研院所以转让、许可、作价投资3种方式转化中央财政资助项目成果的合同金额为30.5亿元，比上一年增长26.3%，占科研院所全国财政资助项目成果转让、许可、作价投资3种转化方式总合同金额（35.2亿元）的86.7%；合同项数为1105项，比上一年增长10.7%，占科研院所全国财政资助项目成果转让、许可、作价投资3种转化方式总合同项数（2023项）的54.6%（图3-3-2）。

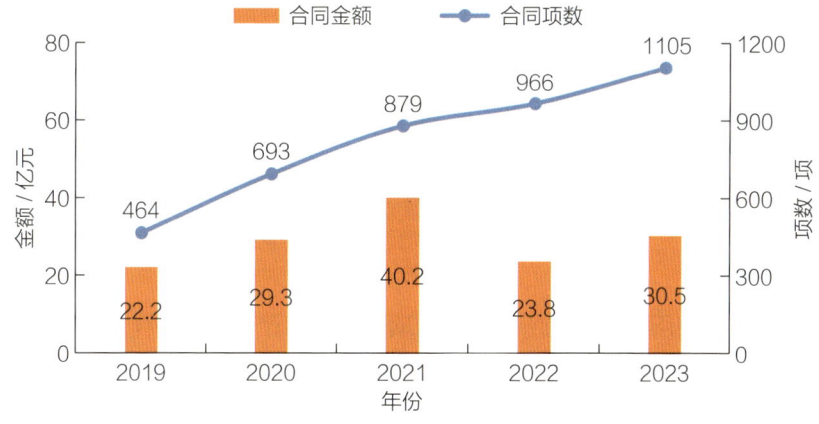

图3-3-2 科研院所中央财政资助项目成果转让、许可、作价投资的合同金额和合同项数

二、中央所属科研院所

（一）全国财政资助项目成果

中央所属科研院所全国财政资助项目成果合同金额有所增长，合同项数略有增长。2023年，中央所属科研院所以转让、许可、作价投资3种方式转

化财政资助项目成果的合同金额为 27.7 亿元，比上一年增长 10.8%，占中央所属科研院所转让、许可、作价投资 3 种转化方式总合同金额（68.1 亿元）的 40.7%；合同项数为 768 项，比上一年增长 7.8%，占中央所属科研院所转让、许可、作价投资 3 种转化方式总合同项数（2164 项）的 35.5%（图 3-3-3）。

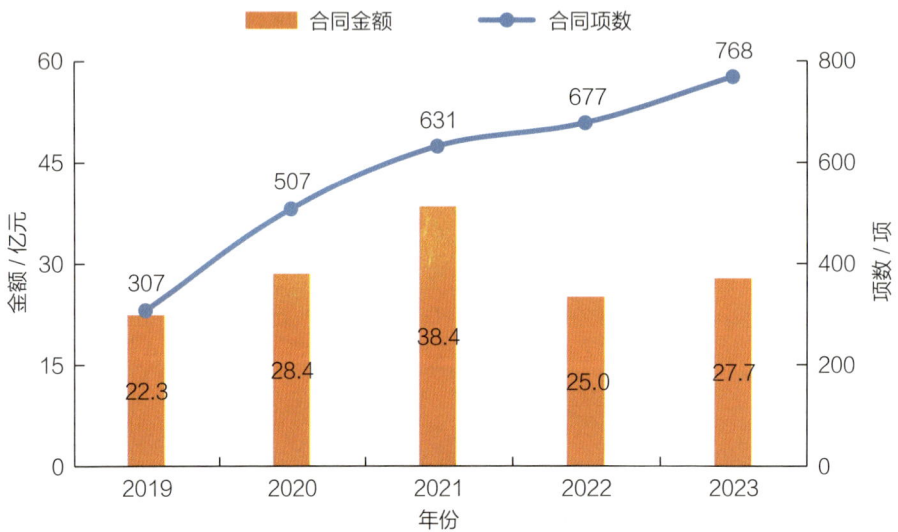

图 3-3-3 中央所属科研院所财政资助项目成果转让、许可、作价投资的合同金额和合同项数

（二）中央财政资助项目成果

中央所属科研院所中央财政资助项目成果合同金额明显增长，合同项数略有增长。2023 年，中央所属科研院所以转让、许可、作价投资 3 种方式转化中央财政资助项目成果的合同金额为 27.2 亿元，比上一年增长 24.5%，占中央所属科研院所全国财政资助项目成果转让、许可、作价投资 3 种转化方式总合同金额（27.7 亿元）的 98.2%；合同项数为 704 项，比上一年增长 8.3%，占中央所属科研院所全国财政资助项目成果转让、许可、作价投资 3 种转化方式总合同项数（768 项）的 91.7%（图 3-3-4）。

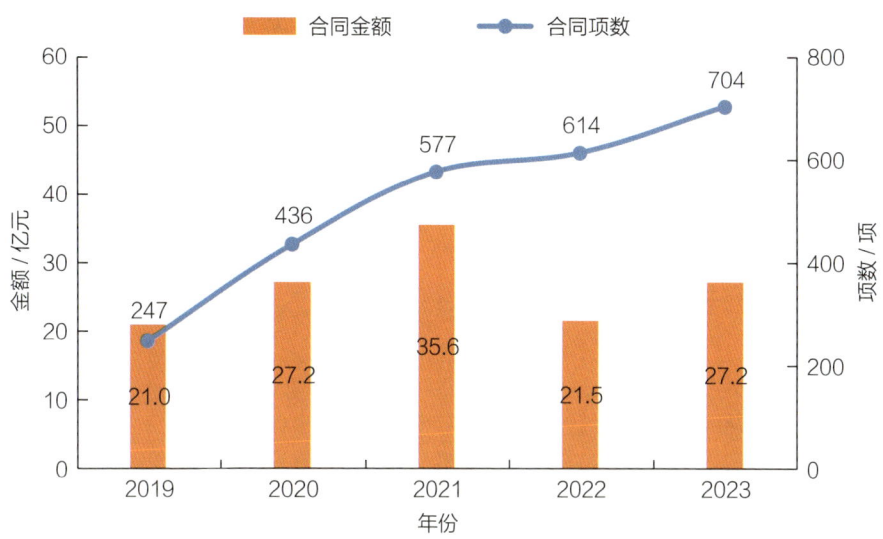

图 3-3-4 中央所属科研院所中央财政资助项目成果转让、许可、作价投资的合同金额和合同项数

三、地方所属科研院所

（一）全国财政资助项目成果

地方所属科研院所全国财政资助项目成果合同金额有所增长，合同项数略有增长。2023 年，地方所属科研院所以转让、许可、作价投资 3 种方式转化财政资助项目成果的合同金额为 7.4 亿元，比上一年增长 17.8%，占地方所属科研院所转让、许可、作价投资 3 种转化方式总合同金额（24.2 亿元）的 30.8%；合同项数为 1255 项，比上一年增长 3.0%，占地方科研院所转让、许可、作价投资 3 种转化方式总合同项数（4021 项）的 31.2%（图 3-3-5）。

2023 年，地方所属科研院所全国财政资助项目成果以转让、许可、作价投资 3 种方式转化的合同金额排名前 3 位的省级行政区是北京市（1.0 亿元）、广东省（0.9 亿元）、安徽省（0.8 亿元）（图 3-3-6）。

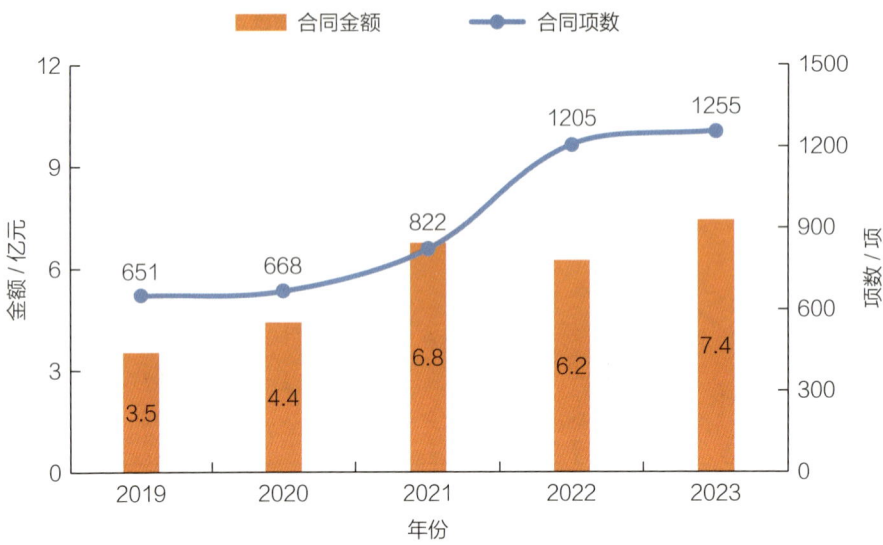

图 3-3-5 地方所属科研院所财政资助项目成果转让、许可、作价投资的合同金额和合同项数

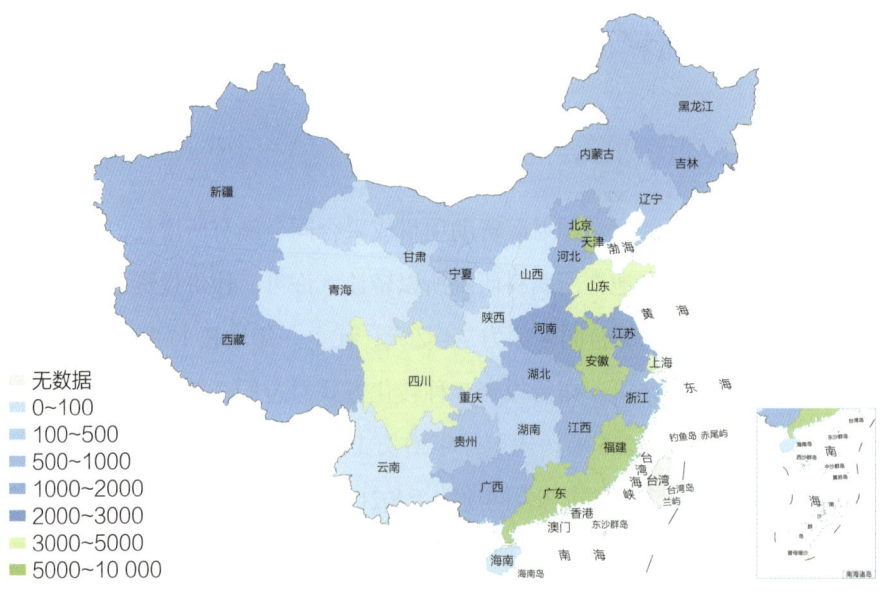

图 3-3-6 地方所属科研院所财政资助项目成果转让、许可、作价投资的合同金额（单位：万元）区间分布

（二）中央财政资助项目成果

地方所属科研院所中央财政资助项目成果合同金额显著增长，合同项数有所增长。2023年，地方所属科研院所以转让、许可、作价投资3种方式转化中央财政资助项目成果的合同金额为3.2亿元，比上一年增长43.3%，占地方所属科研院所全国财政资助项目成果转让、许可、作价投资3种转化方式总合同金额（7.4亿元）的43.7%；合同项数为401项，比上一年增长14.9%，占地方所属科研院所全国财政资助项目成果转让、许可、作价投资3种转化方式总合同项数（1255项）的32.0%（图3-3-7）。

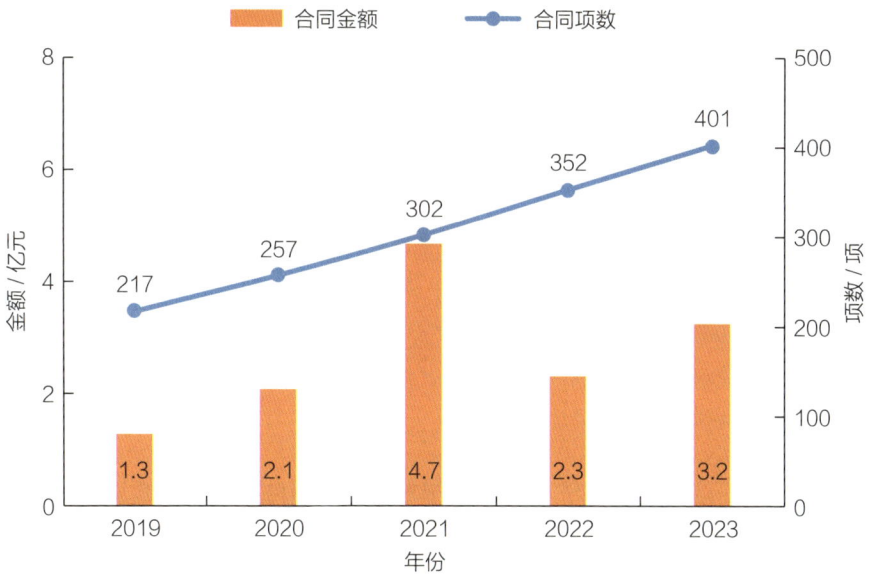

图3-3-7 地方所属科研院所中央财政资助项目成果转让、许可、作价投资的合同金额和合同项数

2023年，地方所属科研院所中央财政资助项目成果以转让、许可、作价投资3种方式转化的合同金额排名前3位的省级行政区是北京市（0.7亿元）、天津市（0.5亿元）、山东省（0.4亿元）（图3-3-8）。

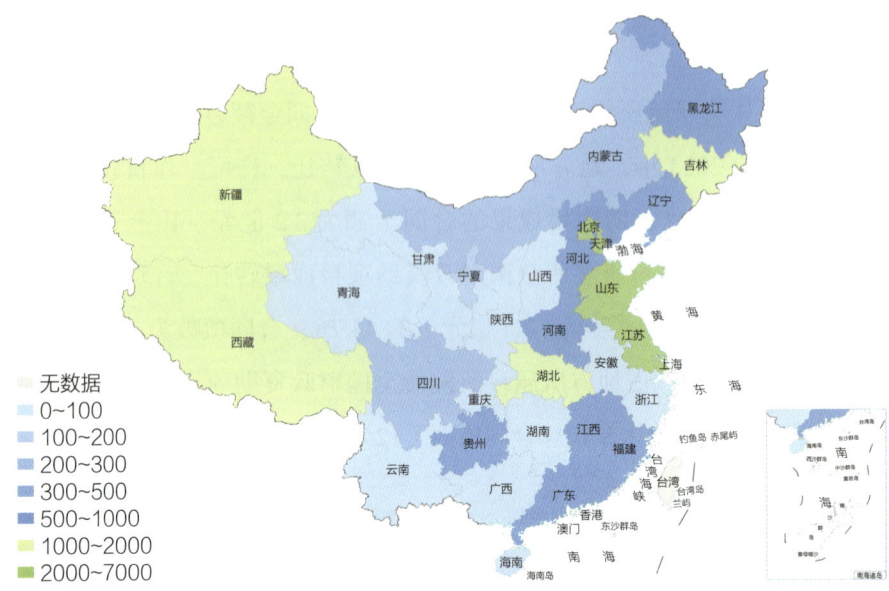

图 3-3-8　地方所属科研院所中央财政资助项目成果转让、许可、作价投资的合同金额（单位：万元）区间分布

四、辖区内科研院所

（一）全国财政资助项目成果

按照科研院所所在地统计，2023年辖区内科研院所全国财政资助项目成果以转让、许可、作价投资3种方式转化的合同金额排名前3位的省级行政区是上海市（10.4亿元）、北京市（7.2亿元）、天津市（6.0亿元）（图3-3-9）。

（二）中央财政资助项目成果转化情况

2023年，辖区内科研院所中央财政资助项目成果以转让、许可、作价投资3种方式转化的合同金额排名前3位的省级行政区是上海市（10.2亿元）、北京市（6.9亿元）、天津市（5.8亿元）（图3-3-10）。

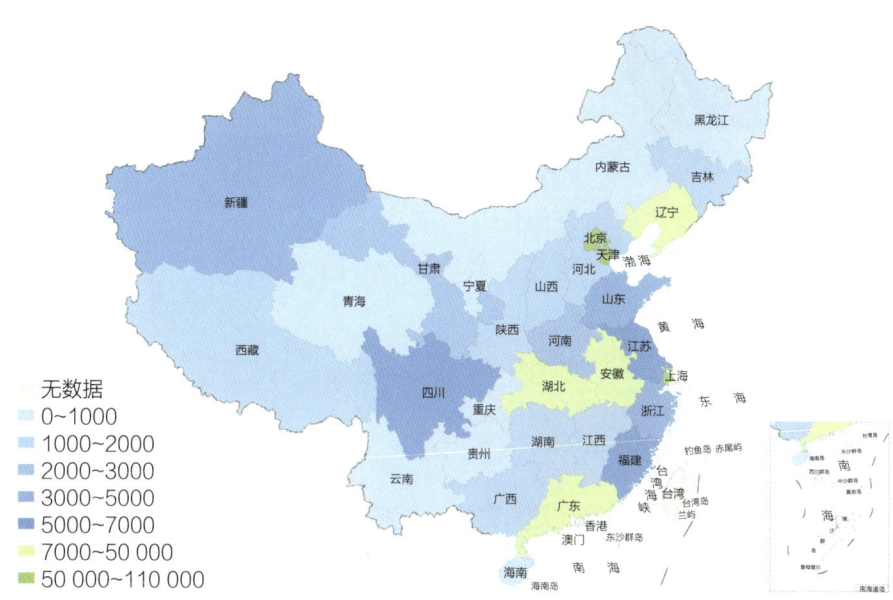

图 3-3-9 辖区内科研院所财政资助项目成果转让、许可、作价投资的合同金额（单位：万元）区间分布

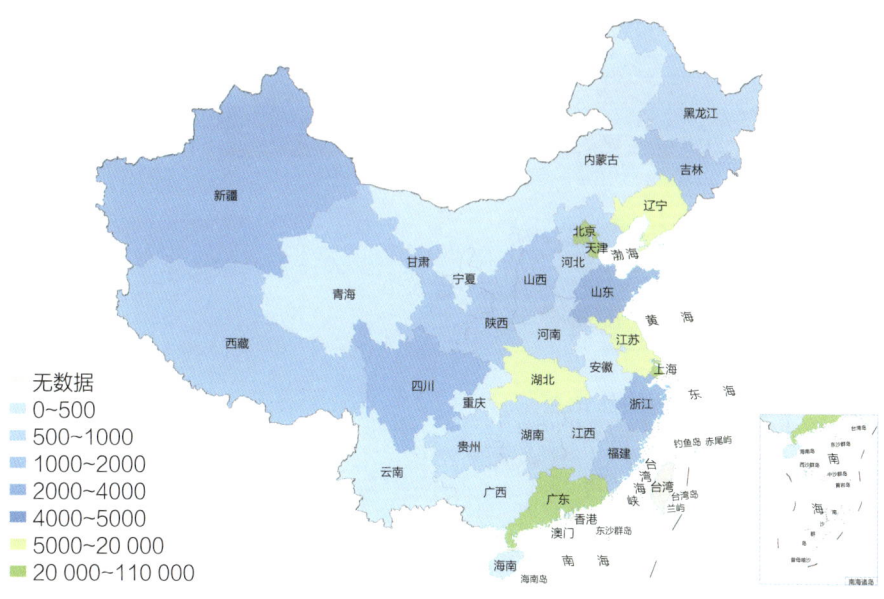

图 3-3-10 辖区内科研院所中央财政资助项目成果转让、许可、作价投资的合同金额（单位：万元）区间分布

转让、许可、作价投资的收益分配

一、总体情况

（一）现金和股权收益分配

2023年，科研院所当年实际完成分配的现金和股权总额为36.3亿元，比上一年下降31.9%；个人获得的现金和股权奖励金额为17.0亿元，比上一年下降28.0%；研发与转化主要贡献人员获得的现金和股权奖励金额为15.0亿元，比上一年下降22.5%（图3-4-1）。

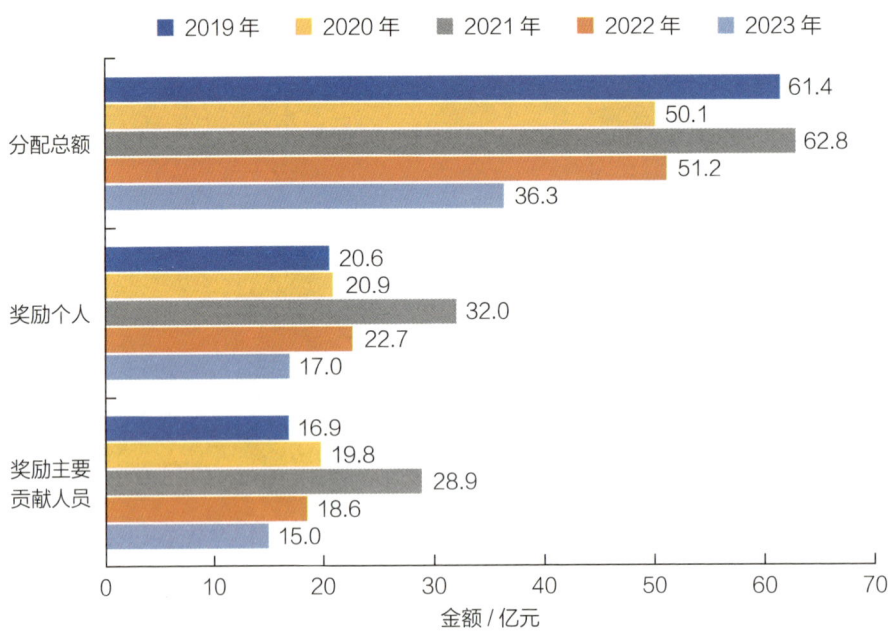

图3-4-1 科研院所转让、许可、作价投资的收益分配金额

2023年，科研院所个人获得的现金和股权奖励占分配总额的46.7%（图3-4-2），研发与转化主要贡献人员获得的奖励占奖励个人金额的88.5%。奖励人次为53 857人次，比上一年下降2.4%；人均奖励金额为3.1万元，比上一年下降26.3%。

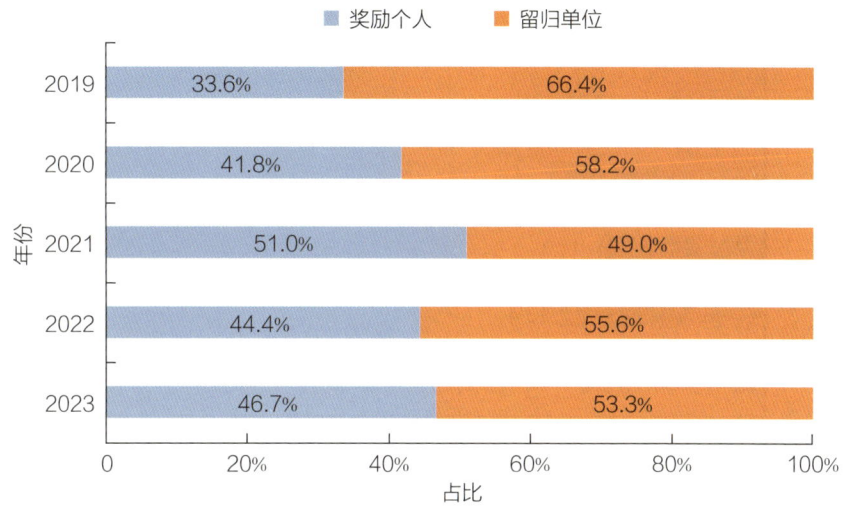

图3-4-2 科研院所转让、许可、作价投资的收益分配比例

（二）现金

2023年，科研院所当年实际完成分配的转让、许可现金总额为28.4亿元，比上一年下降27.5%；个人获得的现金奖励金额为14.1亿元，比上一年下降28.3%；研发与转化主要贡献人员获得的现金奖励金额为12.3亿元，比上一年下降22.4%（图3-4-3）。

2023年，科研院所个人获得的现金奖励占现金分配总额的49.7%（图3-4-4），研发与转化主要贡献人员获得的奖励占奖励个人金额的87.0%。奖励人次为52 843人次，比上一年增长8.9%；人均奖励金额为2.7万元，比上一年下降34.2%。

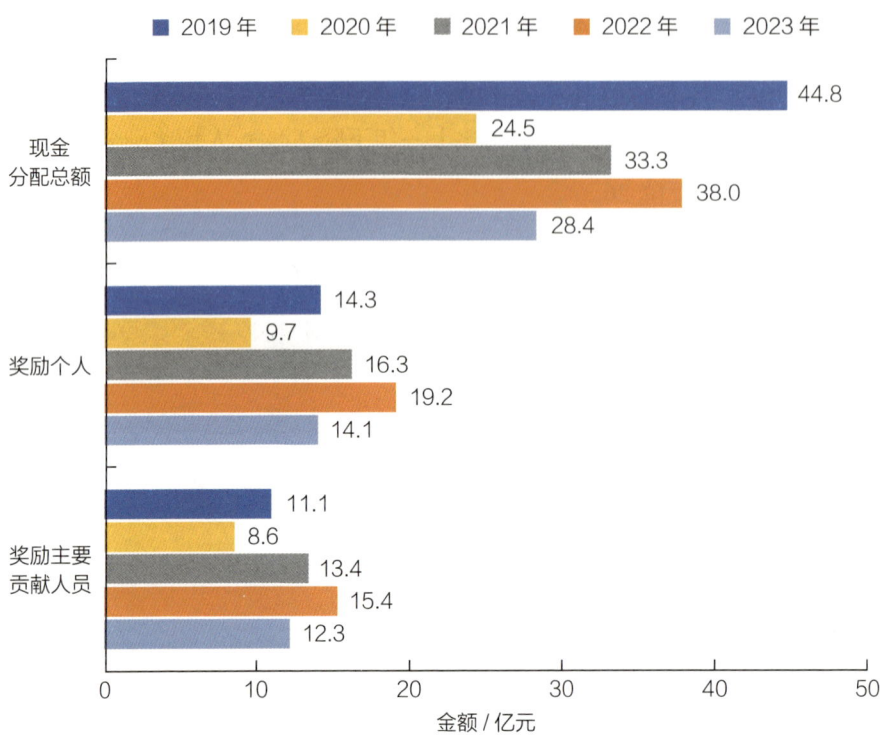

图 3-4-3　科研院所转让、许可的收益分配金额

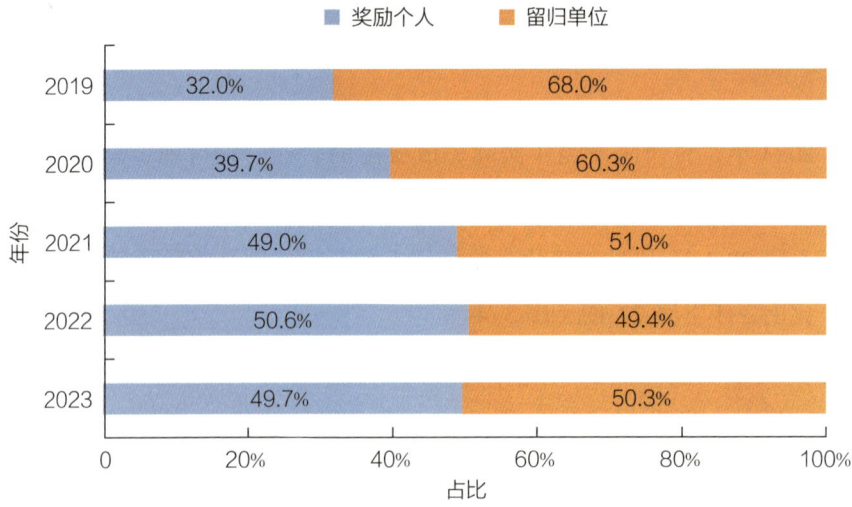

图 3-4-4　科研院所转让、许可的收益分配比例

二、中央所属科研院所

（一）现金和股权

2023年，中央所属科研院所当年实际完成分配的现金和股权总额为23.5亿元，比上一年下降43.0%；个人获得的现金和股权奖励金额为9.0亿元，比上一年下降45.2%；研发与转化主要贡献人员获得的现金和股权奖励金额为8.1亿元，比上一年下降37.2%（图3-4-5）。

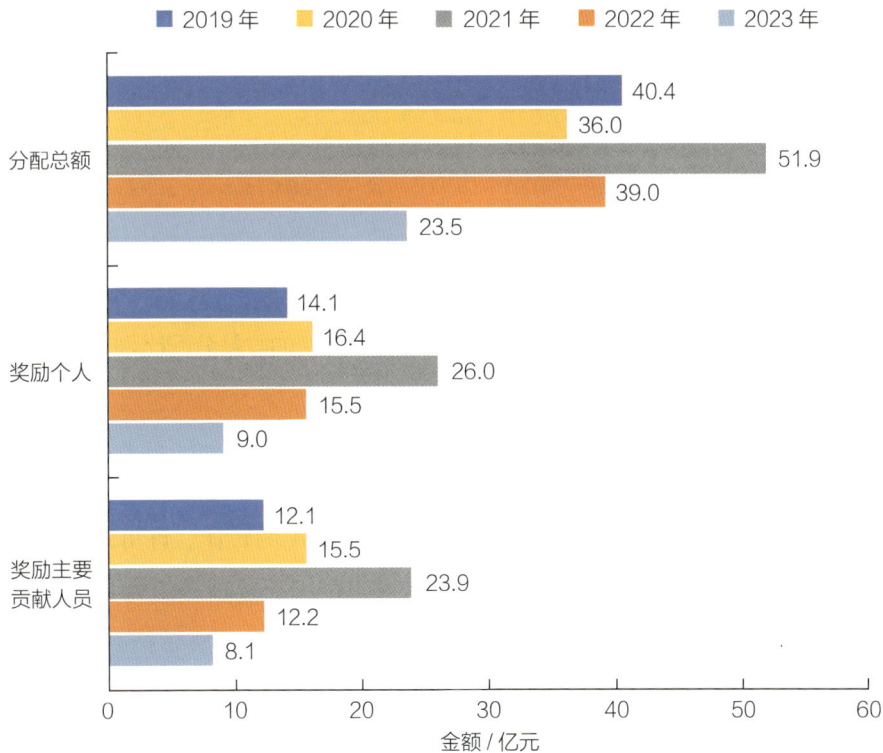

图3-4-5 中央所属科研院所转让、许可、作价投资的收益分配金额

2023年，中央所属科研院所个人获得的现金和股权奖励占分配总额的38.3%（图3-4-6），研发与转化主要贡献人员获得的奖励占奖励个人金额

的 90.1%。奖励人次为 16 963 人次，比上一年下降 33.0%；人均奖励金额为 5.3 万元，比上一年下降 18.3%。

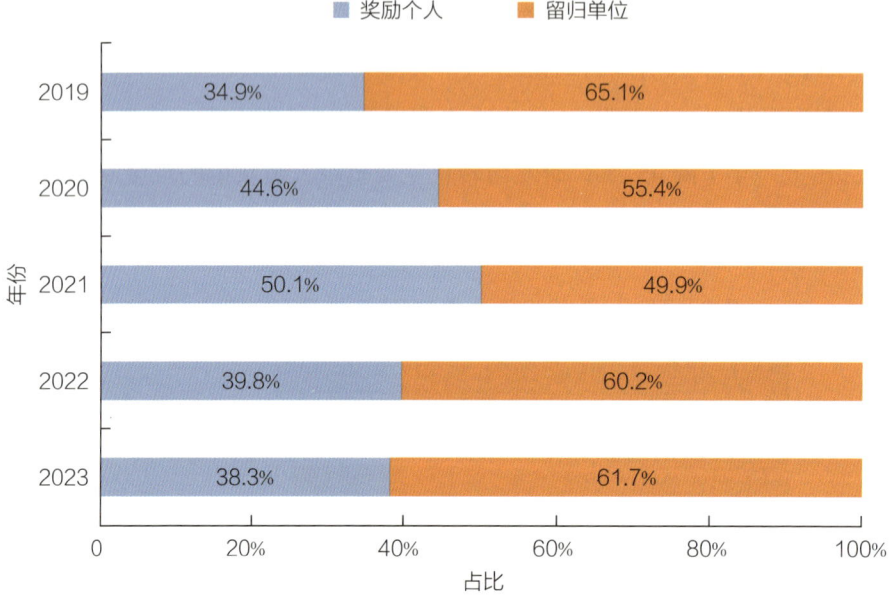

图 3-4-6　中央所属科研院所转让、许可、作价投资的收益分配比例

（二）现金

2023 年，中央所属科研院所当年实际完成分配的转让、许可现金总额为 19.2 亿元，比上一年下降 39.3%；个人获得的现金奖励金额为 8.4 亿元，比上一年下降 43.6%；研发与转化主要贡献人员获得的现金奖励金额为 7.5 亿元，比上一年下降 35.5%（图 3-4-7）。

2023 年，中央所属科研院所个人获得的现金奖励占现金分配总额的 43.8%（图 3-4-8），研发与转化主要贡献人员获得的奖励占奖励个人金额的 89.4%。奖励人次为 16 636 人次，比上一年下降 9.8%；人均奖励金额为 5.1 万元，比上一年下降 37.4%。

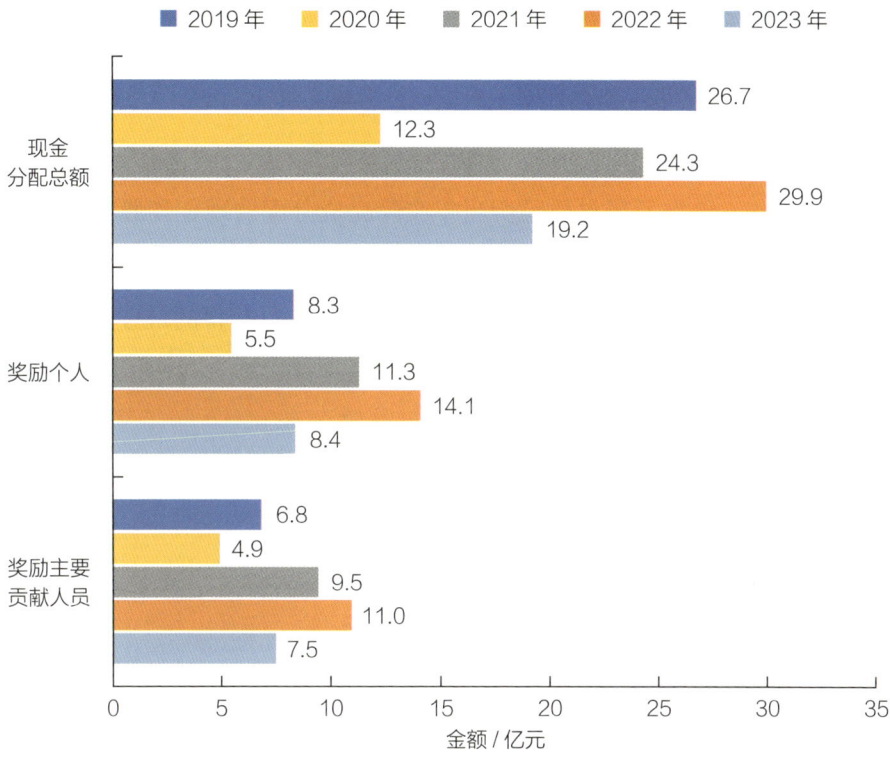

图 3-4-7 中央所属科研院所转让、许可的收益分配金额

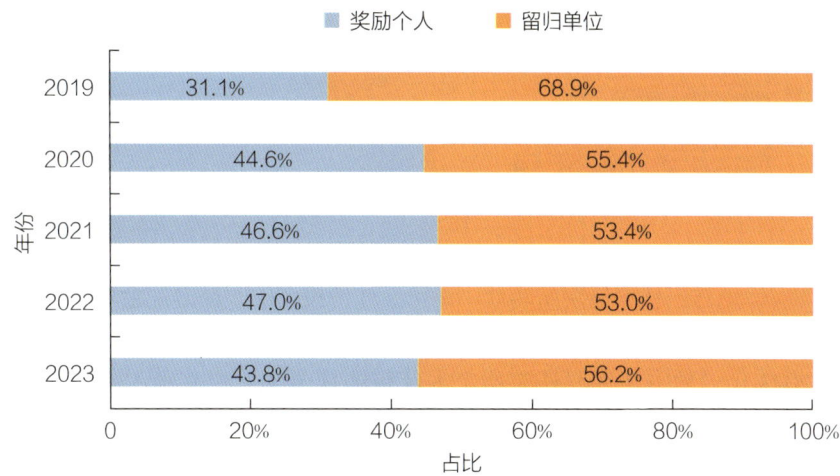

图 3-4-8 中央所属科研院所转让、许可的收益分配比例

三、地方所属科研院所

(一) 现金和股权

2023年,地方所属科研院所当年实际完成分配的现金和股权总额为12.8亿元,比上一年增长4.7%;个人获得的现金和股权奖励金额为8.0亿元,比上一年增长10.4%;研发与转化主要贡献人员获得的现金和股权奖励金额为6.9亿元,比上一年增长6.3%(图3-4-9)。

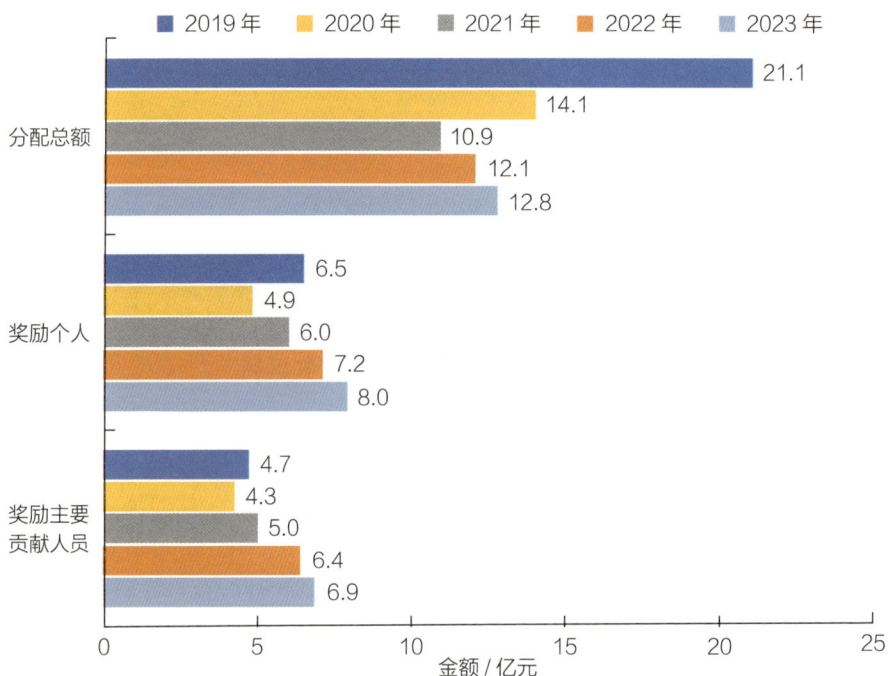

图3-4-9 地方所属科研院所转让、许可、作价投资的收益分配金额

2023年,地方所属科研院所个人获得的现金和股权奖励占分配总额的62.1%(图3-4-10),研发与转化主要贡献人员获得的奖励占奖励个人金额的86.7%。奖励人次为36 894人次,比上一年增长17.3%;人均奖励金额为2.2万元,比上一年下降5.9%。

第三篇 第四章 转让、许可、作价投资的收益分配

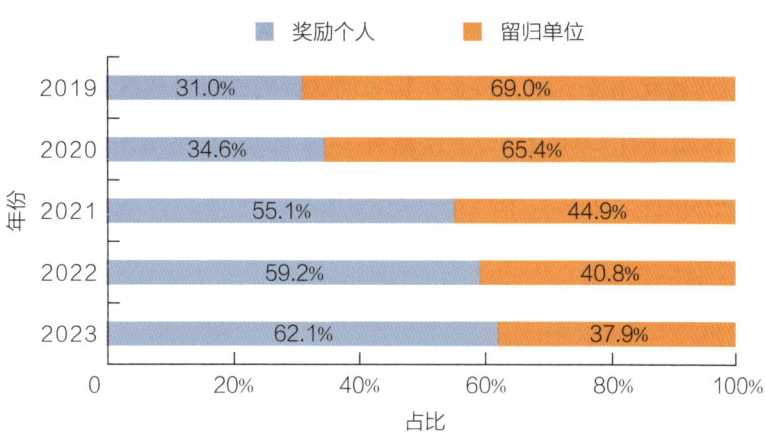

图 3-4-10 地方所属科研院所转让、许可、作价投资的收益分配比例

2023年，地方所属科研院所当年实际完成分配的现金和股权总额排名前3位的省级行政区是广东省（2.5亿元）、浙江省（1.2亿元）、福建省（0.9亿元）（图3-4-11）；奖励个人金额排名前3位的省级行政区是广

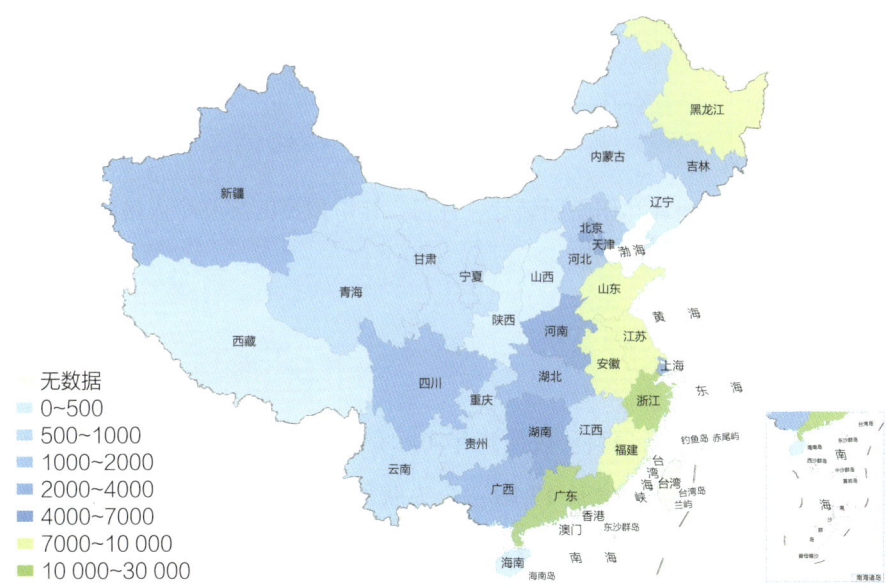

图 3-4-11 地方所属科研院所转让、许可、作价投资的收益分配总额（单位：万元）区间分布

219

东省（1.5亿元）、黑龙江省（0.8亿元）、浙江省（0.7亿元）（图3-4-12）；奖励研发与转化主要贡献人员金额排名前3位的省级行政区是广东省（1.4亿元）、黑龙江省（0.6亿元）、安徽省（0.5亿元）；奖励人次排名前3位的省级行政区是广东省（5515人次）、河南省（4280人次）、江苏省（3396人次）。

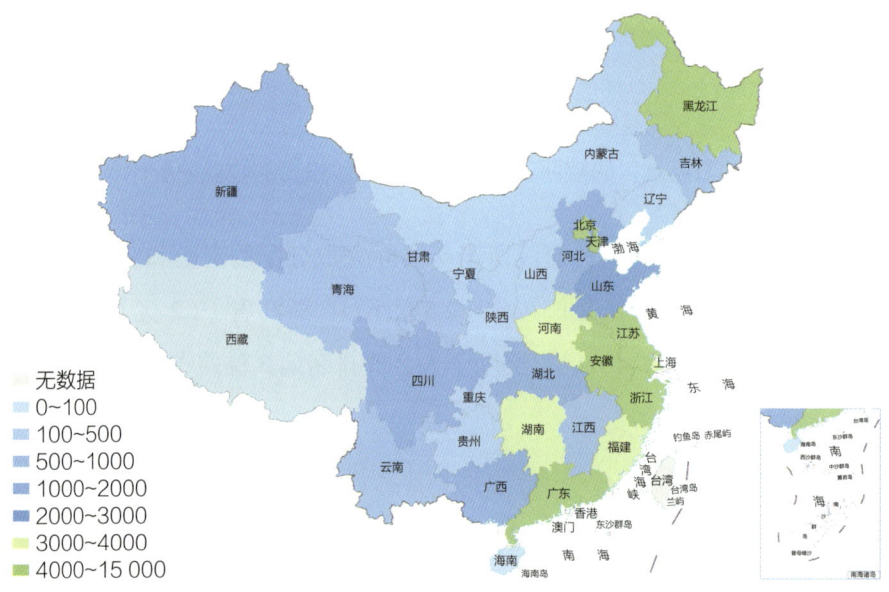

图3-4-12 地方所属科研院所转让、许可、作价投资的奖励个人金额（单位：万元）区间分布

（二）现金

2023年，地方所属科研院所当年实际完成分配的转让、许可现金总额为9.2亿元，比上一年增长17.7%；个人获得的现金奖励金额为5.7亿元，比上一年增长15.3%；研发与转化主要贡献人员获得的现金奖励金额为4.8亿元，比上一年增长11.6%（图3-4-13）。

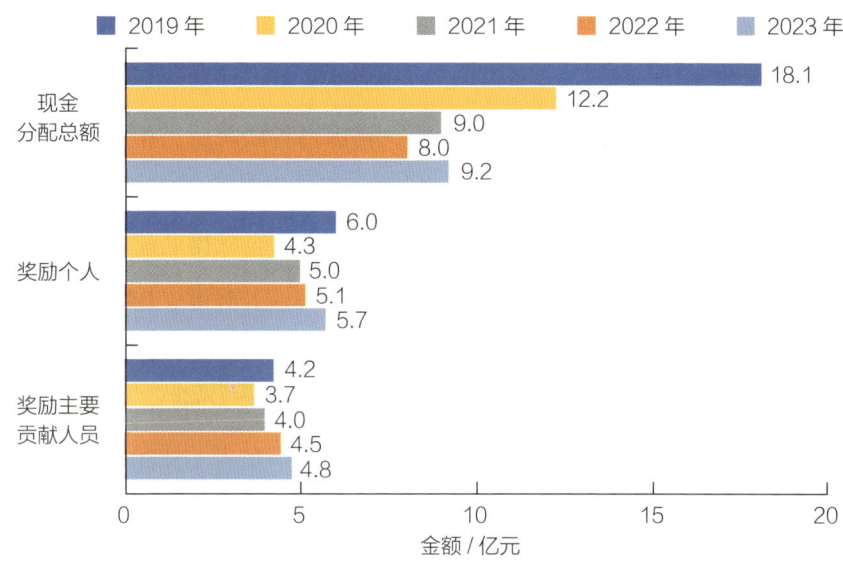

图 3-4-13 地方所属科研院所转让、许可合同的收益分配金额

2023 年，地方所属科研院所个人获得的现金奖励占现金分配总额的 62.1%（图 3-4-14），研发与转化主要贡献人员获得的奖励占奖励个人金额的 83.4%。奖励人次为 36 207 人次，比上一年增长 17.9%；人均奖励金额为 1.6 万元，比上一年下降 2.2%。

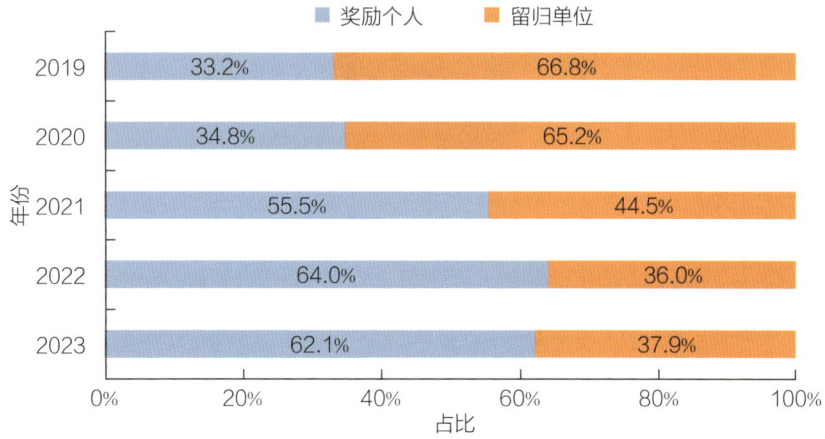

图 3-4-14 地方所属科研院所转让、许可的现金收益分配比例

四、辖区内科研院所

按照科研院所所在地统计，2023年，辖区内科研院所当年实际完成分配的现金和股权收入金额排名前3位的省级行政区是北京市（9.4亿元）、广东省（4.8亿元）、上海市（4.3亿元）；奖励个人金额排名前3位的省级行政区是北京市（4.8亿元）、广东省（1.7亿元）、上海市（1.4亿元）（图3-4-15）；奖励研发与转化主要贡献人员金额排名前3位的省级行政区是北京市（4.0亿元）、广东省（1.6亿元）、上海市（1.3亿元）；奖励人次排名前3位的省级行政区是北京市（6890人次）、广东省（5820人次）、江苏省（5299人次）。

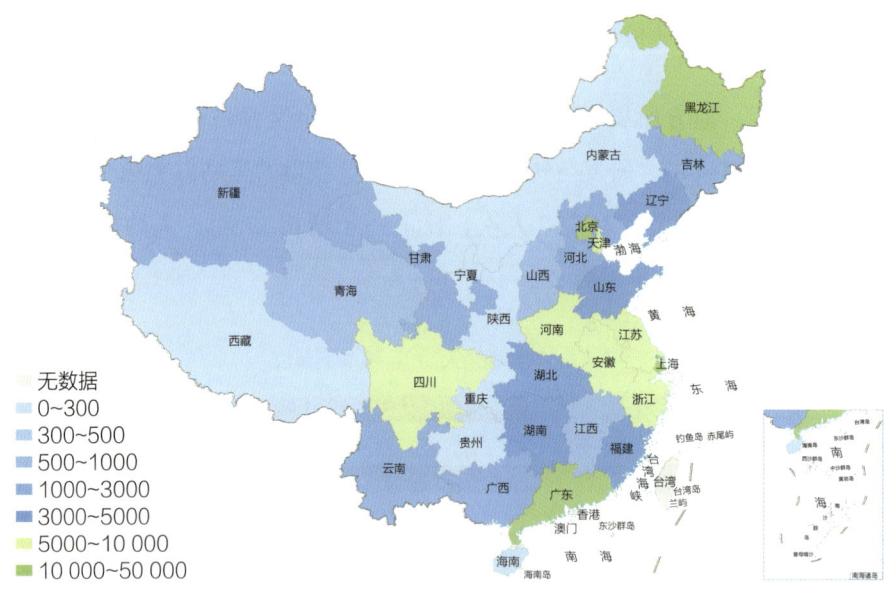

图3-4-15 辖区内科研院所转让、许可、作价投资的奖励个人金额（万元）区间分布

第五章 技术开发、咨询、服务的进展成效

一、总体情况

技术开发、咨询、服务合同金额和当年到账金额均有所增长，合同项数略有增长。2023年，科研院所签订技术开发、咨询、服务合同金额为590.7亿元，比上一年增长13.7%，占科研院所以转让、许可、作价投资和技术开发、咨询、服务6种方式转化科技成果的总合同金额的86.5%（2022年占比为82.6%）（图3-5-1）；合同项数为291 438项，比上一年增长3.7%，占科研院所转让、许可、作价投资和技术开发、咨询、服务6种方式转化科技成果的总合同项数的97.9%（2022年占比为98.1%）（图3-5-2）；合同当年到账金额为394.0亿元，比上一年增长10.5%。

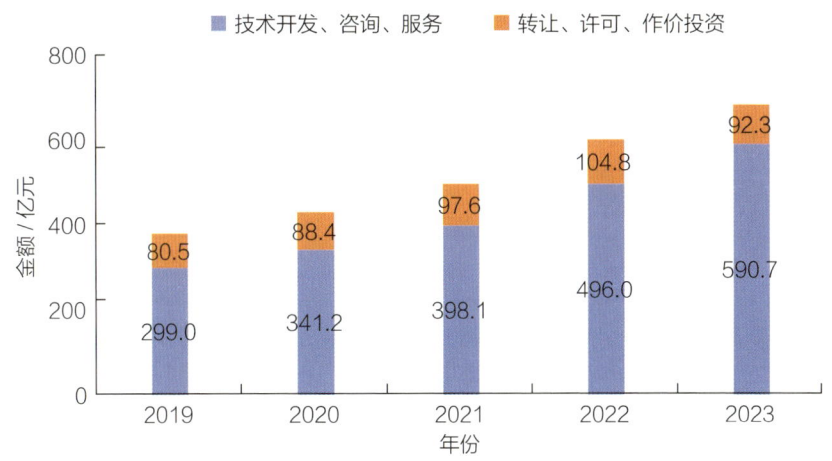

图3-5-1 科研院所转让、许可、作价投资和技术开发、咨询、服务6种方式转化科技成果的合同金额

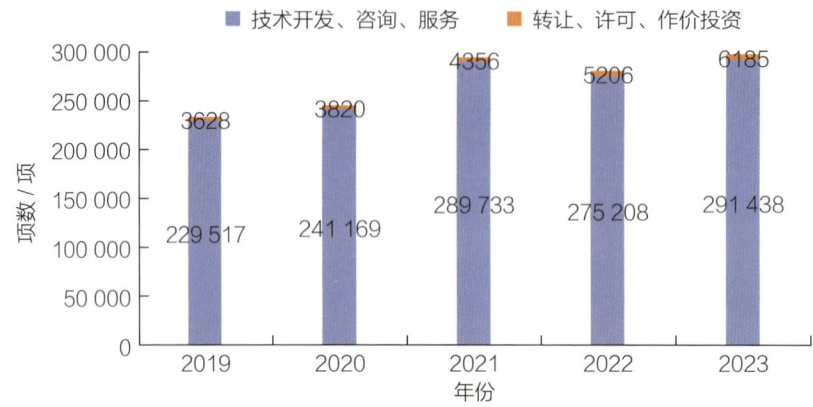

图 3-5-2 科研院所转让、许可、作价投资和技术开发、咨询、服务 6 种方式转化科技成果的合同项数

此外，平均合同金额比上一年略有增长。2023 年，科研院所技术开发、咨询、服务平均合同金额为 20.3 万元，比上一年增长 9.7%。

2023 年，科研院所技术开发、咨询、服务单项合同金额 1 亿元及以上的合同共计 9 项（表 3-5-1、表 3-5-2），5000 万元及以上的合同共计 38 项，1000 万元及以上的合同共计 440 项。

表 3-5-1 科研院所技术开发、咨询、服务的合同金额和合同项数分布

合同金额区间	合同项数 / 项	合同项数占比	合同金额 / 万元	合同金额占比
1 亿元（含）以上	9	0.000 03‰	129 180.5	2.2%
1000 万元（含）~1 亿元	431	0.1%	911 373.7	15.4%
100 万元（含）~1000 万元	7448	2.6%	1 875 255.7	31.7%
100 万元以下	283 550	97.3%	2 990 867.2	50.6%
总计	291 438	—	5 906 677.2	—

表 3-5-2　科研院所单项合同金额 1 亿元及以上的技术开发、咨询、服务合同分布

序号	单位名称	合同项数 / 项
1	江西中医药健康产业研究院	1
2	中国科学院空天信息创新研究院	3
3	广东省水利水电科学研究院	1
4	中国科学院光电技术研究所	1
5	中国科学院上海硅酸盐研究所	1
6	中国地质调查局武汉地质调查中心（中南地质科技创新中心）	1
7	深圳华大生命科学研究院	1

二、中央所属科研院所

中央所属科研院所技术开发、咨询、服务合同金额、合同项数和当年到账金额均有所增长。2023 年，中央所属科研院所签订技术开发、咨询、服务合同金额为 401.0 亿元，比上一年增长 15.5%；合同项数为 55 889 项，比上一年增长 16.0%（图 3-5-3）；当年到账金额为 264.7 亿元，比上一年增长 12.4%。

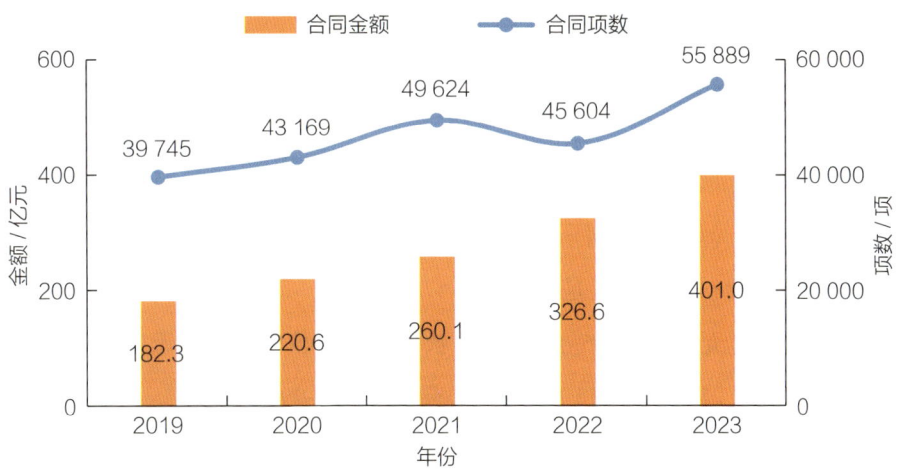

图 3-5-3　中央所属科研院所技术开发、咨询、服务的合同金额和合同项数

三、地方所属科研院所

地方所属科研院所技术开发、咨询、服务合同金额有所增长，合同项数和当年到账金额均略有增长。2023年，地方所属科研院所签订技术开发、咨询、服务合同金额共189.7亿元，比上一年增长10.2%；合同项数为235 549项，比上一年增长1.2%（图3-5-4）；当年到账金额为129.3亿元，比上一年增长7.0%。

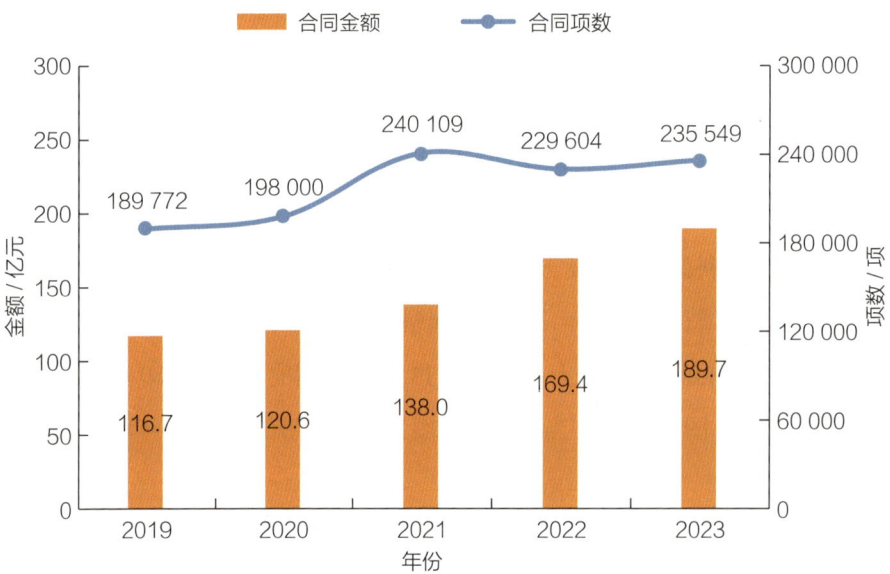

图3-5-4 地方所属科研院所技术开发、咨询、服务的合同金额和合同项数

2023年，地方所属科研院所签订的技术开发、咨询、服务总合同金额排名前3位的省级行政区是广东省（47.8亿元）、湖南省（18.1亿元）、浙江省（16.8亿元）（图3-5-5），总项数排名前3位的省级行政区是广东省（147 584项）、浙江省（13 177项）、重庆市（11 227项）。

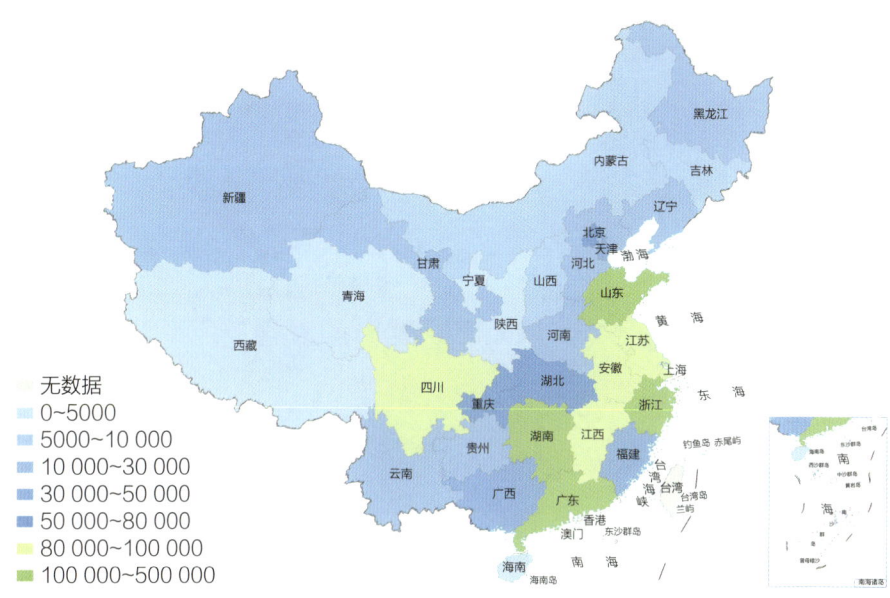

图 3-5-5 地方所属科研院所技术开发、咨询、服务的合同金额（单位：万元）区间分布

四、辖区内科研院所

按科研院所所在地统计，2023年辖区内科研院所以技术开发、咨询、服务方式转化科技成果合同金额排名前3位的省级行政区是北京市（190.0亿元）、广东省（70.3亿元）、江苏省（49.2亿元）（图3-5-6）；合同项数排名前3位的省级行政区是广东省（150 624项）、北京市（30 205项）、浙江省（16 042项）。

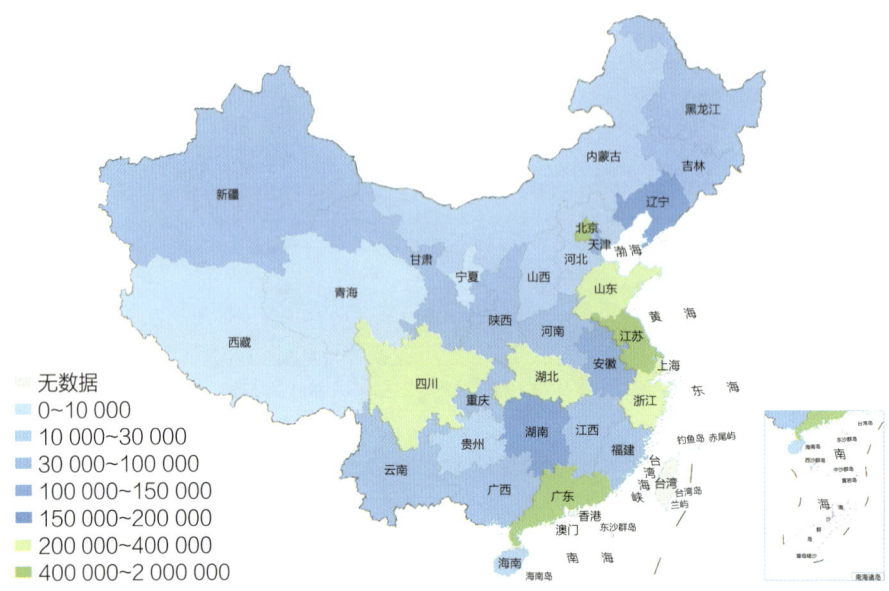

图 3-5-6 辖区内科研院所技术开发、咨询、服务的合同金额（单位：万元）区间分布

第六章 新立项的科技计划项目

一、总体情况

科研院所科技计划项目（课题）总金额略有增长。2023年，科研院所新获立项批复的科技计划项目（课题）总金额（包括财政资助金额和自筹金额）为1164.5亿元，比上一年增长9.8%。其中，财政资助金额997.1亿元，比上一年增长8.7%；中央财政资助金额641.9亿元，比上一年增长1.1%。

二、中央所属科研院所

中央所属科研院所科技计划项目（课题）总金额有所增长。2023年，中央所属科研院所新获立项批复的科技计划项目（课题）总金额为929.5亿元，比上一年增长16.4%。其中，财政资助金额为806.9亿元，比上一年增长15.3%；中央财政资助金额为580.1亿元，比上一年增长5.6%。

三、地方所属科研院所

地方所属科研院所科技计划项目（课题）总金额有所下降。2023年，地方所属科研院所新获立项批复的科技计划项目（课题）总金额为235.0亿元，比上一年下降10.5%。其中，财政资助金额为190.2亿元，比上一年下降12.9%；中央财政资助金额为61.9亿元，比上一年下降27.3%。

四、辖区内科研院所

按照科研院所所在地统计，2023年辖区内科研院所新获立项批复的科技计划项目（课题）总金额排名前3位的省级行政区是北京市（443.7亿元）、上海市（120.0亿元）、江苏省（82.1亿元）（图3-6-1）。

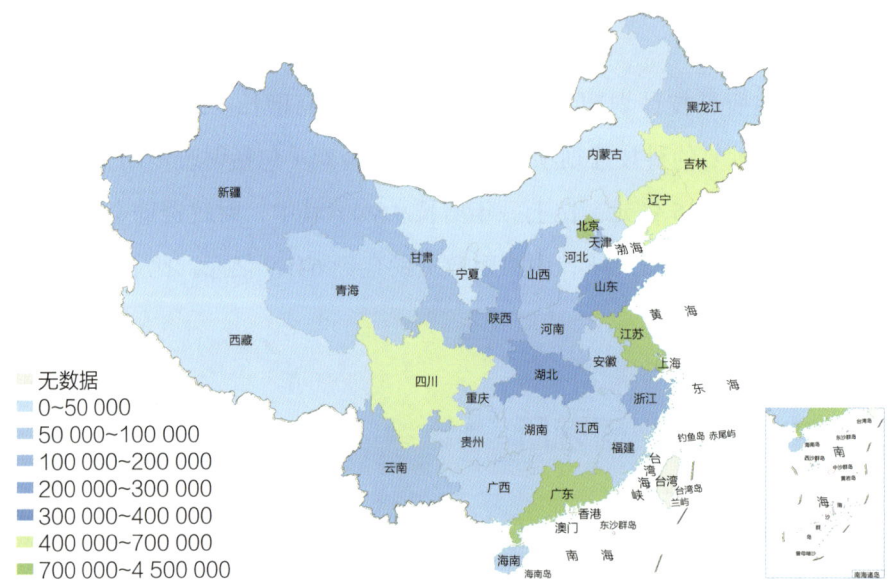

图3-6-1 辖区内科研院所新获批的科技计划项目（课题）总金额（单位：万元）区间分布

兼职及离岗创业和创设参股公司

一、在外兼职从事成果转化和离岗创业

具有在外兼职从事成果转化和离岗创业人员的科研院所占比略有下降。截至2023年年底，311家科研院所具有在外兼职从事成果转化和离岗创业人员，占科研院所总数（2471家）的12.6%（图3-7-1）。科研院所在外兼职从事成果转化和离岗创业人员共计3918人，平均每家科研院所在外兼职从事成果转化和离岗创业人员为1.6人。

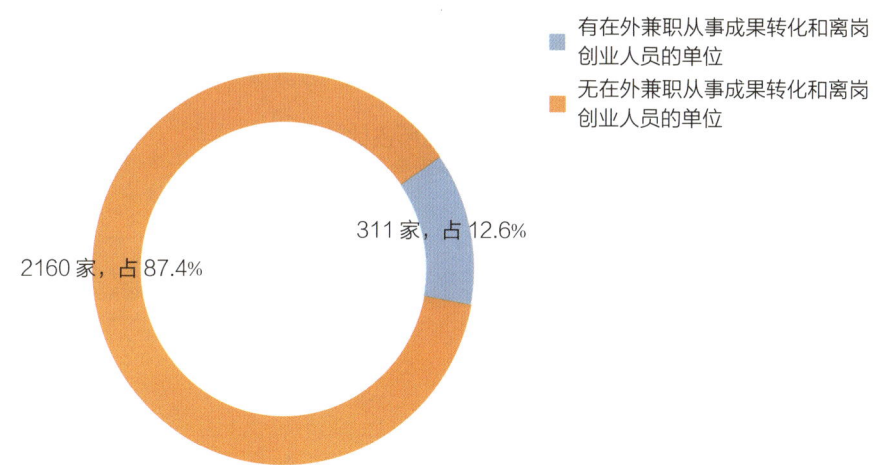

图3-7-1 在外兼职从事成果转化和离岗创业人员的科研院所占比

二、创设公司和参股公司

具有创设公司和参股公司的科研院所占比略有增长。截至 2023 年年底，363 家科研院所具有创设公司和参股公司，占科研院所总数（2471 家）的 14.7%（图 3-7-2）。科研院所创设公司和参股公司共计 2127 家，平均每家科研院所创设公司和参股公司 0.9 家。

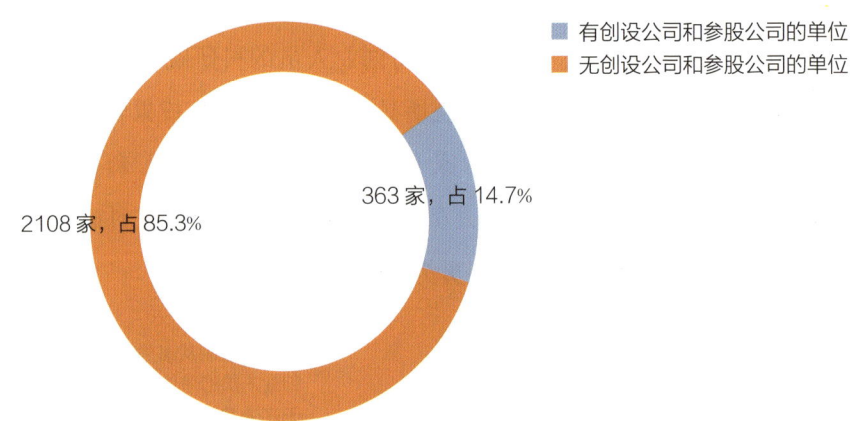

图 3-7-2 创设公司和参股公司的科研院所占比

技术转移机构与人才建设

一、技术转移机构

（一）科研院所自建

自建技术转移机构的科研院所占比略有增长。截至2023年年底，331家科研院所自建了技术转移机构，占科研院所总数（2471家）的13.4%（图3-8-1）。科研院所累计自建了510家技术转移机构，比上一年底增长9.9%。

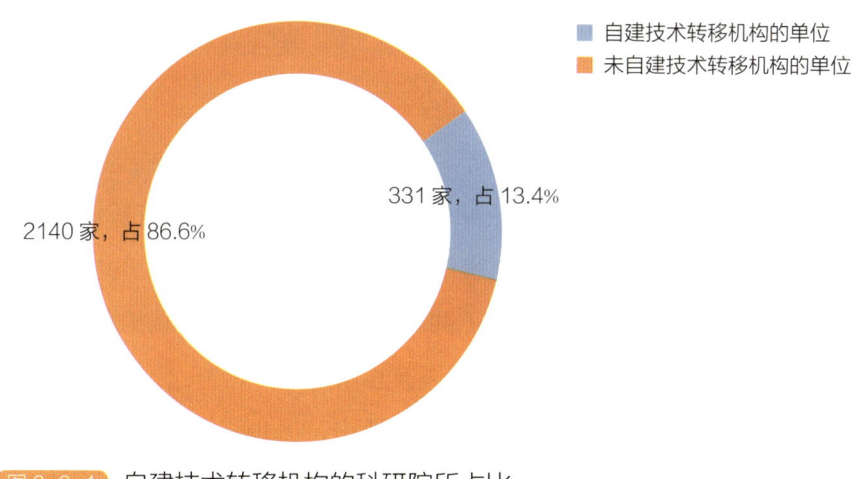

图3-8-1 自建技术转移机构的科研院所占比

（二）与市场化技术转移机构合作

截至2023年年底，409家科研院所与市场化转移机构合作开展科技成果转化，占科研院所总数（2471家）的16.6%（图3-8-2）。科研院所累计与1646家市场化技术转移机构合作开展科技成果转化活动。

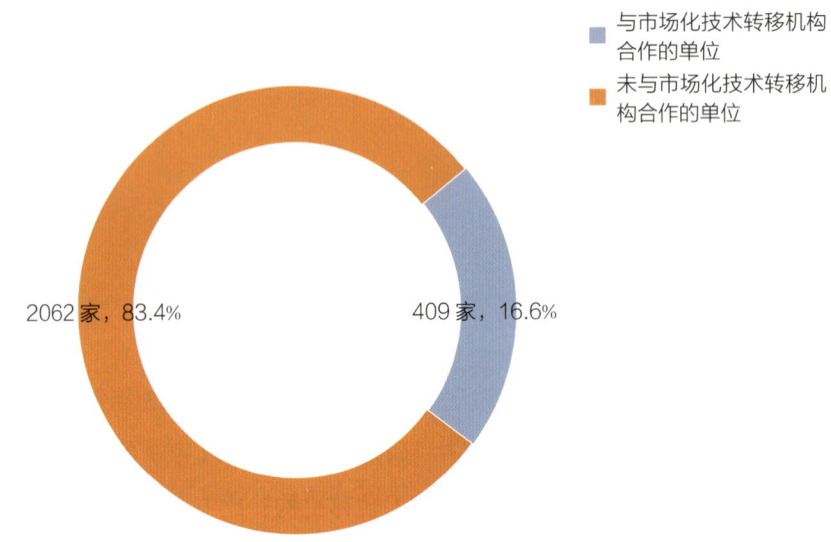

图3-8-2 与市场化技术转移机构合作的科研院所占比

（三）机构作用认可

2023年，2471家科研院所中40.9%（共1010家）的科研院所认为技术转移机构在科技成果转移转化过程中发挥了重要作用；16.8%（共415家）的科研院所认为作用一般；6.9%（共170家）的科研院所认为作用很小；35.5%（共876家）的科研院所认为未发挥作用（图3-8-3）。

331家有自建技术转移机构的科研院所中，76.1%（共252家）的科研院所认为技术转移机构在科技成果转移转化过程中发挥了重要作用；16.6%（共55家）的科研院所认为作用一般；3.6%（共12家）的科研院所认为作用很小；3.6%（共12家）的科研院所认为未发挥作用（图3-8-4）。

第八章 技术转移机构与人才建设

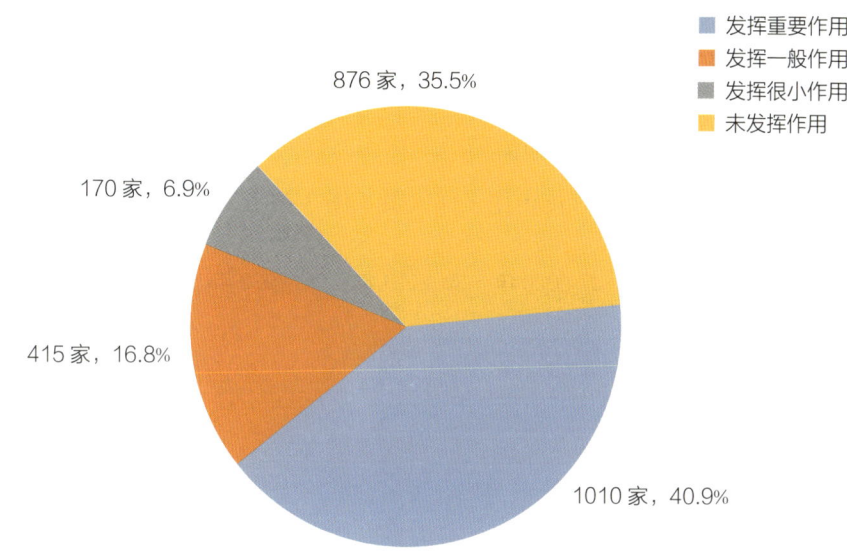

图 3-8-3 科研院所对技术转移机构的认可度

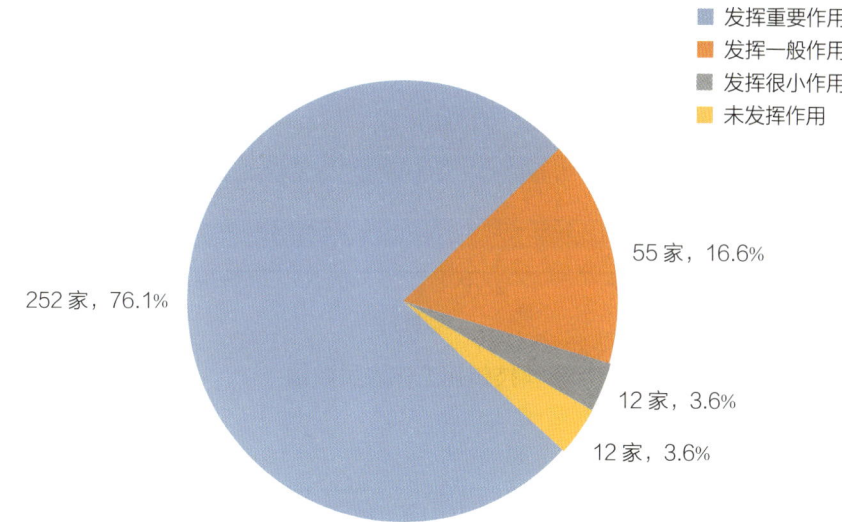

图 3-8-4 设立自建技术转移机构的科研院所对技术转移机构的认可度

二、技术转移人员

截至 2023 年年底，1089 家科研院所具有专职从事科技转化工作人员，比上一年底增长 0.5%，占科研院所总数（2471 家）的 44.1%。科研院所累计拥有 8887 名专职从事科技转化工作人员（图 3-8-5）。

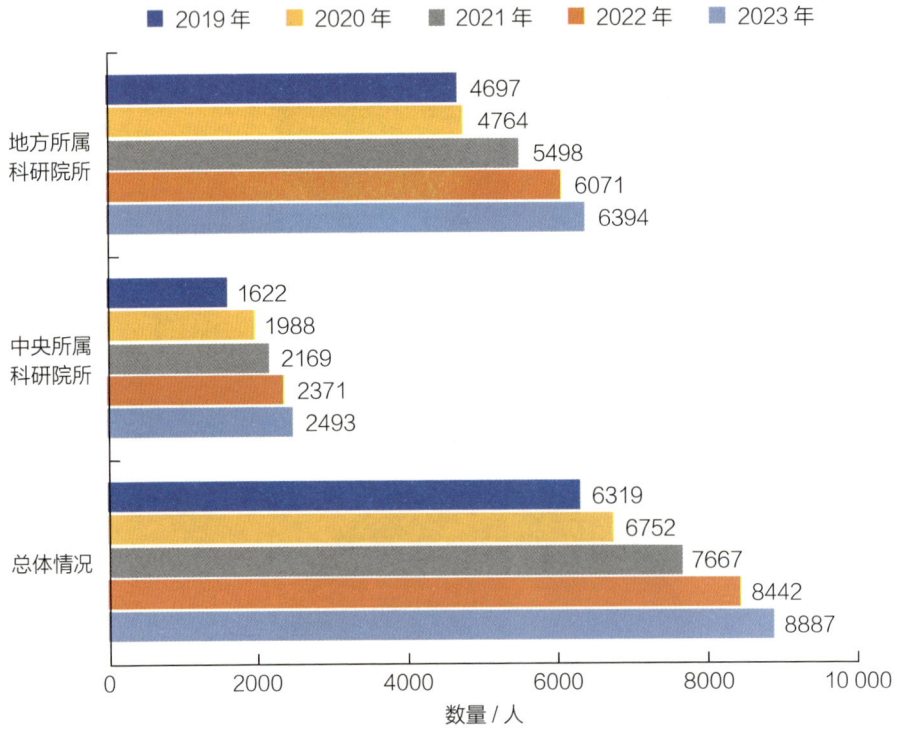

图 3-8-5　科研院所专职从事科技转化工作人员数量

三、与企业共建研发机构、转移机构、转化服务平台

科研院所与企业共建研发机构、转移机构、转化服务平台数量略有增长。截至 2023 年年底，由科研院所（489 家）与企业共建的研发机构、转

移机构、转化服务平台总数为 2559 家，比上一年底增长 8.3%。其中，由中央所属科研院所与企业共建 575 家，比上一年底增长 8.7%；由地方所属科研院所与企业共建 1984 家，比上一年底增长 8.2%（图 3-8-6）。

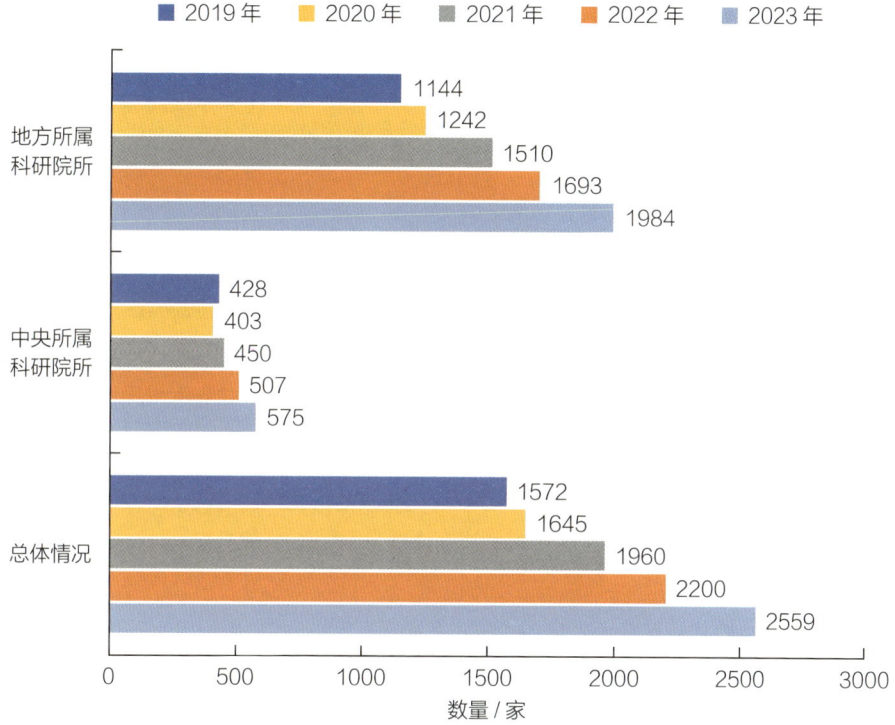

图 3-8-6　科研院所与企业共建研发机构、转移机构、转化服务平台数量

平均每家科研院所与企业共建研发机构、转移机构、转化服务平台 1.0 家，其中中央所属科研院所与企业平均共建 0.9 家，地方所属科研院所与企业平均共建 1.1 家。

附录

附录 1
2018—2023 年涉及科技成果转化主要政策法规[1]

编号	文件名称	发文号
1	国务院关于修改《中华人民共和国专利法实施细则》的决定	国令第 769 号
2	国务院印发关于在有条件的自由贸易试验区和自由贸易港试点对接国际高标准推进制度型开放若干措施的通知	国发〔2023〕9 号
3	国务院关于进一步优化外商投资环境加大吸引外商投资力度的意见	国发〔2023〕11 号
4	国务院关于印发《河套深港科技创新合作区深圳园区发展规划》的通知	国发〔2023〕12 号
5	国务院关于推进普惠金融高质量发展的实施意见	国发〔2023〕15 号
6	国务院关于印发《全面对接国际高标准经贸规则推进中国（上海）自由贸易试验区高水平制度型开放总体方案》的通知	国发〔2023〕23 号
7	国务院办公厅关于印发中医药振兴发展重大工程实施方案的通知	国办发〔2023〕3 号
8	国务院办公厅关于进一步构建高质量充电基础设施体系的指导意见	国办发〔2023〕19 号
9	国务院办公厅关于依托全国一体化政务服务平台建立政务服务效能提升常态化工作机制的意见	国办发〔2023〕29 号
10	国务院办公厅关于印发《专利转化运用专项行动方案（2023—2025 年）》的通知	国办发〔2023〕37 号
11	国务院办公厅印发《关于加快内外贸一体化发展的若干措施》的通知	国办发〔2023〕42 号
12	国务院办公厅关于印发《知识产权领域中央与地方财政事权和支出责任划分改革方案》的通知	国办发〔2023〕48 号
13	国务院办公厅转发商务部科技部关于进一步鼓励外商投资设立研发中心若干措施的通知	国办函〔2023〕7 号

---

[1] 按发布年份排序。

续表

编号	文件名称	发文号
14	国务院关于做好自由贸易试验区第七批改革试点经验复制推广工作的通知	国函〔2023〕56号
15	中共中央办公厅 国务院办公厅印发《关于进一步加强青年科技人才培养和使用的若干措施》	—
16	中华人民共和国国家发展和改革委员会令第7号《产业结构调整指导目录（2024年本）》	—
17	科技部关于印发《社会力量设立科学技术奖管理办法》的通知	国科发奖〔2023〕11号
18	科技部关于印发《国家科学技术奖提名办法》的通知	国科发奖〔2023〕225号
19	科技部等印发《关于进一步支持西部科学城加快建设的意见》的通知	国科发规〔2023〕31号
20	科技部等印发《深入贯彻落实习近平总书记重要批示精神 加快推动北京国际科技创新中心建设的工作方案》的通知	国科发规〔2023〕41号
21	关于印发《科技伦理审查办法（试行）》的通知	国科发监〔2023〕167号
22	工业和信息化部等五部门关于开展国家产融合作试点城市评估和第三批试点城市申报的通知	工信部联财〔2023〕381号
23	关于印发《高质量培养科技成果转移转化人才行动方案》的通知	国科火字〔2023〕70号
24	工业和信息化部等十部门关于印发《科技成果赋智中小企业专项行动（2023—2025年）》的通知	工信部联科〔2023〕64号
25	工业和信息化部等八部门关于加快传统制造业转型升级的指导意见	工信部联规〔2023〕258号
26	工业和信息化部关于印发《促进数字技术适老化高质量发展工作方案》的通知	工信部信管〔2023〕251号
27	关于印发助力中小微企业稳增长调结构强能力若干措施的通知	工信部企业函〔2023〕4号
28	工业和信息化部办公厅关于组织推荐2023年度中小企业特色产业集群的通知	工信厅企业函〔2023〕44号
29	工业和信息化部办公厅关于开展2023年"一起益企"中小企业服务行动的通知	工信厅企业函〔2023〕68号
30	工业和信息化部办公厅关于开展数字化赋能、科技成果赋智、质量标准品牌赋值中小企业全国行活动的通知	工信厅企业函〔2023〕171号

续表

编号	文件名称	发文号
31	工业和信息化部办公厅关于印发通信行业绿色低碳标准体系建设指南（2023版）的通知	工信厅科〔2023〕68号
32	工业和信息化部办公厅 国务院国资委办公厅关于印发2022年度重点产品、工艺"一条龙"应用示范方向和推进机构名单的通知	工信厅联规函〔2023〕5号
33	工业和信息化部办公厅 生态环境部办公厅关于征集2023年国家鼓励发展的重大环保技术装备的通知	工信厅联节函〔2023〕142号
34	工业和信息化部办公厅 国家发展改革委办公厅 市场监管总局办公厅关于组织开展2023年度重点行业能效"领跑者"企业遴选工作的通知	工信厅联节函〔2023〕348号
35	工业和信息化部办公厅 国家知识产权局办公室关于印发《知识产权助力产业创新发展行动方案（2023—2027年）》的通知	工信厅联科〔2023〕48号
36	工业和信息化部办公厅 中国证监会办公厅关于组织开展专精特新中小企业"一月一链"投融资路演活动的通知	工信厅联企业函〔2023〕328号
37	工业和信息化部办公厅关于推进5G轻量化（RedCap）技术演进和应用创新发展的通知	工信厅通信函〔2023〕280号
38	工业和信息化部办公厅关于印发《工业互联网与工程机械行业融合应用参考指南》的通知	工信厅信管函〔2023〕309号
39	关于优化预缴申报享受研发费用加计扣除政策有关事项的公告	国家税务总局 财政部公告2023年第11号
40	研发费用加计扣除政策执行指引（2.0版）	—
41	关于印发《中央引导地方科技发展资金管理办法》的通知	财教〔2023〕276号
42	关于进一步完善研发费用税前加计扣除政策的公告	财政部 税务总局公告2023年第7号
43	关于延续执行创业投资企业和天使投资个人投资初创科技型企业有关政策条件的公告	财政部 税务总局公告2023年第17号
44	关于继续实施科技企业孵化器、大学科技园和众创空间有关税收政策的公告	财政部 税务总局 科技部 教育部公告2023年第42号
45	中国证监会 国务院国资委关于支持中央企业发行绿色债券的通知	证监发〔2023〕80号
46	关于印发《自然资源标准化工作三年行动计划（2023—2025年）》的通知	自然资办发〔2023〕29号

续表

编号	文件名称	发文号
47	商务部等 12 部门关于加快生活服务数字化赋能的指导意见	商服贸发〔2023〕302 号
48	中央宣传部 文化和旅游部 国家文物局等十三部门关于印发《关于加强文物科技创新的意见》的通知	文物科发〔2023〕32 号
49	国务院关于印发气象高质量发展纲要（2022—2035 年）的通知	国发〔2022〕11 号
50	国务院关于印发广州南沙深化面向世界的粤港澳全面合作总体方案的通知	国发〔2022〕13 号
51	国务院关于支持山东深化新旧动能转换推动绿色低碳高质量发展的意见	国发〔2022〕18 号
52	国务院办公厅关于印发"十四五"中医药发展规划的通知	国办发〔2022〕5 号
53	国务院办公厅转发国家发展改革委国家能源局关于促进新时代新能源高质量发展实施方案的通知	国办函〔2022〕39 号
54	科技部办公厅关于营造更好环境支持科技型中小企业研发的通知	国科办区〔2022〕2 号
55	科技部办公厅等关于允许在中关村国家自主创新示范区核心区（海淀园）的中央高等院校、科研机构及企事业单位等适用《北京市促进科技成果转化条例》的通知	国科办区〔2022〕116 号
56	科技部办公厅 贵州省人民政府办公厅关于印发《"科技入黔"推动高质量发展行动方案》的通知	国科办区〔2022〕87 号
57	科技部办公厅 教育部办公厅 财政部办公厅 人力资源社会保障部办公厅印发《〈关于扩大高校和科研院所科研相关自主权的若干意见〉问答手册》的通知	国科办政〔2022〕5 号
58	科技部 中央宣传部 中国科协关于印发《"十四五"国家科学技术普及发展规划》的通知	国科发才〔2022〕212 号
59	科技部等八部门印发《关于开展科技人才评价改革试点的工作方案》的通知	国科发才〔2022〕255 号
60	科技部 教育部 工业和信息化部 自然资源部 生态环境部 国资委 中科院 工程院 中国科协关于印发《"十四五"东西部科技合作实施方案》的通知	国科发区〔2022〕25 号
61	科技部 财政部关于印发《企业技术创新能力提升行动方案（2022—2023 年）》的通知	国科发区〔2022〕220 号

续表

编号	文件名称	发文号
62	科技部关于印发《"十四五"技术要素市场专项规划》的通知	国科发区〔2022〕263号
63	科技部关于印发《"十四五"国家高新技术产业开发区发展规划》的通知	国科发区〔2022〕264号
64	科技部等九部门关于印发《科技支撑碳达峰碳中和实施方案（2022—2030年）》的通知	国科发社〔2022〕157号
65	市场监管总局关于加强民生计量工作的指导意见	国市监计量发〔2022〕23号
66	市场监管总局等16部门关于印发贯彻实施《国家标准化发展纲要》行动计划的通知	国市监标技发〔2022〕64号
67	国家知识产权局办公室关于印发专利开放许可试点工作方案的通知	国知办函运字〔2022〕448号
68	国家知识产权局办公室关于面向企业开展2022年度知识产权强国建设示范工作的通知	国知办函运字〔2022〕497号
69	国家知识产权局关于印发《推动知识产权高质量发展年度工作指引（2022）》的通知	国知发运字〔2022〕15号
70	国家知识产权局关于知识产权政策实施提速增效 促进经济平稳健康发展的通知	国知发运字〔2022〕25号
71	国家知识产权局 工业和信息化部关于知识产权助力专精特新中小企业创新发展若干措施的通知	国知发运字〔2022〕38号
72	国务院知识产权战略实施工作部际联席会议办公室关于印发《知识产权强国建设纲要和"十四五"规划实施年度推进计划》的通知	国知战联办〔2021〕16号
73	国家发展改革委、国家能源局联合印发《氢能产业发展中长期规划（2021-2035年）》	水国科〔2022〕122号
74	国家发展改革委 国家能源局关于印发《"十四五"现代能源体系规划》的通知	发改能源〔2022〕210号
75	关于印发有序扩大国家区域医疗中心建设工作方案的通知	发改社会〔2022〕527号
76	国家发展改革委 商务部关于深圳建设中国特色社会主义先行示范区放宽市场准入若干特别措施的意见	发改体改〔2022〕135号
77	关于进一步提高科技型中小企业研发费用税前加计扣除比例的公告	财政部 税务总局 科技部公告2022年第16号

续表

编号	文件名称	发文号
78	财政部 税务总局 科技部关于加大支持科技创新税前扣除力度的公告	财政部 税务总局 科技部公告2022年第28号
79	财政部关于下达2022年中央引导地方科技发展资金预算的通知	财教〔2022〕88号
80	两部委关于产业用纺织品行业高质量发展的指导意见	工信部联消费〔2022〕44号
81	十一部门关于开展"携手行动"促进大中小企业融通创新（2022—2025年）的通知	工信部联企业〔2022〕54号
82	五部门关于推动轻工业高质量发展的指导意见	工信部联消费〔2022〕68号
83	工业和信息化部 财政部 商务部 国务院国有资产监督管理委员会 国家市场监督管理总局关于印发加快电力装备绿色低碳创新发展行动计划的通知	工信部联重装〔2022〕105号
84	工业和信息化部办公厅关于开展"一起益企"中小企业服务行动的通知	工信厅企业函〔2022〕58号
85	交通运输部 科学技术部关于印发《交通领域科技创新中长期发展规划纲要（2021—2035年）》的通知	交科技发〔2022〕11号
86	交通运输部关于印发《交通运输部促进科技成果转化办法》的通知	交科技发〔2022〕67号
87	教育部关于印发《加强碳达峰碳中和高等教育人才培养体系建设工作方案》的通知	教高函〔2022〕3号
88	教育部办公厅 工业和信息化部办公厅 国家知识产权局办公室关于组织开展"千校万企"协同创新伙伴行动的通知	教科信厅函〔2022〕26号
89	教育部办公厅 国家知识产权局办公室 科技部办公厅关于组织开展"百校千项"高价值专利培育转化行动的通知	教科信厅函〔2022〕42号
90	教育部 财政部 国家发展改革委关于深入推进世界一流大学和一流学科建设的若干意见	教研〔2022〕1号
91	教育部关于印发《绿色低碳发展国民教育体系建设实施方案》的通知	教发〔2022〕2号
92	人力资源社会保障部办公厅关于印发《国有企业科技人才薪酬分配指引》的通知	人社厅发〔2022〕54号
93	人力资源社会保障部 市场监管总局 统计局关于颁布《中华人民共和国职业分类大典（2022年版）》的通知	人社部发〔2022〕68号

续表

编号	文件名称	发文号
94	中华人民共和国国民经济和社会发展第十四个五年规划和2035年远景目标纲要	—
95	《中华人民共和国科学技术进步法》（2021年修订）	中华人民共和国主席令第一〇三号
96	行政事业性国有资产管理条例	中华人民共和国国务院令第738号
97	中共中央 国务院印发《知识产权强国建设纲要（2021—2035年）》	—
98	国务院关于加快建立健全绿色低碳循环发展经济体系的指导意见	国发〔2021〕4号
99	国务院关于落实《政府工作报告》重点工作分工的意见	国发〔2021〕6号
100	国务院关于印发全民科学素质行动规划纲要（2021—2035年）的通知	国发〔2021〕9号
101	国务院印发关于推进自由贸易试验区贸易投资便利化改革创新若干措施的通知	国发〔2021〕12号
102	国务院关于印发"十四五"国家知识产权保护和运用规划的通知	国发〔2021〕20号
103	国务院关于印发2030年前碳达峰行动方案的通知	国发〔2021〕23号
104	国务院关于开展营商环境创新试点工作的意见	国发〔2021〕24号
105	国务院办公厅关于对2020年落实有关重大政策措施真抓实干成效明显地方予以督查激励的通报	国办发〔2021〕17号
106	国务院办公厅关于印发全国深化"放管服"改革着力培育和激发市场主体活力电视电话会议重点任务分工方案的通知	国办发〔2021〕25号
107	国务院办公厅关于完善科技成果评价机制的指导意见	国办发〔2021〕26号
108	国务院办公厅关于改革完善中央财政科研经费管理的若干意见	国办发〔2021〕32号
109	国务院办公厅关于进一步支持大学生创新创业的指导意见	国办发〔2021〕35号
110	科技部 深圳市人民政府关于印发《中国特色社会主义先行示范区科技创新行动方案》的通知	国科发区〔2020〕187号

续表

编号	文件名称	发文号
111	科技部 国家发展改革委 工业和信息化部 人民银行 银保监会 证监会关于印发《长三角G60科创走廊建设方案》的通知	国科发规〔2020〕287号
112	科技部印发《关于加强科技创新促进新时代西部大开发形成新格局的实施意见》的通知	国科发区〔2020〕336号
113	科技部 财政部印发《国家技术创新中心建设运行管理办法（暂行）》的通知	国科发区〔2021〕17号
114	科技部 财政部关于印发《国家科技成果转化引导基金创业投资子基金变更事项管理暂行办法》的通知	国科发区〔2021〕46号
115	科技部成果转化与区域创新司 教育部科学技术与信息化司关于首批高校专业化国家技术转移机构建设试点启动的通知	国科区函〔2021〕77号
116	科技部 中国农业银行印发《关于加强现代农业科技金融服务创新支撑乡村振兴战略实施的意见》的通知	国科发农技〔2021〕95号
117	科技部办公厅 国家开发银行办公室关于开展重大科技成果产业化专题债有关工作的通知	国科办区〔2021〕108号
118	人力资源社会保障部关于进一步加强高技能人才与专业技术人才职业发展贯通的实施意见	人社部发〔2020〕96号
119	人力资源社会保障部 财政部 科技部关于事业单位科研人员职务科技成果转化现金奖励纳入绩效工资管理有关问题的通知	人社部发〔2021〕14号
120	人力资源社会保障部 司法部关于深化公共法律服务专业人员职称制度改革的指导意见	人社部发〔2021〕59号
121	人力资源社会保障部 教育部关于深化实验技术人才职称制度改革的指导意见	人社部发〔2021〕62号
122	人力资源社会保障部 财政部 国家税务总局 国务院港澳事务办公室关于支持港澳青年在粤港澳大湾区就业创业的实施意见	人社部发〔2021〕75号
123	十部门关于印发《5G应用"扬帆"行动计划（2021—2023年）》的通知	工信部联通信〔2021〕77号
124	工业和信息化部 人民银行 银保监会 证监会关于加强产融合作推动工业绿色发展的指导意见	工信部联财〔2021〕159号
125	国务院促进中小企业发展工作领导小组办公室关于印发提升中小企业竞争力若干措施的通知	工信部企业〔2021〕169号
126	关于支持"专精特新"中小企业高质量发展的通知	财建〔2021〕2号
127	关于实施专利转化专项计划助力中小企业创新发展的通知	财办建〔2021〕23号

附录 1　2018—2023 年涉及科技成果转化主要政策法规

续表

编号	文件名称	发文号
128	关于印发《国家科技成果转化引导基金管理暂行办法》的通知	财教〔2021〕176 号
129	交通运输部 科学技术部关于科技创新驱动加快建设交通强国的意见	交科技发〔2021〕80 号
130	关于深入组织实施创业带动就业示范行动的通知	发改办高技〔2021〕244 号
131	关于加快推动制造服务业高质量发展的意见	发改产业〔2021〕372 号
132	国家发展改革委 商务部关于支持海南自由贸易港建设放宽市场准入若干特别措施的意见	发改体改〔2021〕479 号
133	国家发展改革委 科技部关于深入推进全面创新改革工作的通知	发改高技〔2021〕484 号
134	国家发展改革委等部门关于推广"十三五"时期产业转型升级示范区典型经验做法的通知	发改振兴〔2021〕1454 号
135	国家知识产权局关于《专利权质押登记办法》的公告（第 461 号）	国家知识产权局公告第 461 号
136	国家知识产权局 中国科学院 中国工程院 中国科学技术协会关于推动科研组织知识产权高质量发展的指导意见	国知发运字〔2021〕7 号
137	国家知识产权局 公安部印发《关于加强协作配合强化知识产权保护的意见》的通知	国知发保字〔2021〕12 号
138	国家知识产权局 中国银保监会 国家发展改革委关于印发《知识产权质押融资入园惠企行动方案（2021—2023 年）》的通知	国知发运字〔2021〕17 号
139	国家知识产权局关于印发《知识产权公共服务能力提升工程工作方案》的通知	国知发服函字〔2021〕104 号
140	国家知识产权局办公室 教育部办公厅关于印发《高校知识产权信息服务中心建设实施办法（修订）》的通知	国知办发服字〔2021〕23 号
141	国家知识产权局办公室 教育部办公厅 科技部办公厅关于印发《产学研合作协议知识产权相关条款制定指引（试行）》的通知	国知办发运字〔2021〕41 号
142	教育部关于印发《高等学校碳中和科技创新行动计划》的通知	教科信函〔2021〕30 号
143	农业农村部办公厅关于开展全国农业科技现代化先行县共建工作的通知	农办科〔2021〕10 号

续表

编号	文件名称	发文号
144	中国银保监会关于银行业保险业支持高水平科技自立自强的指导意见	银保监发〔2021〕46号
145	中国银保监会办公厅关于2021年进一步推动小微企业金融服务高质量发展的通知	银保监办发〔2021〕49号
146	中华人民共和国民法典	2020年中华人民共和国主席令第45号
147	《中华人民共和国专利法（一）》（2020年新修订）	2020年中华人民共和国主席令第55号
148	国家科学技术奖励条例	中华人民共和国国务院令第731号
149	中共中央关于制定国民经济和社会发展第十四个五年规划和二〇三五年远景目标的建议	—
150	中共中央办公厅 国务院办公厅印发《深圳建设中国特色社会主义先行示范区综合改革试点实施方案（2020—2025年）》	—
151	中共中央国务院关于构建更加完善的要素市场化配置体制机制的意见	—
152	国务院关于深化北京市新一轮服务业扩大开放综合试点建设国家服务业扩大开放综合示范区工作方案的批复	国函〔2020〕123号
153	中共中央 国务院关于新时代加快完善社会主义市场经济体制的意见	—
154	国务院办公厅关于提升大众创业万众创新示范基地带动作用进一步促改革稳就业强动能的实施意见	国办发〔2020〕26号
155	国务院关于促进国家高新技术产业开发区高质量发展的若干意见	国发〔2020〕7号
156	国务院办公厅关于推广第三批支持创新相关改革举措的通知	国办发〔2020〕3号
157	国务院关于2019年度国家科学技术奖励的决定	国发〔2020〕2号
158	关于开展双创示范基地创业就业"校企行"专项行动的通知	发改办高技〔2020〕310号
159	科技部 财政部 发展改革委关于印发《中央财政科技计划（专项、基金等）绩效评估规范（试行）》的通知	国科发监〔2020〕165号
160	科技部办公厅关于加快推动国家科技成果转移转化示范区建设发展的通知	国科办区〔2020〕50号

续表

编号	文件名称	发文号
161	科技部 教育部印发《关于进一步推进高等学校专业化技术转移机构建设发展的实施意见》的通知	国科发区〔2020〕133号
162	科技部等9部门印发《赋予科研人员职务科技成果所有权或长期使用权试点实施方案》的通知	国科发区〔2020〕128号
163	科技部办公厅 财政部办公厅 教育部办公厅 中科院办公厅 工程院办公厅 自然科学基金委办公室关于印发《新形势下加强基础研究若干重点举措》的通知	国科办基〔2020〕38号
164	科技部 财政部印发《关于推进国家技术创新中心建设的总体方案（暂行）》的通知	国科发区〔2020〕93号
165	科技部关于贯彻落实《法治政府建设实施纲要（2015—2020年）》情况的报告	—
166	科技部印发《关于科技创新支撑复工复产和经济平稳运行的若干措施》的通知	国科发区〔2020〕67号
167	《关于破除科技评价中"唯论文"不良导向的若干措施（试行）》	国科发监〔2020〕37号
168	教育部 科技部印发《关于规范高等学校SCI论文相关指标使用树立正确评价导向的若干意见》的通知	教科技〔2020〕2号
169	教育部 国家知识产权局 科技部关于提升高等学校专利质量促进转化运用的若干意见	教科技〔2020〕1号
170	《关于加强农业科技社会化服务体系建设的若干意见》的通知	国科发农〔2020〕192号
171	农业农村部办公厅关于开展国家农业科技示范展示基地建设的通知	农办科〔2020〕6号
172	国家知识产权局办公室关于进一步提升企业知识产权管理体系贯标认证质量的通知	国知办函运字〔2020〕953号
173	国家知识产权局办公室关于印发《知识产权信息公共服务工作指引》的通知	国知办发服字〔2020〕43号
174	国家铁路局关于印发《铁路行业科技创新基地管理办法（试行）》的通知	国铁科法规〔2020〕38号
175	教育部关于第五轮学科评估工作方案	—
176	国务院办公厅关于支持国家级新区深化改革创新加快推动高质量发展的指导意见	国办发〔2019〕58号

续表

编号	文件名称	发文号
177	中共中央办公厅 国务院办公厅印发《关于促进劳动力和人才社会性流动体制机制改革的意见》	—
178	国务院办公厅关于印发科技领域中央与地方财政事权和支出责任划分改革方案的通知	国办发〔2019〕26号
179	科技部 教育部关于印发《国家大学科技园管理办法》的通知	国科发区〔2019〕117号
180	科技部印发《关于促进新型研发机构发展的指导意见》的通知	国科发政〔2019〕313号
181	科技部等6部门印发《关于扩大高校和科研院所科研相关自主权的若干意见》的通知	国科发政〔2019〕260号
182	科技部印发《关于新时期支持科技型中小企业加快创新发展的若干政策措施》的通知	国科发区〔2019〕268号
183	财政部关于修改《事业单位国有资产管理暂行办法》的决定	财政部令第100号
184	财政部关于进一步加大授权力度促进科技成果转化的通知	财资〔2019〕57号
185	人力资源社会保障部 农业农村部关于深化农业技术人员职称制度改革的指导意见	人社部发〔2019〕114号
186	中共自然资源部党组关于激励科技创新人才的若干措施	自然资党发〔2019〕2号
187	中共国家林业和草原局党组关于实施激励科技创新人才若干措施的通知	林发〔2019〕22号
188	人力资源社会保障部关于进一步支持和鼓励事业单位科研人员创新创业的指导意见	人社部发〔2019〕137号
189	关于推动先进制造业和现代服务业深度融合发展的实施意见	发改产业〔2019〕1762号
190	交通运输部办公厅关于公布2019年度交通运输重大科技创新成果库入库成果的通知	交办科技函〔2019〕1647号
191	中共中央办公厅 国务院办公厅印发《关于分类推进人才评价机制改革的指导意见》的通知	中办发〔2018〕6号
192	中共中央办公厅 国务院办公厅印发《关于进一步加强科研诚信建设的若干意见》	中办发〔2018〕23号
193	中共中央办公厅 国务院办公厅印发《关于深化项目评审、人才评价、机构评估改革的意见》	中办发〔2018〕37号

续表

编号	文件名称	发文号
194	国务院关于全面加强基础科学研究的若干意见	国发〔2018〕4号
195	国务院关于优化科研管理提升科研绩效若干措施的通知	国发〔2018〕25号
196	国务院关于推动创新创业高质量发展打造"双创"升级版的意见	国发〔2018〕32号
197	国务院办公厅关于推进农业高新技术产业示范区建设发展的指导意见	国办发〔2018〕4号
198	国务院办公厅关于印发《知识产权对外转让有关工作办法（试行）》的通知	国办发〔2018〕19号
199	国务院办公厅关于推广第二批支持创新相关改革举措的通知	国办发〔2018〕126号
200	国务院办公厅关于抓好赋予科研机构和人员更大自主权有关文件贯彻落实工作的通知	国办发〔2018〕127号
201	科技部等九部门印发《振兴东北科技成果转移转化专项行动实施方案》	国科发创〔2018〕17号
202	科技部 国资委印发《关于进一步推进中央企业创新发展的意见》的通知	国科发资〔2018〕19号
203	科技部关于印发《关于技术市场发展的若干意见》的通知	国科发创〔2018〕48号
204	科技部 财政部 税务总局关于科技人员取得职务科技成果转化现金奖励信息公示办法的通知	国科发政〔2018〕103号
205	财政部 税务总局 科技部关于科技人员取得职务科技成果转化现金奖励有关个人所得税政策的通知	财税〔2018〕58号
206	关于科技人员取得职务科技成果转化现金奖励有关个人所得税征管问题的公告	国家税务总局公告2018年第30号
207	国家发展改革委关于印发《国家产业创新中心建设工作指引（试行）》的通知	发改高技规〔2018〕68号
208	教育部关于印发《高校科技创新服务"一带一路"倡议行动计划》的通知	教技〔2018〕12号
209	教育部 财政部 国家发展改革委印发《关于高等学校加快"双一流"建设的指导意见》的通知	教研〔2018〕5号
210	教育部关于印发《高等学校科技成果转化和技术转移基地认定暂行办法》的通知	教技〔2018〕7号

续表

编号	文件名称	发文号
211	教育部科学技术司 中关村科技园区管理委员会关于印发《促进在京高校科技成果转化实施方案》的通知	教技司〔2018〕115号
212	工业和信息化部办公厅关于印发《国家制造业创新中心考核评估办法（暂行）》的通知	工信厅科〔2018〕37号
213	工业和信息化部 财政部关于印发国家新材料产业资源共享平台建设方案的通知	工信部联原〔2018〕78号
214	财政部 科技部 国资委印发《关于扩大国有科技型企业股权和分红激励暂行办法实施范围等有关事项的通知》	财资〔2018〕54号
215	财政部 国家税务总局 科技部关于企业委托境外研究开发费用税前加计扣除有关政策问题的通知	财税〔2018〕64号
216	财政部 税务总局 科技部关于提高研究开发费用税前加计扣除比例的通知	财税〔2018〕99号
217	财政部 税务总局 科技部关于科技企业孵化器大学科技园和众创空间税收政策的通知	财税〔2018〕120号
218	中共自然资源部党组关于深化科技体制改革提升科技创新效能的实施意见	自然资党发〔2018〕31号
219	交通运输部办公厅关于建立交通运输重大科技创新成果库的通知	交办科技〔2018〕37号
220	关于印发国家卫生健康委员会科技重大专项实施管理细则的通知	国卫办科教发〔2018〕15号
221	食品药品监管总局 科技部关于加强和促进食品药品科技创新工作的指导意见	食药监科〔2018〕14号

附录 2
2023 年高等院校科技成果转化总合同[1]金额前 30 名

排名	单位名称
1	清华大学
2	上海交通大学
3	华中科技大学
4	北京理工大学
5	浙江大学
6	华南理工大学
7	四川大学
8	重庆大学
9	西安交通大学
10	哈尔滨工业大学
11	中南大学
12	北京航空航天大学
13	北京大学
14	武汉理工大学
15	中国矿业大学
16	东南大学
17	江南大学
18	北京科技大学
19	复旦大学
20	天津大学

[1] 附录中科技成果转化"总合同"包含以转让、许可、作价投资和技术开发、咨询、服务 6 种方式转化科技成果的合同。

续表

排名	单位名称
21	哈尔滨工程大学
22	东北大学
23	山东大学
24	武汉大学
25	北京交通大学
26	大连理工大学
27	西北工业大学
28	电子科技大学
29	南京航空航天大学
30	中山大学

附录 3

2023 年高等院校科技成果转让、许可和技术开发、咨询、服务当年到账金额前 30 名

排名	单位
1	清华大学
2	北京理工大学
3	上海交通大学
4	浙江大学
5	华中科技大学
6	重庆大学
7	四川大学
8	北京航空航天大学
9	华南理工大学
10	哈尔滨工业大学
11	东南大学
12	武汉理工大学
13	北京大学
14	哈尔滨工程大学
15	中南大学
16	中国矿业大学
17	山东大学
18	西北工业大学
19	武汉大学
20	天津大学
21	东北大学

续表

排名	单位
22	大连理工大学
23	西安交通大学
24	西南石油大学
25	北京科技大学
26	江南大学
27	吉林大学
28	南京航空航天大学
29	电子科技大学
30	南京理工大学

附录 4
2023 年科研院所科技成果转化总合同金额前 30 名

排名	单位名称
1	中国水利水电科学研究院
2	中国科学院空天信息创新研究院
3	中国电子科技集团公司第二十八研究所
4	中国环境科学研究院
5	湖南省地质灾害调查监测所（湖南省地质灾害应急救援技术中心）
6	广东省科学院
7	中国科学院大连化学物理研究所
8	公安部第一研究所
9	生态环境部南京环境科学研究所
10	长江水利委员会长江科学院
11	深圳华大生命科学研究院
12	广东省水利水电科学研究院
13	中国科学院上海药物研究所
14	水利部交通运输部国家能源局南京水利科学研究院
15	中国科学院天津工业生物技术研究所
16	珠江水利委员会珠江水利科学研究院
17	北京卫星环境工程研究所
18	上海船舶研究设计院（中国船舶集团有限公司第六〇四研究院）
19	中国科学院沈阳自动化研究所
20	中国科学院脑科学与智能技术卓越创新中心
21	中国食品药品检定研究院
22	中国航空工业集团公司成都飞机设计研究所
23	江苏省产业技术研究院

续表

排名	单位名称
24	杭州应用声学研究所（中国船舶集团有限公司第七一五研究所）
25	中国科学院过程工程研究所
26	中国科学院合肥物质科学研究院
27	生态环境部华南环境科学研究所
28	公安部第三研究所
29	中国科学院深圳先进技术研究院
30	中国科学院声学研究所

附录 5

2023 年科研院所科技成果转让、许可和技术开发、咨询、服务当年到账金额前 30 名

排名	单位名称
1	中国水利水电科学研究院
2	广东省科学院
3	中国环境科学研究院
4	长江水利委员会长江科学院
5	生态环境部南京环境科学研究所
6	北京卫星环境工程研究所
7	中国电子科技集团公司第二十八研究所
8	水利部交通运输部国家能源局南京水利科学研究院
9	中国食品药品检定研究院
10	中国科学院微电子研究所
11	中国科学院沈阳自动化研究所
12	公安部第一研究所
13	中国科学院空天信息创新研究院
14	广东省水利水电科学研究院
15	深圳华大生命科学研究院
16	杭州应用声学研究所（中国船舶集团有限公司第七一五研究所）
17	生态环境部华南环境科学研究所
18	珠江水利委员会珠江水利科学研究院
19	中国科学院大连化学物理研究所
20	中国科学院合肥物质科学研究院
21	湖南省地质灾害调查监测所（湖南省地质灾害应急救援技术中心）

续表

排名	单位名称
22	中国航空工业集团公司沈阳飞机设计研究所
23	中国航空工业集团公司成都飞机设计研究所
24	中国科学院金属研究所
25	公安部第三研究所
26	中国工业互联网研究院
27	中国科学院西安光学精密机械研究所
28	船舶信息研究中心（中国船舶集团有限公司第七一四研究所）
29	中国科学院半导体研究所
30	中国科学院上海药物研究所

附录 6
2023 年各地方辖区内高校院所科技成果转化总合同金额排名

排名	省级行政区
1	北京市
2	江苏省
3	上海市
4	广东省
5	湖北省
6	浙江省
7	四川省
8	陕西省
9	山东省
10	辽宁省
11	湖南省
12	天津市
13	重庆市
14	安徽省
15	河南省
16	黑龙江省
17	福建省
18	江西省
19	河北省
20	吉林省
21	甘肃省
22	山西省
23	云南省

续表

排名	省级行政区
24	广西壮族自治区
25	新疆维吾尔自治区
26	贵州省
27	内蒙古自治区
28	海南省
29	青海省
30	宁夏回族自治区
31	西藏自治区

附录 7
名词解释

1. 科技成果：按照《中华人民共和国促进科技成果转化法》第二条，科技成果是指通过科学研究与技术开发所产生的具有实用价值的成果。

2. 科技成果转化：按照《中华人民共和国促进科技成果转化法》第二条，科技成果转化是指为提高生产力水平而对科技成果所进行的后续试验、开发、应用、推广直至形成新技术、新工艺、新材料、新产品，发展新产业等活动。

3. 科技成果转让：通过所有权转移等转让方式进行科技成果转化。按照《中华人民共和国民法典》第八百六十二条，技术转让合同是合法拥有技术的权利人，将现有特定的专利、专利申请、技术秘密的相关权利让与他人所订立的合同。

4. 科技成果许可：以许可使用等方式进行科技成果转化。按照《中华人民共和国民法典》第八百六十二条，技术许可合同是合法拥有技术的权利人，将现有特定的专利、技术秘密的相关权利许可他人实施、使用所订立的合同。

5. 科技成果作价投资：以技术折算一定价值对外投资的科技成果转化，包括以专利作价入股、以技术作价投资创设新公司、以技术作价投资参股公司等方式。

6. 技术开发、咨询、服务：按照《中华人民共和国民法典》第八百五十一条，技术开发合同是当事人之间就新技术、新产品、新工艺、新品种或者新材料及其系统的研究开发所订立的合同。按照《中华人民共和国民法典》第八百七十八条，技术咨询合同是当事人一方以技术知识为对方就特定技术项目提供可行性论证、技术预测、专题技术调查、分析评价报告等所订立的合同；技术服务合同是当事人一方以技术知识为对方解决特定技术问题所订立的合同，不包括承揽合同和建设工程合同。

7. 研发与转化主要贡献人员：在研究开发和科技成果转化中做出主要贡献的人员。

8. 兼职和离岗创业人员：经单位审批程序批准，在外兼职和进行离岗创业（且保留人事关系）的人员。

9. 创设和参股公司：研究开发机构、高等院校及其科技人员可以采取多种方式转化高新技术成果，创办高新技术企业和参股公司。

附录 8
科技成果转化年度报告指标体系

一、单位基本情况

单位名称				邮政编码	
地址	省（自治区、直辖市）市（县）区路（街道）号					
单位性质		单位类型		单位网址	
法定代表人		电话		传真	
联系人	姓名		所在部门、职务		
	手机号码		办公电话		
	电子邮件		传真		

二、科技成果转移转化情况

（一）科技成果转移转化总体情况

序号	项目		2023 年度		
			总计	其中：	
				财政资助	中央财政资助
一	以转让方式转化科技成果	合同项数 / 项			
		合同金额 / 万元			
		当年到账金额 / 万元			

续表

序号	项目		2023 年度		
			总计	其中：	
				财政资助	中央财政资助
二	以许可方式转化科技成果	合同项数 / 项			
		合同金额 / 万元			
		当年到账金额 / 万元			
三	以作价投资方式转化科技成果	合同项数 / 项			
		作价金额 / 万元			
小计	以上一、二、三项小计	合同总项数 / 项			
		合同总金额 / 万元			
	以上一、二项小计	当年到账总金额 / 万元			
四	产学研合作情况	技术开发、咨询、服务项目合同数 / 项		—	—
		技术开发、咨询、服务项目合同金额 / 万元		—	—
		技术开发、咨询、服务项目当年到账总金额 / 万元		—	—
合计	以上一、二、三、四项合计	科技成果转让、许可、作价投资项目和技术开发、咨询、服务合同项目数 / 项		—	—
		科技成果转让、许可、作价投资项目和技术开发、咨询、服务项目合同总金额 / 万元		—	—
	以上一、二、四项合计	科技成果转让、许可项目和技术开发、咨询、服务项目当年到账总金额 / 万元		—	—
五	获得财政资金资助的科技项目情况	立项批复的科技项目数 / 项		—	
		立项批复的科技项目（课题）总金额 / 万元			
		项目（课题）资金当年到账金额 / 万元			

续表

序号	项目		2023 年度		
			总计	其中：	
				财政资助	中央财政资助
六	其他相关指标	与企业共建研发机构、转移机构、转化服务平台数量/个		—	—
		自建技术转移机构数量/个		—	—
		专职从事科技成果转化工作人数/人		—	—
		与本单位合作开展科技成果转化的市场化转移机构数量/个		—	—
		在外兼职从事成果转化人员和离岗创业人员数/人			
		创设公司和参股公司数/个		—	—
		单位研究与试验发展（R&D）经费总金额/万元			
		以"赋予所有权 + 转让"模式转化科技成果的数量		—	—
		以"赋予所有权 + 转让"模式转化科技成果的合同金额		—	—

注：1."合同项数"为当年新签订的合同总数目。

2."合同金额"为当年新签订的合同总金额，往年签订的成果转化合同当年发生到账的不计入。若有以销售提成方式约定科技成果转化金额的情况，例如"500 万元 + 专利技术药品年销售额 3%""30 万元 + 每套设备 5 万元销售提成"等，则"合同金额"仅填写"500"万元、"30"万元即可，无须折算销售提成。

3."当年到账金额"为当年新签订和往年签订的合同在当年实际到账的总金额。

4."财政资助"（序号"一"至"三"中）为经费来源中受到过财政（包括中央财政和地方财政）资助的项目取得的科技成果转化后产生的合同数目、合同金额、当年到账金额。例如，项目获得财政资助额度 100 万元，产生的科技成果在转化时签订的合同金额为 2000 万元，则"合同金额"应填写"2000"万元，与财政资助额度无关。

5."中央财政资助"（序号"一"至"三"中）为"财政资助"中受到中央财政资助的项目取得的科技成果转化后产生的合同数目、合同金额、当年到账金额等数据信息。财政资助包括中央财政资助和地方财政资助，"中央财政资助"的合同数目、合同金额、当年到账金额等数据应小于或等于"财政资助"相关数据。例如，项目获得中央财政资助额度 100 万元，产生的科技成果在转化时签订的合同金额为 2000 万元，则"合同金额"应填写"2000"万元，与中央财政资助额度无关。

6. "获得财政资金资助的科技项目情况"中：

——"立项批复的科技项目数"为当年新获立项批复的科技计划项目总数目，"总计"部分为中央财政和地方财政资金资助的科技项目数总和，"中央财政资助"为中央财政资金资助的科技项目数。

——"立项批复的科技项目（课题）总金额"仅填写当年新获立项批复的科技计划项目中本单位承担部分涉及金额，其中"总计"部分为项目（课题）金额的总和（包括财政资助金额和自筹金额），"财政资助"为项目（课题）总金额中财政资金资助金额，"中央财政资助"为"财政资助"中获得中央财政资金资助金额。

——"项目（课题）资金当年到账金额"为当年新获批和往年获批的科技计划项目（课题）在当年实际到账的金额，"总计"部分为财政资助资金和自筹资金的到账金额总和，"中央财政资助"为财政资助的到账金额，"中央财政资助"为中央财政资助的到账金额。

——例如，有国家级项目A，承担单位承担部分的总经费1000万元，包括中央财政经费600万元、地方财政经费300万元、单位自筹及其他渠道资助100万元。有省级项目B，项目金额500万元，包括财政经费300万元、单位自筹及其他渠道资助200万元。则"立项批复的科技计划项目金额"总计1500万元，财政资助1200万元，中央财政资助600万元。

7. "其他相关指标"由单位填报截至当年年底的机构、平台、人员、公司的数量。

8. "单位研究与试验发展（R&D）经费总金额（万元）"为当年单位内部用于研究与试验发展（R&D）而实际发生的全部经费支出，不论经费来源渠道、经费预算所属时期、项目实施周期，也不论经费支出是否构成对应当期收益的成本，只要当年发生的经费支出均应统计。不包含委托其他单位或与其他单位合作开展R&D活动而转拨给其他单位的经费。

9. "以'赋予所有权+转让'模式转化科技成果的数量和合同金额"由开展赋予科研人员职务科技成果所有权或长期使用权改革的单位填写。赋予所有权+转让模式具体是单位先将科技成果部分所有权赋予科研人员，然后再将剩余部分所有权通过现金约定方式转让给科研人员，科研人员获得科技成果全部所有权后进行转化。金额是指科技成果转化合同的总金额。

10. 表中"—"的地方不用填内容。

（二）科技成果转化清单

附录表1　以转让、许可、作价投资方式转化成果

序号	合同名称	对应成果名称	合同金额/万元	当年到账金额/万元	转化方式	定价方式	是否评估	转化去向	转化至单位名称（选填）	转化至单位所在地	该成果应用的行业领域	受财政资助类型（可多选）	是否为当年新签订合同
1													
2	（可加页）												

注：1. 本表中需填写如下两方面相关信息：
（1）当年新签订的以转让、许可、作价投资方式转化成果的合同相关信息；
（2）往年签订但当年有到账的以转让、许可、作价投资方式转化成果的合同相关信息。
2. "对应成果名称"为某项已签订合同涉及的科技成果名称，若某项合同含有成果数太多，可列举几项主要成果名称，如××等××项成果。
3. "合同金额"为某项成果转化当年新签订的单项合同金额，若某项成果转化当年新签订多份合同，则应列出每份合同相关信息。"合同金额"一项只填写当年新签订的合同金额信息，往年签订的成果转化合同当年发生到账的，"合同金额"一项填"0"。若有以销售提成方式约定科技成果转化金额的情况，如"500万元+专利技术药品年销售额3%""30万元+每套设备5万元销售提成"等，则"合同金额"仅填写"500"万元、"30"万元即可，无须折算销售提成。
4. "当年到账金额"为某项成果转化当年新签订或往年签订的合同在当年实际到账金额，若某项成果转化当年有多份合同到账，则应列出每份合同当年到账相关信息，请填写具体数字。以作价投资方式转化科技成果的当年到账金额只填写实际现金到账金额，如分红、股权退出变现。
5. "转化方式"为某项已签订合同中约定的转化方式，如若是单一转化方式，请选"转让""许可"或"作价投资"，如若是多种转化方式的组合，请选择"其他"。
6. "是否评估"指采取协议定价、挂牌交易、拍卖及其他定价方式对科技成果定价时，是否进行过评估。
7. "转化去向"请选择该项合同中对应科技成果的转化去向。"中小微企业"和"大型企业"标准参考《国家统计局关于印发统计上大中小微型企业划分办法的通知》（国统字〔2011〕75号），"国有企业"标准参考《关于划分企业登记注册类型的规定调整的通知》（国统字〔2011〕86号），非国有企业均归类为"其他企业"。
8. "转化至单位名称"为选填项，若转化至单位名称较敏感，可不填。
9. "该成果应用的行业领域"标准参考《国民经济行业分类》（GB/T 4754—2017）中门类分类标准。
10. "受财政资助类型"为某项合同内对应成果在研发及转化过程中受中央财政及地方财政资助类型。受"中央财政"资助类型可多选，若受五大类科技计划之外的中央财政资助则选"其他"，并填写具体科技计划名称，若未受到中央财政资助，请选"无"；若受到地方财政资助，请填写受"地方财政资助科技计划名称"，或未受到地方财政资助，请填写"无"。
11. 本表当年新签订合同的合同项数与"（一）科技成果转移转化总体情况"中的一、二、三项小计"合同总项数"相同。
12. 本表当年新签订合同的"合同金额"的合计与"（一）科技成果转移转化总体情况"中的一、二、三项小计"合同总金额"相同。
13. 本表当年新签订合同的"受财政资助类型"中财政资助金额、中央财政资助金额分别与"（一）科技成果转移转化总体情况"中的一、二、三项小计对应"财政资助""中央财政资助"金额相同。
14. 往年签订但当年有到账的合同："合同金额"填"0"，"当年到账金额"如实填写。

附录表 2　技术开发、咨询、服务项目

序号	技术开发、咨询、服务项目名称	转化至单位所在地	该成果应用的行业领域	合同金额/万元	当年到账金额/万元	是否为新签订合同
1						
2						

注：1. 本表中需填写如下两个方面的相关信息：
　　（1）当年新签订合同中"合同金额"在 100 万元及以上的项目相关信息；
　　（2）往年签订合同中"当年到账金额"在 100 万元及以上的项目相关信息。
　　2. 以上当年新签订项目合同金额合计等于或者小于第二部分（一）中"技术开发、咨询、服务项目合同金额"。
　　3. 以上当年到账金额合计等于或者小于第二部分（一）中"技术开发、咨询、服务项目当年到账总金额"。
　　4. 往年签订但当年有到账的合同："合同金额"填"0"，"当年到账金额"如实填写。

三、成果转化收入的分配情况

序号	项目			2023 年度
一	现金收入及奖励	转让、许可的科技成果转化当年实现分配的现金总收入/万元	留归单位/万元	
			奖励个人/万元	
			研发与转化主要贡献人员/万元	
		转让、许可的科技成果取得的现金收入奖励人次/次		
		技术开发、咨询、服务项目当年实现分配的现金总收入/万元	留归单位/万元	
			奖励个人/万元	
			研发与转化主要贡献人员/万元	
		技术开发、咨询、服务项目取得的现金收入奖励人次/次		
二	股权收入及奖励	作价投资的科技成果转化当年实现分配的股份金额/万元	留归单位/万元	
			奖励个人/万元	
			研发与转化主要贡献人员/万元	
		股权奖励人次/次		

续表

序号	项目		2023年度
三	奖励情况小计	以上一、二项单位获得现金和股权收入总额/万元	
		以上一、二项对个人现金、股权奖励总额/万元	
		以转让、许可、作价投资方式转化科技成果单位获得现金、股权收入总额/万元	
		以转让、许可、作价投资方式转化科技成果对个人现金、股权奖励总额/万元	

注：1. 本表只统计以转让、许可、作价投资方式转化科技成果以及技术开发、咨询、服务项目取得的现金和股份收入中当年实际完成分配的情况，不统计未完成分配的收入。

2. 转让、许可的科技成果转化当年实现分配的现金总收入中，"奖励个人"为科技成果转化净收入中以现金方式奖励给个人的部分；"留归单位"为现金净收入中除去奖励个人以外的部分。

3. 技术开发、咨询、服务项目当年实现分配的现金总收入以"净收入"计算，为合同到账金额扣除劳务费、材料费、差旅费、技术合同签订费等成本。其中，"奖励个人"为给予个人的现金奖励、绩效奖金、项目验收后供个人或其所在团队继续使用的科研经费等；"留归单位"为管理费、单位收益等。各单位可根据单位实际政策和财务制度申报，如事先按照一定比例扣除。

4. 作价投资的科技成果转化当年实现分配的股权总收入中，"奖励个人"为科技成果转化总收入中以股权方式奖励给个人的部分；"留归单位"为股权总收入中除去奖励个人以外的部分。

5. "研发与转化主要贡献人员"为在研究开发和科技成果转化中作出主要贡献的人员，原则上该指标应不低于"奖励个人"的50%。

6. 第二栏中"股份奖励人次"中如果是一个人代持团队的股份，请按照团队实际人数填报。

7. "单位获得现金和股权收入总额"是现金和股权收入"留归单位"部分的合计；"对个人现金、股权奖励总额"是现金和股权收入"奖励个人"部分的合计。

8. "以转让、许可、作价投资方式转化科技成果单位获得现金、股权收入总额"是转让、许可的科技成果转化现金收入和作价投资的科技成果转化股权收入"留归单位"部分的合计；"以转让、许可、作价投资方式转化科技成果对个人现金、股权奖励总额"是转让、许可的科技成果转化现金收入和作价投资的科技成果转化股权收入"奖励个人"部分的合计。

四、成效、问题与建议

1. 取得的成效与经验

（1）单位取得科技成果的数量总体情况。

单位取得科技成果的数量总体情况（如专利总数量、授权专利数、有效专利数、当年新增专利数、当年新增软件著作权数、当年发表论文数、当年获得科技奖励情况等）。

（2）在成果转化方面取得成效和工作经验。

包括规章制度体系建设及执行情况（如科技成果赋权改革、评价改革、单列管理、审批流程、转化收益分配机制、尽职免责机制和考核评价体系等）、项目运作流程、科技成果转化年度报告制度建设情况等。

（3）技术转移机构和技术转移队伍情况。

包括技术转移机构在科技成果转化过程中发挥的作用、单位内部技术转移机构人才队伍建设等情况。

2. 成果转化典型案例

介绍2~3个近3年内科技成果转化的典型案例。重点填报国家和各级科技计划产生的重大科技成果转化案例，国家及各省市开展赋权改革、科技成果评价改革、职务科技成果单列管理等改革试点工作中产生的具有代表性或特色做法的成果转化案例。

案例内容主要包括成果的特点、前期研发投入（如财力、人力、物力等）、研发周期、转化方式及过程、定价方式（如协议定价、挂牌交易、拍卖等，定价过程中是否进行过评估等）、转化收益（如合同金额、到账金额等）、单位内部或外部的第三方技术转移机构发挥的作用、收益分配情况（包括奖励比例、奖励金额及奖励人次等），转化成果应用领域、产生的经济和社会效益、对国家战略的贡献，转化过程中遇到的相关问题及处理方式等。

3. 问题与建议

在开展成果转化过程中面临的问题和障碍，相关政策建议。